Ulrich Clement
Wenn Liebe fremdgeht

W0084778

Ulrich Clement

Wenn Liebe fremdgeht

Vom richtigen Umgang
mit Affären

Marion von Schröder

2. Auflage 2009

Marion von Schröder ist ein Verlag
der Ullstein Buchverlage GmbH

ISBN 978-3-547-71149-3

© der deutschsprachigen Ausgabe
2009 by Ullstein Buchverlage GmbH, Berlin
Alle Rechte vorbehalten
Gesetzt aus der Sabon
Satz: Pinkuin Satz und Datentechnik, Berlin
Druck und Bindearbeiten: CPI – Clausen & Bosse, Leck
Printed in Germany

Inhaltsverzeichnis

Vorwort

»Und wenn wir alles ausprobiert haben, und die Sehnsucht geht immer noch nicht weg – was dann?«

Diese Frage stellte mir eine Klientin am Ende eines ersten Paartherapiegesprächs. Das Paar suchte mich auf, nachdem die Frau eine mehrmonatige Affäre beendet hatte. Sie war sehr von dem andern Mann angezogen, trennte sich aber, um ihre Ehe zu retten. Ihr Ehemann verzieh ihr die Affäre, hätte aber eine Fortsetzug nicht geduldet. Und er betont: »Aber jetzt will ich sie auch sexuell zurückgewinnen, nachdem ich sie fast verloren hätte.«

Das Paar kommt mit der Frage, wie sie die Erotik in ihrer Ehe wieder aktivieren können. Einer ansonsten sehr guten Ehe, in der beide Partner tief verbunden sind und sich beruflich, weltanschaulich, kulturell, menschlich mögen, schätzen und verstehen.

Nicht immer gelingt es Paaren ebenso gut wie diesem, aus der Kränkung und den Vorwürfen herauszukommen und in der Krise einer Außenbeziehung eine Chance zu sehen. Aber viele Paare plagen sich mit derselben Frage, wenn ein Partner fremdgegangen ist: Was haben wir falsch gemacht?

Eine Affäre wird oft als Scheitern einer mit wunderbaren Gefühlen gestarteten Liebe erlebt. Als persönliches Versagen des untreuen Partners. Oft auch als Fehler des betrogenen Partners, der glaubt, dem andern nicht genügt zu haben. Keine unangemessenen Fragen. Aber sie sind zu einseitig. Keiner muss etwas falsch gemacht haben. Der Haken liegt nicht unbedingt bei den Personen, er liegt im Modell. Die meisten Paare wünschen sich eine romantische und zuverlässige Partnerschaft. Aber sie entkommen nicht der Paradoxie, dass mit dem Vertrauen die Sehnsucht schwindet. Was man hat, begehrt man nicht mehr. Und so bleibt die Frage offen: Wie finden wir einen Weg aus dem Dilemma, Bindung und Begehren mit derselben Person zu erfahren?

Für viele ist sie nicht zu beantworten. Und so sucht sich der Wunsch nach Lebendigkeit oft eine heimliche Liebe, eine Affäre mit einem anderen Partner. In meiner Praxis als Paar- und Sexualtherapeut gewinnt dieses Thema zunehmend an Bedeutung. Aus vielen Paargesprächen hat sich für mich eine ganz neue Perspektive entwickelt, die ich in diesem Buch vorstelle.

Dabei bin ich mehr Personen zu Dank verpflichtet, als ich hier aufzählen kann und will. Manche haben mich inspiriert, ohne es zu wissen, andere muss ich diskret ungenannt lassen. Aber zuerst bin ich den Paaren und vielen anderen Interviewpartnern dankbar, dass ich an ihren Fällen lernen konnte. Anja Berger brachte mich auf die Idee zu diesem Thema. Esther Perel und Marita Rödzus-Hecker verdanke ich inspirierende Anregungen aus vielen Diskussionen. Gunter Schmidt und Bernhard Moritz haben mich engagiert mit Material versorgt. Angelika Eck organisierte schnell und punktgenau meine Literaturrecherche. Erfreulich professionell war die Zusammenarbeit mit Gudrun Jänisch und Katharina Amin vom Ullstein Verlag und Joachim Jessen (Literaturagentur Schlück). Und weil alles nur geht, wenn im Hintergrund die richtige Musik spielt: Ute Clement danke ich für eine unterhaltsame Ehe.

Ulrich Clement, Frühjahr 2009

Einführung

Sexuelle Untreue ist universell. Sie kommt in allen Kulturen vor. Und sie ist so alt wie die Menschheit. Aber sie ist ein heikles Erbe. Sie wird in fast allen Gesellschaften sanktioniert, in vielen sogar mit drastischen Konsequenzen für die Übertreter des Verbots. Dennoch: Trotz des Risikos und der hohen Kosten für die Beteiligten lebt die sexuelle Untreue weiter.

Man mag sie verfluchen oder augenzwinkernd bejahen, mag sie als notwendiges Übel in Kauf nehmen oder als zwischenmenschliches Verbrechen verurteilen – alle diese Bewertungen schaffen die Untreue nicht ab. Sie ist in der Welt. Da wird sie aller Voraussicht nach auch bleiben. Wir müssen mit ihr leben. Und wir können auch mit ihr leben.

In diesem Buch geht es um die Frage, wie wir das auf respektvolle und vernünftige Weise tun können, als aufgeklärte Menschen des 21. Jahrhunderts. Als die Untreuen oder als diejenigen, denen Untreue widerfährt. Ohne zu schnell moralisch zu werden und schuldige Täter und unschuldige Opfer dingfest zu machen.

Dieses Buch ist keine Empfehlung, fremdzugehen und sich auf Seitensprünge einzulassen. Sondern ein Plädoyer, sie mit Anstand, Würde und Stil zu leben. Das gilt für alle Beteiligten einer Dreiecksgeschichte, die untreuen Partner, die betrogenen Partner und für die Geliebten. Nur wenn alle drei Perspektiven berücksichtigt werden, lässt sich eine alltagstaugliche Haltung entwickeln, mit der man leben kann. Das geht nicht von selbst. Aber es geht.

Wer es sich leicht machen will, schlägt sich parteiisch auf eine Seite und will von der andern nichts wissen. So lässt sich scheinbar leicht Klarheit herstellen, indem man entweder nur empört oder nur lustig aufgelegt ist.

Die *empörte Position* sieht Untreue vor allem aus der Opferperspektive. Ihr zufolge führt die Affäre fast unvermeidlich zu einer Beziehungskatastrophe, die einen kaum reparablen Riss in der Partnerschaft erzeugt. Ein Trauma, dessen Wunden nur schwer verheilen. Auf dieser Position gerät zwar die emotionale Welt in Unordnung, die moralische bleibt dafür umso stabiler: Der Kränker, der Täter, der Fremdgeher hat aus Lust und Laune oder auch aus Unbedachtsamkeit etwas angerichtet, worunter ein anderer leidet. Gut und Böse finden sich in dieser Position ganz übersichtlich getrennt. Die Empörung gilt dem Untreue-Täter. Und alles Mitgefühl dem Betrogenen, der – wie ein richtiges Opfer – im Wesentlichen unschuldig ist. Empörung, ein selbstgerechter Affekt, verurteilt schnell und von Herzen. Sie verurteilt die Verführung, die Sehnsucht, den selbstvergessenen Rausch.

Auf der anderen Seite die *hedonistische Position*. Sie bewertet die Affäre primär aus dem Blickwinkel des untreuen Partners. Aus seiner Sicht und seinen Intentionen entsprechend werden Tipps überlegt, wie er mit ein paar Tricks fröhlich über die Runden kommt, ohne erwischt zu werden. Diese Position proklamiert das ungestörte Vergnügen, das so lange ungestört bleibt, wie der betrogene Partner nichts weiß und der begehrte Affärenpartner das heimliche Arrangement nicht in Frage stellt. Der Genuss steht hier über der Moral, die leichten Herzens relativiert wird. Die Position des Betrogenen wird vor allem taktisch berücksichtigt. Und es gibt zu ihr nur eine Haltung: Sieh zu, dass es nicht rauskommt!

Beide Positionen zeichnen sich durch ihre halbblinde und ungerechte Parteilichkeit aus. Sie bedienen ein Bedürfnis nach Eindeutigkeit, das gerade in emotional aufgewühlten Verhältnissen und angesichts widersprüchlicher, heftiger Gefühle schnell entsteht. Die Angebote scheinen wohlfeil: Entweder – Oder. Entweder schwarz oder weiß. Entweder moralische Entrüstung und nur die – oder unreflektierter Spaß und nur der. So bieten sie eine vermeintlich einfache Ordnung an.

Die Herausforderung besteht aber darin, sich in einem emotionalen Spannungsfeld zu bewegen, in dem sich nur schwer balancieren lässt: zwischen dem Schmerz der Kränkung und der Faszination der Verführung. Beides gehört zusammen. Eines ist ohne das andere nicht zu haben. Auch der gekränkte Partner ist verführbar. Und der Verführte ist kränkbar.

Dieses Buch ist kein einfacher Ratgeber. Schön wär's, wenn man mit ein paar Tipps gut über kritische Situationen hinwegkäme nach dem Motto: »Fremdgehen – leicht gemacht«. Oder »Betrogen worden? – halb so wild«. Doch es ist nicht leicht gemacht, und es ist ganz wild!

Beim Thema der Untreue stehen unsere zivilen und demokratischen Werte in einem dramatischen Kampf mit unserem biologischen Erbe. Wir wollen Gleichheit, Fairness, Transparenz, Gegenseitigkeit. Und wir wollen Konflikte friedlich lösen, gerade die, die weh tun. Aber wir reagieren auch mit archaischen Affekten, die hunderttausend Jahre alt sind. Aufklärung gegen Stammhirn. Das sind keine kleinen Kaliber.

Als Paartherapeut habe ich viel mit Paaren zu tun, die sich mit vergangenen oder aktuellen Affären herumschlagen. Die nicht damit fertig werden, dass ein Partner sich zu einem andern Menschen hingezogen fühlt und dort etwas findet und lebt, das ihm in seiner Ehe fehlt. Oder die sich in endlosen Diskussionen damit quälen, wie verlorenes Vertrauen wiederhergestellt werden kann. Die sich fragen, ob der Bruch in der Beziehung gekittet werden kann – oder ob eine gekittete Beziehung ohnehin keine richtige Beziehung mehr ist.

Außerdem habe ich viele Gespräche mit Geliebten, Liebhabern, Betrogenen und Betrügern geführt, die auf Wege und Lösungen gekommen sind, sich im Gewirr von Betrug und Faszination, von Lüge und Geständniszwang, von Kränkung und Wut, von Einsamkeit und Hochgefühl zurechtzufinden.

15

Ich habe sie nicht nur über ihre Erfahrungen und Gefühle befragt, sondern auch über ihre Moral, ihre List, ihre Lösungsversuche.

Mythen, Scheinwahrheiten und anderer Unfug über Untreue

Bei der Beschäftigung mit der sexuellen Untreue begegnen einem viele Mythen und Scheinwahrheiten, wie Untreue richtig zu verstehen sei. Solche Mythen haben eine wichtige Funktion: Sie vereinfachen ein komplexes Geschehen und bieten Schubladen an, in die man die eigenen Erlebnisse oder die anderer Menschen hineinpacken kann. Wer den einfachen Blick auf Affären und Seitensprünge liebt, wer schnelle Bewertungen sucht, wer zwiespältige Gefühle vermeiden will – bitte sehr! – der wird sie finden. Das Verflixte an den Scheingewissheiten ist denn auch: Oft ist ihnen ein Körnchen Wahrheit nicht abzusprechen. Aber wenn das Körnchen zum großen Ganzen verallgemeinert wird, kommt ein krummes und falsches Bild heraus. Sehen wir uns ein paar dieser Mythen an.

Mythos 1: Affären sind immer ein Beweis dafür, dass in der Beziehung etwas nicht stimmt

Das ist der beliebteste und verbreitetste Mythos über Untreue. Ihm zufolge ist man in einer glücklichen Beziehung von selber treu und wenn nicht, ist das Beweis dafür, dass da wirklich etwas faul sein muss, auch wenn es vielleicht beide noch nicht gemerkt haben.

Richtig ist: Mancher flieht aus einer unbefriedigenden Ehe in die Arme eines verständnisvollen leidenschaftlichen Partners. Die Verbindung ist ausgereizt, die Partner haben sich nichts mehr zu sagen. Das lässt die Bereitschaft wachsen, Gelegenheiten zu suchen und sich für Neues zu öffnen. Vielleicht nicht nur Gelegenheiten, sondern bessere Alternativen. So manche Affäre stellt sich später als das Vorspiel zur nächsten Ehe heraus.

»Eine schwierige Partnerschaft« ist als Begründung immer schnell bei der Hand. Aber es gibt alle möglichen anderen Motive zum Fremdgehen. Die Unzufriedenheit mit dem Partner ist nur eines davon. Übermut, Sehnsucht, Neugier, Geilheit, Spieltrieb, Bestätigungsbedürfnis, Langeweile sind nur der Beginn einer langen Liste.

Mythos 2: Eine gelegentliche Affäre tut einer langweiligen Ehe gut

Das kann sein. Es erfordert aber von den beiden Partnern ein hohes Maß an Konfliktbereitschaft und partnerschaftlicher Weisheit, um die Wohltat einer Affäre zu erkennen. Der Haken an dieser These ist, dass man erst im Nachhinein weiß, ob es gut getan hat. Wer eine langweilige Ehe durch eine Affäre lebendig machen will, geht ein saftiges Risiko ein.

Langeweile ist berechenbar. Aber wenn eine Affäre bekannt wird, gestaltet sich die dadurch entstehende Kurzweil nicht unbedingt so heiter, wie sich der untreue Partner die Alternative zur langweiligen Ehe vorgestellt hat. Eine Affäre ist ein Spiel mit dem Feuer. Ob die Flamme gleich erlischt, ob sie belebende Wärme ausstrahlt oder sich zum zerstörenden Flächenbrand ausweitet, weiß man am Anfang nicht, wenn man zündelt.

Mythos 3: Männer sind von Natur aus untreu

Das ist zumindest eine beliebte Erklärung untreuer Männer. Sie wollen die Natur auf ihrer Seite haben und schätzen die Rechtfertigung, dass nicht sie selbst sich entschieden haben, sondern eine dunkle genetische Disposition sie in den fremden Schoß getrieben hat.

Dabei sind die biologischen Theorien gar nicht so einseitig. Zum einen sind auch Frauen »von Natur aus« untreu, wenn sie bessere Alternativen in Aussicht haben. Dieses Argument übersieht leicht, mit wem die untreuen Männer untreu sind. Mit Frauen. Meistens jedenfalls.

Zum andern sind Männer – entgegen anderslautenden Gerüchten – nicht alle gleich. Die Spezies kennt promiske und treue Exemplare. »Die Natur« ist kein Freibrief, der uns von jeder Verantwortung entbindet.

Mythos 4: Untreue beweist, dass der untreue Partner weniger liebt als der Betrogene

Das kann so sein. Wer weniger zu verlieren hat, kann eher das Risiko der Untreue eingehen.

Es kann sich aber genauso umgekehrt verhalten. Der emotional abhängigere Partner (also der, der »mehr liebt«) kann eine Affäre anzetteln, um den andern mit dieser Provokation zu prüfen, ob der eifersüchtig unter Beweis stellt, dass ihm etwas an der Beziehung liegt.

Mythos 5: Der Betrogene ist zumindest mit schuld, wenn der untreue Partner sich auf ein Abenteuer einlässt

Eine wunderbare Entschuldigung für den untreuen Partner! Er war es nicht selbst, sondern der böse, unfreundliche, langweilige, entzauberte Partner hat ihn förmlich weggetrieben. Kein Wunder, wenn er Trost und Verständnis außer Haus sucht.

Hier sind die psychologische und die moralische Ebene gut auseinanderzuhalten. Psychologisch ist es durchaus sinnvoll, die Paardynamik des primären Paares mit zu berücksichtigen. Aber sie ist nur die Hintergrundmusik der Affäre, nicht ihre Ursache. Verantwortlich für seine Taten – bei aller Paardynamik – ist der untreue, nicht der betrogene Partner, mag dieser den untreuen auch noch so schlecht behandelt haben.

Mythos 6: Nach einer Affäre ist die Beziehung nicht mehr zu retten

Selbst wenn die Partner doch zusammenbleiben – der Riss in der Beziehung geht so tief, dass er nie mehr zusammenwächst.

So der Mythos. Alles, was die Partner besprechen, was sie einander gestehen und verzeihen mögen, es ist nie mehr so wie zuvor: Die Wunde heilt nie richtig zu. In der Tat können Partner es schaffen, Wunden nicht verheilen zu lassen, indem sie sie ständig wieder aufkratzen. Aber auch die emotionalen Narben nach einer Außenbeziehung können mehr oder weniger gut verheilen, wenn man sie lässt.

Freilich: Manche Ehen wollen auch nicht mehr gerettet werden. Deshalb haben manche Affären eine eigene Agenda als »exit affairs«: Sie sollen die Trennung vorantreiben. Ein verletzter Partner willigt lieber in eine Trennung ein als ein argloser. Und wem der Mut zu klaren Worten fehlt, der kann auf dem indirekten Weg einer Affäre das ausdrücken, was er verbal nicht zu sagen vermag.

Alle diese Mythen sind einseitig und besserwisserisch. Sie vereinfachen, was komplex ist. Sie bewerten statt zu verstehen. Sie verfestigen, was fließen will.

Affären sind Geschichten mit offenem Ausgang. Sie werden unterschiedlich gelebt, erlebt und erzählt: als Tragödie mit vernichtendem Schluss, als Komödie voller Absurditäten, Verwirrungen und Slapsticks, als schwergängiges Drama mit Heldentaten, Triumph und Niederlage. An Vitalität fehlt es jedenfalls nicht. Affären wollen Leben.

Keiner bekommt die Beziehung, die
er verdient. Für manche Leute ist dies
Anlass zu endloser Verstimmung, für
manche Leute die Quelle endlosen
Begehrens.   *Adam Phillips*

Jedem Zauber wohnt ein Ende inne –
Das Dilemma der Monogamie

Frau oder Geliebte?

*Am Telefon macht Robert einen skeptischen Eindruck auf
mich. Er wolle über seinen Ehekonflikt erst einmal mit mir
allein sprechen, sagt er mir. Warum, wenn es doch offenbar beide betrifft, will ich wissen. Seine Antwort: Er könne
seiner Frau nicht alles sagen.*

*Ich bin auf einen kühlen, kalkulierenden Menschen ein-
gestellt, als ich Robert zwei Wochen später in meiner Praxis
begrüße. Aber mir tritt ein sympathischer Mann mit offenem Blick gegenüber. Und in der Tat befindet er sich in einer
Klemme.*

*Er ist seit zwölf Jahren verheiratet und hat mit seiner
Frau eine zehnjährige Tochter. Beide sind erfolgreich in anspruchsvollen Berufen tätig. Und sie verstehen sich gut.*

*Dass die Sexualität in den Hintergrund ihrer Doppelkar-
riere-Ehe getreten ist, war für beide lange Zeit kein ernstes Problem gewesen. Bis Robert ein Verhältnis mit einer
anderen Frau beginnt. Dieser Affäre folgte eine zweite, die
er noch fortführt. Robert sieht sich in einer selbstgebauten
Falle gefangen: Je intensiver er die Sexualität mit seiner
Geliebten erlebt, umso schwerer fällt es ihm, sich sexuell*

21

auf seine Frau einzulassen. Er beschreibt eine zunehmende Schwierigkeit, sein sexuelles Interesse bei seiner Frau aufrechtzuerhalten. Ihn stören körperliche Kleinigkeiten, die er früher gar nicht beachtet hatte. Manchmal lässt auch seine Erektion nach. Er möchte sein weiteres Leben unbedingt mit seiner Frau verbringen, aber er mag auch die Freundin nicht aufgeben.

Typisch Mann? Untreu sein. Sich nicht entscheiden? Und beides haben wollen: Die Sicherheit und die Leidenschaft?

Die alte Liebe und der neue Ehemann

Eva hat den Therapie-Termin so gelegt, dass er in ihrem Tagesablauf nicht auffällt. Ihr Mann soll nicht wissen, dass sie zu einem Paartherapeuten geht. Er würde sonst nachfragen. Lange und detailliert erzählt sie mir ihre Geschichte. Vor drei Jahren hat sie den Mann wiedergetroffen, mit dem sie vor dreißig Jahren zusammen war. Glücklich zusammen war, bis er sich wegen einer anderen Frau von ihr trennte. Seit kurzem ist die alte Liebe wieder aufgeflammt. Sie treffen sich heimlich in seiner Wohnung, alle zwei Wochen zu einem festen Termin, den sie ihrem Mann gegenüber als regelmäßigen auswärtigen dienstlichen Termin begründet. Der Freund lebt während der Woche von seiner Familie getrennt und verbringt die Wochenenden mit seiner Frau und den zwei Kindern. Auf ihre Frage, ob er denn nun noch mit seiner Frau zusammen sei oder nicht, bekommt sie keine befriedigende Antwort.

Ihr Mann ist arglos, ahnt von nichts. Warum auch? Die beiden verstehen sich gut, lassen sich nach 25 Jahren Ehe ihre Freiräume. Ihr Leben geht mit Kind, Freunden, Urlaub und Eigentumswohnung einen komfortablen Gang.

Die praktische Seite von Evas Außenbeziehung stellt sich relativ einfach dar: Ihr Mann zeigt sich nicht misstrauisch, ihr Freund bedrängt sie nicht. Selbst dieser Teil ihres Lebens scheint unkompliziert. Aber nur äußerlich. Innerlich ist sie aufgewühlt. Nachdem die alte Liebe wieder aufgetaucht war, fragte sie sich anfangs, ob sie das richtige Leben lebt. Ob die gute und verlässliche, aber leidenschaftslose Bindung zu ihrem Mann das Richtige war. Ob die alte Liebe tragfähig genug wäre, um die Trennung vom Ehemann für eine neue Liebes- und Lebensphase zu riskieren. Aber diese Gedanken verfliegen. Nein, sie kann es nicht. Der Freund möchte nichts ändern. Er möchte zumindest nach außen als Ehemann seiner Frau gelten. Aber selbst wenn er wollte – sie weiß ja auch gar nicht, was sie selbst will.

Damals hat der Freund sie sitzen lassen. Auch heute verhält er sich abgegrenzt, und sie ahnt, dass er keine für den Alltag bessere Alternative zu ihrem Mann wäre. Also gibt es eigentlich praktisch nichts zu entscheiden. Wenn nur diese Gefühle nicht wären! Mit der alten Liebe ist eine Intensität und Leidenschaft aufgekommen, die sie mehr beschäftigt, als ihr lieb ist – und auf die sie zugleich nicht verzichten möchte.

Robert und Eva. Zwei außereheliche Beziehungen. Langjährige Ehen in beiden Fällen. Und keine schlechten Ehen! Nichts, was darauf hinweist, dass Robert oder Eva aus einer unglücklichen Ehe in die Arme eines verständnisvolleren Partners geflohen wären. Nein. Beide verstehen sich mit ihren Ehepartnern gut. Die Ehen sind alles andere als ein schlechter Kompromiss. Kein ernster Grund zur Klage. Und trotzdem die Außenbeziehung. Keine Verirrung für eine Nacht. Keine wollüstige Verrücktheit, die sich auf das Argument »nur Sex« reduzieren ließe.

Beide haben sich auf eine Außenbeziehung eingelassen, die nicht nur so nebenbei läuft. Nicht ganz unabhängig von der Ehe entstanden, hat sich die Affäre irgendwann selbstständig gemacht und wird zu einer eigenen Beziehung *in it's own right*, wie das auf Englisch so treffend heißt. Kein einfacher Ersatz also für etwas, das woanders fehlt. Aber auch keine Alternative zur Ehe. Und doch nicht unabhängig von ihr entstanden.

Was hat es mit diesen außerpartnerschaftlichen Beziehungen auf sich? Ich habe in meiner psychotherapeutischen Praxis zunehmend mit solchen Dreieckskonstellationen zu tun, die spannungsgeladen sind und die Partner in ein schwieriges Dilemma bringen. Die zu einer Lösung drängen, aber gleichzeitig keine einfachen Lösungen zulassen. Dabei sind moralische Skrupel nur ein kleiner Teil der Geschichte. Meist gehen sie den Akteuren nicht nur ans Gewissen, sondern ans Herz. Und stellen ganze Lebenspläne in Frage.

Affären, weil der Sex besser ist?

Sex mit dem Liebhaber und mit der Geliebten ist besser als mit dem Ehemann oder der Ehefrau. Das erleben fast alle Fremdgeher. Und fast alle Liebhaber und Geliebten fühlen sich den Ehemännern und Ehefrauen erotisch überlegen. Aber das ist keine Kunst. Alles wirkt neu, geheim, aufregend und mit ungewisser Zukunft. Der ganze Organismus ist im Wachzustand, aktiviert, belebt. Da hat die Erotik ein günstiges Umfeld. Mit der besonderen Person hat das weniger zu tun als mit der besonderen Situation. Das wird gerne verwechselt, besonders von den beiden, die gerade in einer Affäre ihr High erleben. Eine naheliegende Verwechslung, die durch einen spezifischen Kontrasteffekt zustande kommt, den Vergleich mit der langjährigen Ehe oder Partnerschaft. Sie ist der Hintergrund, auf dem sich der Glanz der Liebesaffäre entfalten kann.

Sexuelle Beziehungen werden mit der Zeit meist nicht intensiver. Die gemeinsame Geschichte vieler sexueller Begegnungen, die ein Paar miteinander erlebt hat, wird oft nicht als Reichtum, sondern als Gewohnheit erlebt, im besseren Fall als sexuelle Zufriedenheit, im schlechteren Fall als sexuelle Langeweile.

Das kann so laufen, ohne dass die Partner etwas falsch gemacht haben müssen. Es passiert einfach. Für manche Paare ist das kein Verlust. Anderes tritt an die Stelle, Kinder, Haus, berufliche Entwicklungen. Andere Paare erleben den Verlust als bedrohlich, als Beleg dafür, dass die Liebe schwindet. Aber genau das ist der Grund vieler sexueller Konflikte: diese Gleichsetzung von Liebe und Erotik. Die Vorstellung, Vertrautheit müsse erotische Anziehung mit sich bringen. Deshalb lauert hier die Gefahr – oder Chance – der Affäre. Sie hat erotisch die besseren Karten.

Beziehungen sind endlich

Ein Dilemma, mit dem Paare heute leben, ist diese Spannung zwischen der Faszination des romantischen Liebesideals und der Realität seines unablässigen Scheiterns. Auf der einen Seite die große Liebe. Sie verspricht alles: Leidenschaft, Verlässlichkeit, Nähe, Gemeinsamkeit, Kinder, Erotik. Gemeinsam alt werden. Und alles nur mit einer Person und das für immer. Die Königin der Zweierbeziehung.

Auf der anderen Seite das Ende des Traums. Die Endlichkeit von Paarbeziehungen wird immer häufiger erlebt. Die meisten Liebesbeziehungen halten nicht, bis der Tod sie scheidet, sondern bis ein Partner sich trennt. Die Soziologen haben dafür den schrecklichen Begriff »serielle Monogamie« gewählt: eine Monogamie nach der anderen. Nicht schön, aber wahr. Mehr noch: der Normalfall moderner Lebensgeschichten.

Die Hamburg-Leipziger Forschergruppe um Gunter Schmidt

und Kurt Starke[1] hat bei einer repräsentativen Stichprobe gefunden: Die heute Dreißigjährigen haben im Durchschnitt 3,6 feste Partnerschaften gehabt, einschließlich der jetzigen. Das heißt auch: Sie haben sich im Durchschnitt zwei- bis dreimal getrennt und sind drei- bis viermal eine neue Beziehung eingegangen. Die »Kontinuitätsbiographie« mit einer früh geschlossenen Ehe, die bis zum Tod eines Partners dauert, ist heute eine Ausnahme geworden. Daneben hat sich eine Vielfalt von unterschiedlichen beziehungsbiographischen Mustern entwickelt, die nebeneinander bestehen und die allesamt kulturell akzeptiert sind. »Kettenbiographien«, eine Folge von jeweils mehrjährigen Partnerschaften, »Umbruchsbiographien« mit späten Scheidungen und neuer Bindung. Weder Heirat noch Zusammenleben werden als notwendig erlebt. »Living apart together« ist nicht notwendigerweise eine vorläufige Beziehungsform, sondern eine eigenständige Lebensweise. Auch Paarbeziehungen folgen einem multikulturellen Prinzip.

Dem kulturellen Nebeneinander verschiedener Beziehungsformen entspricht ein beziehungsbiographisches Nacheinander. Der Begriff des »Lebensabschnittspartners« beschreibt das sarkastisch präzise. Sarkastisch, weil die Innensicht einer lebendigen Liebesbeziehung das Ende nicht zur Kenntnis nehmen will. Zwei Partner, die glücklich miteinander sind, werden diesen Begriff als beleidigend ablehnen, weil er die Beziehung relativiert und in Frage stellt. Trotzdem beschreibt dieses Unwort von außen betrachtet etwas Zutreffendes: Die Liebesbeziehung mit einer Person begleitet eine bestimmte Lebensphase, und meist nur diese. Vielleicht traurig, meist aber zutreffend: Nicht der Tod, sondern die Partner beenden die Beziehung.

Aber nicht nur zeitlich sind Paarbeziehungen endlich, auch inhaltlich und emotional. Je mehr eine Beziehung wächst, desto deutlicher erkennen die Partner ihre Grenzen und desto

---

1 Schmidt et al. 2006

spürbarer wird der Unterschied zwischen dem Menschen, den man sich wünscht, und dem Partner, mit dem man leibhaftig zusammenlebt. Zwischen dem Menschen, für den man ihn mal hielt, und dem, als der er sich jetzt entpuppt.

Der klassische Dreisatz: verliebt – gebunden – desillusioniert

Der Dreisatz, der früher lautete »verliebt – verlobt – verheiratet«, lautet heute anders: verliebt – gebunden – desillusioniert. Aber das klingt nur anders. Es ist dasselbe Drama: Dieser Verlauf von der Verliebtheit über die engere Partnerbindung hin zur Desillusionierung ist unabweisbar. Er liegt gewissermaßen in der Natur der Sache und ist alles andere als neu. Frühere Generationen haben diese Erfahrung auch gemacht. Neu ist etwas anderes, nämlich die Konsequenz, die aus diesem Verlauf gezogen wird.

Die Toleranz und die Bereitschaft, sich in sein Schicksal zu fügen, die Tugend des Durchhaltens haben sich dramatisch reduziert. Damit sind nicht nur Trennungen normaler geworden, sondern auch Neuanfänge. Der Beziehungsumsatz pro Leben steigt. Der Partnermarkt ist aktiver. In ein Menschenleben passen mehrere Trennungen, mehrere Neuanfänge und mehrere Partnerschaften. Und neben den Beziehungen ist auch noch Platz für Affären.

Diese Tatsache wird oft negativ so interpretiert, dass die Menschen weniger beziehungswillig und bindungsfähig seien, dass sie sich leichtfertig trennen, dass der Ernst bei der Partnerwahl einer Beliebigkeit und Kurzlebigkeit gewichen sei. Dabei geht es in den meisten Fällen gar nicht so leichtfertig zu, und es ist auch mehr Ernst im Spiel, als es auf den ersten Blick aussieht. Die Veränderung der Beziehungsbiographien lässt sich nämlich auch umgekehrt bewerten: Dem Liebesglück wird eine immer wichtigere Bedeutung gegeben. Beziehungen werden enger an das erlebte Glück und auch an eine partnerschaftliche Sexualität gekoppelt, die wenn schon nicht leidenschaftlich, so doch wenigstens einigermaßen befriedigend sein soll. Darunter geht's nicht. Jedenfalls nicht auf Dauer. Beziehungen, die nicht von Liebe getragen sind, werden nicht mehr für wertvoll erachtet. Vernunftehen sind out.

So wird die nachlassende Leidenschaft auch weniger als der normale Verlauf bewertet und akzeptiert, sondern steht vielmehr im Verdacht, Symptom einer Krise zu sein. Und wo die Krise ist, lassen Lösungsangebote nicht auf sich warten. Parallel mit der Bereitschaft, unbefriedigende Beziehungen zu beenden und neue Beziehungen einzugehen, sind Zahl und Qualität der Lösungsanbieter gewachsen. Die Groß-Botschaft, die Paartherapien und Beziehungsratgeber transportieren, lautet: Beziehungsglück ist machbar.

»Glück ist machbar«

Partnerschaftliches Glück und Pech werden heute viel weniger als vorgegeben und viel mehr als machbar gesehen. Ein attraktives Ideal: Das Glück liegt in meiner Hand. Die Vorstellung vom machbaren Glück verändert auch den Blick über den Zaun der Partnerschaft. Der Blick wird intensiver, je vergänglicher das partnerschaftliche Paradies erscheint. Man muss nur suchen. Einen neuen Partner, der mehr verspricht, weil er noch nicht realitätsgeprüft ist: Neues Spiel – neues Glück. Oder einen zusätzlichen Partner, der die Lücke füllt, die der feste Partner geöffnet hat: die Liebesaffäre.

So etwa liest sich eine gängige Interpretation der Affäre, die je nach Ausrichtung des Autors mit kulturkritischer Schwere oder hedonistischer Leichtigkeit daherkommt. Jeder ist seines Glückes Schmied. Also auch seines Unglücks. Und seiner Beziehungen. Aber auch der Schmied muss entscheiden, was er schmieden will. Entscheidungen haben ihren Preis.

Das ist das Dilemma von Robert. Entweder er gibt die ansonsten gute Ehe auf, oder er opfert die leidenschaftliche Sexualität. Sein Wunsch, mehr sexuelles Interesse für seine Frau zu entwickeln, ist zwiespältig. Einerseits befragt er mich nach Mitteln und Wegen. Jeden praktischen Vorschlag, den ich mache, lässt er aber ins Leere laufen. Er wird nicht aktiv. Nach einigen Sitzungen kommt er zu dem Ergebnis: »Ich kann mir nichts vormachen: Ich bin einfach nicht monogam. Selbst wenn mit der jetzigen Freundin Schluss wäre, käme die nächste.« Und mit einem verlegenen Lächeln: »Schlimm, nicht?« Das finde ich nicht. Aber ich finde, dass seine passive Haltung und seine Unschlüssigkeit ihm nicht guttut.

Dem Partner oder sich selbst treu sein?

Wir wägen Vor- und Nachteile der verschiedenen Möglichkeiten ab. Das nutzt so lange nichts, wie Robert davon überzeugt ist, ein Opfer seiner eigenen Unentschiedenheit zu sein.

Dabei denkt er nicht nur taktisch. Aufrichtigkeit ist auch für ihn ein Wert. Eigentlich sollte seine Frau wissen, was mit ihm los ist. Da für ihn solche moralischen Skrupel bedeutsam sind, macht er sich Vorwürfe und wertet seine Sexualität ab. Zu einer Wende kommt es, als ich seinen moralischen Anspruch aufgreife und ihn frage, ob er eher seiner Frau oder eher sich selbst treu sein will. Das bringt seinen Konflikt für ihn in ein neues Licht.

Eines Tages berichtet er mir das Ergebnis seiner Überlegungen: »Wie ich mich auch drehe und wende, ich will weder meine Ehe riskieren noch meine Affären aufgeben. Ich sollte aufhören herumzujammern. Sondern ich mache das dann eben so: Ich übernehme Verantwortung für mein Verhalten. Ich bleibe bei meiner Frau, sage ihr aber nicht, dass ich meine Affären weiterlebe.« Ich frage ihn, inwiefern das etwas an der Sexualität mit seiner Frau ändert. Er grinst: »Sie werden lachen. Ich habe mich zu freundlichem Ehe-Sex entschieden. Es muss nach den ganzen Jahren ja nicht aufregend sein.« Also bekennendes Doppelleben?, frage ich. Freundlicher Sex in der Ehe. Leidenschaftlicher Sex mit der Freundin? »Ja. Ich glaube, das geht.«

Robert hat entschieden. Wir beenden die Gespräche. Ich wage keine Prognose über sein weiteres Liebesleben. Er hat sich für eine Lösung auf Zeit entschieden. Immerhin.

Der Preis der Treue

Geht es nicht einfacher? Einfach treu sein? Und auf Verführungen verzichten: Schätzen, was man hat, und die Suche nach neuen Anreizen bleiben lassen? Treue erspart Ärger, lässt bestimmte Konflikte erst gar nicht entstehen. Treue ist energiesparend. Sie schafft übersichtliche Verhältnisse und garantiert eine ruhigen Schlaf. Sie ermöglicht es, ohne Arg und Tücke dem Menschen ins Gesicht zu sehen, mit dem man Tisch und Bett, womöglich sogar den Nachnamen teilt. Treue schafft Raum für lebensqualitätserhöhende Aktivitäten aller Art, schont die Nerven vor bösen, niederträchtigen, deprimierenden und herzzerreißenden Gefühlen. Ein treues Leben – eine psychosomatische Kur!

So ähnlich sah das die heute 55-jährige Ella, die sich in ihren jungen Jahren als »echten Feger« beschreibt. Mit Freiheitssinn und Erlebnishunger sparte sie kaum erotische Gelegenheiten aus. Auch in zwei mehrjährigen festen Partnerschaften dachte sie nicht daran, sich einzuschränken. Aber bei aller bejahten Vitalität gab es auch harte Zeiten. So etwa, als ihr geliebter Partner Fred, mit dem sie die Philosophie des freien Liebeslebens teilte, sich ernsthaft verliebte, und das noch in eine gemeinsame Freundin. Und auch umgekehrt, als Fred ihr Vorwürfe machte, ihre egoistischen Wünsche seien ihr wichtiger als ihre Gemeinsamkeit. Sie wusste, wie sie sich selbst wehtat. Und sie spürte, wie er ihr wehtat. Der Preis der Freiheit war nicht gerade niedrig. In dieser Phase ihres Lebens war sie bereit, ihn zu zahlen. Später nicht mehr. Im Rückblick meint sie, »wir haben das nicht verkraftet«.

Ella zog die Konsequenzen. Nach der Trennung von Fred tat sie sich mit Dieter zusammen. Mit dieser Beziehung beschloss sie, die »wilden Zeiten« hinter sich zu lassen. »Ich hab es ja nun gehabt«, meint sie. Mit Dieter, mit dem sie seit zwanzig Jahren zusammen ist, hat sie einen Partner, den sie als unproblematisch erlebt, was Treue betrifft. Ein beruflich engagierter und erfolgreicher Mann, der sich Frauen gegenüber charmant zeigt, aber an Flirts nicht weiter interessiert ist. Nach den nervenaufreibenden Zeiten mit Fred genießt sie die verlässliche Sicherheit, die Dieter ihr bietet. Theaterbesuche, Einladungen. Und etwas Gewichtszunahme, die sie sich scherzend verzeiht und die Dieter nicht stört. Dass der eheliche Alltag sie einholt und dass sie mit Dieter immer weniger Sex hat, nimmt sie gelassen in Kauf. Bis sie von ihren eigenen Gefühlen überrascht wird.

Ihre verheiratete Freundin Sarah erzählt ihr – nicht zum ersten Mal – von einer heißen Affäre, diesmal mit einem jüngeren Mann. Sarah ist aufgedreht, begeistert und verhält sich – wie Ella findet – wie ein kleines Mädchen. Ella ertappt sich bei neidischen Gefühlen. Neidisch auf Sarahs Unverschämtheit, ihren Mann – den Ella sehr schätzt – zu hintergehen. Während sie sich vordergründig empört und Sarah mit einer Mischung von Entrüstung und blanker Neugier begegnet, muss sie sich eingestehen, dass Sarah etwas bei ihr auslöst, das sie gut verpackt glaubte.

Danach geht es Ella schlecht. Sarahs Leben treibt sie um. Sie fühlt sich niedergeschlagen. Ihr Übergewicht kommt ihr ins Bewusstsein. Sie findet sich alt, unattraktiv, dick. Und sie muss zugeben, dass ein guter Teil ihrer Empörung über Sarah blanker Neid ist. Ella wird klar, dass sie einen Preis gezahlt hat für die verlässliche, aber leidenschaftsarme Beziehung mit Dieter, den Preis der Treue. Einen Preis, den Sarah – das Luder! – nicht bereit ist zu zahlen. Auch nicht mit ihren fünfzig Jahren. Ella fühlt sich gefangen. Mit Dieter kann sie zwar darüber sprechen. Er hört ihr auch zu. Aber er versteht sie nicht wirklich. Was versteht ein Mann schon von Figurproblemen! Und was soll er auch denken, wenn sie sich wieder mit dem Gefühl beschäftigt, von andern Männern nicht begehrt zu werden!

Aktive und passive Treue

Ella hat sich für Treue entschieden und dafür, den Preis des Verzichts zu zahlen. Aber ist Treue immer eine aktive Entscheidung? Oder sind viele Paare einfach treu, ohne sich entschieden zu haben? Aus Mangel an Gelegenheit und Angeboten, aus Feigheit, aus Desinteresse. In der Tat. Man kann treu sein, ohne sich dafür zu entscheiden. Diese passive Treue ist nicht selten. Wer sich beim Flirten oder beim Sex unbehaglich fühlt, wer sich nicht traut, wer ohnehin nicht so viel Interesse an Sex hat, wer sich unattraktiv fühlt, wer andere Interessen hat. Wer sich aus solchen Gründen nicht auf andere Partner einlässt, geht nicht fremd und ist – so gesehen – treu. Treu aus Mangel an Versuchungen.

Dieter, Ellas Mann, ist so aufgelegt. »Ja, natürlich gibt es attraktive Frauen. Auch Frauen, denen ich gefalle. Aber ich muss das nicht weitertreiben. Ich träume nicht einmal da-

von. Ich habe Ella. Sie liebe ich und sie reicht mir. Mir fehlt nichts.«

Wir können zwei Arten von Treue unterscheiden, aktive und passive Treue. Dieter ist passiv treu. Es kostet ihn nichts. Er hat sich nicht bewusst entschieden, treu zu sein. Er ist dadurch treu, dass er nicht fremdgeht, er verkneift sich nichts. Er hat es einfach. Er erlebt keinen Mangel. Passive Treue heißt konfliktlose Treue.

Ganz anders als Ella. Das Problem, mit dem sie sich herumschlägt, ihr Neid auf ihre Freundin Sarah, ihre Entscheidung nach den konflikthaften Jahren mit ihrem Exfreund Fred, sich die Qualen der Eifersucht und des Betrogenwerdens zu ersparen – dieses Problem resultiert aus ihrer aktiven Treue. Aktiv heißt: Sie hat sich zur Treue entschieden, obwohl sie die Faszination der Untreue und der Verführung gut kennt. Sie merkt jetzt, dass sie einen Preis dafür bezahlt hat. Den Preis des Verzichts, den Preis, etwas nicht zu leben, das irgendwo doch leben will. Ein Wunsch, der gut verstaut schien. Bis er überraschend wieder aus der Verpackung platzt.

Aktive Treue heißt Treue, die sich aus einer Entscheidung ergibt. Einer Entscheidung, die Güter abwägt. Die widerstrebende Gefühle und Wünsche ordnet, indem sie sich für eine Alternative und gegen eine andere entscheidet. Aktive Treue kostet etwas. Wer sich dafür entscheidet, zahlt den Preis. Vielleicht sogar gern. So war es bei Ella über einige Jahre.

Aber jetzt stellt sie den Preis in Frage. Sie hadert mit der Entscheidung, die offenbar für viele Jahre richtig und passend war. Und auch wenn es ungerecht ist – sie nimmt es auch Dieter übel, dass er einfach so zufrieden sein kann. Dem Mann, dem sie eigentlich ein zufriedenes Leben verdankt, verdanken müsste … eigentlich. Aber sie spürt, dass ihr etabliertes Leben, die Theaterbesuche und Einladungen, ja nicht einmal die netten Gespräche mit Dieter beim Rotwein das so richtig ausgleichen.

Eine Beziehung für alles?

Wir können Affären nur gerecht werden, wenn wir sie vor dem Hintergrund dessen sehen, was von einer monogamen Beziehung erwartet wird. Das ist – alles! Wir wollen einen besten Freund, eine Familie, eine geistige Gemeinschaft, ökonomische Sicherheit, gemeinsame Interessen, Lebenspläne, Vertrauen – und obendrein noch Leidenschaft und Faszination.

So naiv das ist, so wunderbar fühlt es sich an – am Anfang einer Beziehung. »Ich habe den idealen Partner gefunden.« Der ideale Partner ist schnell erfunden. Den realen Partner entdeckt man erst im Lauf einer langen Beziehung. Seine Schwächen, seine Fehler, seine Begrenztheit, seine Marotten.

Und hier beginnt das Unglück vieler Partnerschaften. Die Ist-Soll-Differenz, die Abweichung des realen Partners vom Ideal wird dem Partner angelastet. Die Beziehung ist nicht so, wie ich sie mir ausgedacht habe – also wechsle ich den Partner und halte dem Ideal die Treue. So kann man sich entscheiden. Und diese Entscheidung ist die Grundlage der seriellen Monogamie. Ein Partner nach dem anderen, aber immer dasselbe Ideal. Und die Abweichung des nächsten Partners vom Ideal wird diesem wieder angelastet. Also muss es weiter zum Nächsten gehen …

Ein anderer Partner – oder ein anderes Modell

Die Alternative besteht darin, den Partner zu halten und das Modell zu wechseln. Die Paartherapeutin Esther Perel[1] hat das in dem schönen Satz ausgedrückt, im Lauf eines Lebens würden mehrere Beziehungen eingegangen – manche mit ver-

---

1 Perel 2008: Persönliche Mitteilung

schiedenen Partnern, manche mit demselben Partner. Das romantische Modell ist gut geeignet, um Beziehungen zu starten. Es ist nur begrenzt geeignet, um sie zu halten. Lange Beziehungen brauchen ein anderes Modell. Besser im Plural: andere Modelle. Es könnten mehrere werden im Laufe eines langen Partnerlebens.

Das Ende der romantischen Alles-mit-einem-Partner-Beziehung kann neue Türen öffnen. Monogamie ist neu zu definieren. Wenn nicht mehr alles mit einem, was dann mit wem? Wie soll das gehen? Eine Hauptbeziehung und verschiedene Nebenbeziehungen? Für jeden Lebensbereich eine andere Person? Was ist mit Zugehörigkeitsgefühl? Wo ist mein emotionales Zuhause, das ja in der Alles-mit-einem-Partner-Beziehung nicht in Frage stand? Artet das nicht alles in Beliebigkeit aus?

Berechtigte Fragen. Im Kern kreisen sie alle um die heikelste aller Partnerfragen, nämlich, wie man es mit der sexuellen Treue halten will. »Die sexuelle Exklusivität ist die heilige Kuh des romantischen Ideals«, bringt es Esther Perel auf den Punkt.[1] Und auf dem Weg zu neuen Modellen muss die heilige Kuh zwar nicht unbedingt geschlachtet werden, aber sie kann nicht mehr heilig bleiben. Sie steht zur Verfügung. Das macht Angst. Berechtigte Angst, denn man kann nicht wissen, wohin alles führt, wenn das Heilige nicht mehr heilig ist.

Aber hinter der Angst liegt auch die Chance, aus der Erstarrung einer Heiligenverehrung zu einer neuen Lebendigkeit zu kommen. Ohne programmatischen Ballast, der sich »offene Ehe« oder »New Monogamy« nennen muss. Aber mit einem ganz neuen Blick auf das alte Dilemma zwischen Sicherheit und Leidenschaft, zwischen Zugehörigkeitsbedürfnis und Abenteuerlust.[2]

1 Perel 2008: Persönliche Mitteilung
2 Perel 2006; Clement 2006

I can resist everything but temp-
tation.   *Oscar Wilde*

Symptom einer gestörten Partnerschaft oder: Die Macht der Sehnsucht?

»Hat recht, wer liebt?«, fragt der Literaturwissenschaftler Peter von Matt[1] und illustriert das moralische Dilemma des Ehebruchs an einer mittelalterlichen Geschichte aus Giovanni Boccaccios »Il Decamerone«.

Frau Filippa wird von ihrem Ehemann Rinaldo in den Armen ihres Geliebten Lazzarino erwischt, in die sie sich wohl nicht zum ersten Mal begeben hat. Statt seine Frau und/oder den Geliebten auf der Stelle totzuschlagen, wie ihm seine erste Reaktion nahe legt, überantwortet er sie der Rechtsprechung, die sie zum Tod auf dem Scheiterhaufen – so das erwartete Urteil – verurteilen soll.

Statt zu fliehen oder die Tat zu leugnen, wie man ihr empfiehlt, erscheint Filippa vor Gericht, um sich zu verteidigen. Sie bittet zunächst das Gericht darum, ihren Mann zu fragen, ob sie nicht, wann immer er wollte, ihm zu Willen gewesen sei. Das bejaht der Mann. Und mit dieser Bestätigung im Rücken platziert sie folgendes brillante Argument:

»Nun frage ich, Herr Richter, wenn er stets von mir erhalten hat, was er bedurfte und verlangte, was sollte ich mit dem beginnen, was mir noch übrig blieb? Sollte ich es

---

1 von Matt 2004, S. 33 ff.

37

den Hunden vorwerfen? Ist es nicht weit besser, einen edlen Mann, der mich über alles liebt, damit zu erfreuen, als es ungenützt verderben zu lassen?« Ihre Rede überzeugt und wird angenommen. Sie wird freigesprochen.

Von Matt erkennt im Plädoyer der untreuen Filippa aufklärerisch-freiheitliches Denken. Er sieht sie als Frau, die nicht die Moral der andern erduldet, sondern ihre eigene reflektierte Moral dagegensetzt. Eine Moralvorstellung, die dadurch besticht, dass sie nicht egoistisch argumentiert, sondern auf die Interessen des Ehemannes in einer doppelten Weise eingeht, indem sie sie zwar berücksichtigt, sich ihnen aber nicht unterwirft.

Eine solche Auslegung der Selbstverwirklichung, die als ungewollten Nebeneffekt die Untreue in Kauf nimmt, ist sieben Jahrhunderte nach Boccaccio noch lange nicht mehrheitsfähig.

Sind Affären ein Symptom für eine schlechte Ehe?

Nicht nur im allgemeinen Verständnis, auch bei den paartherapeutischen Experten dominiert immer noch eine Meinung: Wer sich auf eine außerpartnerschaftliche Affäre einlässt, tut dies, weil irgendetwas in der Primärbeziehung faul ist. Sonst wäre der Seitensprung nicht nötig. Zufriedene Beziehungen – so die Grundüberzeugung – sind treue Beziehungen. Das klingt auf den ersten Blick plausibel: die Affäre als Ventil, als Kompensation, als Ausweichquartier für unzufriedene Eheleute. Die paartherapeutische Fachliteratur hat sich in erster Linie mit der traumatischen Auswirkung von Affären beschäftigt[1]

---

1 Glass 2003; Gordon, Baucom & Snyder 2004

und weniger mit dem »Dilemma, das verursacht wird durch die Schwierigkeit, Bindung und Begehren in Bezug auf dieselbe Person miteinander zu vereinbaren«.[1]

Wer Untreue als Zeichen einer gestörten Beziehung sieht, geht davon aus, dass man in guten Ehen von selbst treu ist. So gesehen, ist das paartherapeutische Geschäft immer auch ein Suchen nach dem »eigentlichen« Problem in der Beziehung. So wird die Welt geordnet: Treu gleich gut gleich gesund, untreu gleich schlecht gleich gestört. Wenn es in der Welt der Leidenschaft doch so einfach zuginge!

Siebzig Prozent von sexuell untreuen Ehepartnern begründen ihr Verhalten mit Eheproblemen, aber für dreißig Prozent hat es gar nichts damit zu tun.[2] Die eheliche Unzufriedenheit erklärt also nur einen Teil der außerehelichen Beziehungen. Das belegen einige Studien mit dem überraschenden Ergebnis, dass die treuen Ehepartner im Durchschnitt auch nicht viel glücklicher sind als die untreuen.[3]

Wer Affären in erster Linie aus Mängeln der festen Partnerschaft erklärt, macht sie unausgesprochen zum Lückenbüßer, zu einer Beziehungsergänzung niederen Ranges, die eigentlich nicht nötig sein sollte. Das meint der bewertende Blick von

---

1 Scheinkman 2007. Sie weist auch auf einen speziellen Akzent der paartherapeutischen Diskussion in den USA hin, in der ziemlich unverblümt moralische Positionen eine Rolle spielen, die eindeutig Partei für das betrogene »Opfer« und gegen den betrügenden Schurken nehmen, eine Position, die in der deutschen Fachdiskussion kaum vertreten ist.
2 Spanier & Margolis 1983; Treas & Giesen 2000. Der Haken aller Untersuchungen, die einen Zusammenhang zwischen ehelicher Unzufriedenheit und Fremdgehen zeigen, ist, dass die Befragten im Rückblick geantwortet haben. Und dann lässt sich für den Zusammenhang auch noch eine ganz andere Erklärung finden: Wer fremdgegangen ist, kann sein Verhalten im Nachhinein leicht mit der ehelichen Unzufriedenheit erklären. Eine solche Erklärung ist für jeden nachvollziehbar. Und sie ist eine exzellente Rechtfertigung, die für jeden Fremdgeher sogar noch Bedauern bereitstellt: Wer versteht nicht das Bedürfnis, aus einer unbefriedigenden Situation auszubrechen?
3 Liu 2000, Thompson 1983, Atkins et al. 2001

außen. Für die Beteiligten sieht das anders aus: Für sie ist die Affäre nicht weniger oder mehr wert, nicht nachgeordnet oder überlegen, keine Beziehung zweiter Wahl, aber auch nicht heimlich erster Wahl. Nur anders. Ganz anders. Und genau dieses Anderssein ist der Grund, warum sie gelebt wird. Um einen Unterschied zu machen zur Dynamik der Primärbeziehung, einen Unterschied zum Gleichmaß, zur Verlässlichkeit, zur Berechenbarkeit und Sicherheit. Und damit keinen Unterschied zwischen gut und schlecht. Keinen Unterschied zwischen wahrer und falscher Liebe. Aber auch nicht zwischen schlechter Konvention und guter Leidenschaft.

Der andere Unterschied und zwei falsche Gegensätze

Die meisten Gegenüberstellungen von Primärbeziehung und Außenbeziehung bewerten in erster Linie, statt sie zu beschreiben. Und bauen falsche Gegensätze auf.

Falscher Gegensatz A: Moral und Unmoral

Diese Gegenüberstellung bedient sich klassischer Moralvorstellungen. Sie ordnet schwarz und weiß auf einfache Weise: Wer fremdgeht, betrügt, ist damit böse und moralischer Verlierer. Der Betrogene hingegen ist in erster Linie der treue und damit der unschuldige Betrogene Das ist die einfachste Ordnung der Liebeswelt, jahrhundertelang bewährt und für viele in Stein gemeißelt. Sie scheint geeignet, um gut und böse zu unterscheiden, Schuldige zu belasten und Unschuldige auf eine bessere Position zu heben. Wer fremdgeht, ist Übeltäter und schuld am Schmerz, der dem betrogenen Partner zugefügt wird. Wer betrogen wird, ist das Opfer und hat alle Rechte zu beanspruchen, die Opfern zustehen: das Recht auf Vorwürfe und Empörung, das Recht auf Wiedergutmachung und auf

Parteinahme aller Zeugen, Angehörigen und Freunde, die von der Schuld wissen.

Falscher Gegensatz B: Langeweile und Leidenschaft
Die andere Gegenüberstellung kontrastiert die Langeweile der Ehe mit der Leidenschaft der Affäre. Der betrogene Ehemann von Gustave Flauberts Madame Bovary kommt schlecht weg. Fad ist er, eintönig die Ehe, kein Wunder, dass Madame sich in der Stadt einen Liebhaber sucht, der ihr das bietet, was die wahren Gefühle zwischen Mann und Frau ausmacht: wirkliches Begehren, Sehnsucht, Erregung, der nächsten Begegnung entgegenzittern. Der Leser ist auf ihrer Seite. Der Ehemann ist abgewertet, alles andere als eine Identifikationsfigur für die Leserschaft, als der Gehörnte ist er der Verlierer des Spiels. Geschieht ihm recht, empfindet der Leser.

Hier ist die Bewertung etwas raffinierter: Die Parteinahme des Lesers gilt der fremdgehenden Madame Bovary. Und aus dieser Perspektive wird sie nicht primär als Täterin gesehen, obwohl sie zweifellos selbst entscheidet und handelt. Vielmehr bekommt sie als Opfer der langweiligen Ehe die Zuneigung des Lesers. Warum? Wenn man selber nicht betroffen, also betrogen wurde, gilt die Sympathie immer der Liebe und der Leidenschaft.

Die beiden Gegensätze sind tendenziös, weil sie versuchen, durch einseitige Bewertungen einem Geschehen beizukommen, das in sich widersprüchlich und voller Ambivalenzen ist. Warum lassen sich Menschen auf außerpartnerschaftliche Beziehungen ein? Warum gehen sie fremd? Warum gehen sogar Partner aus stabilen Ehen fremd? Und warum betrügen sie Menschen, die sie lieben und schätzen und die ihnen oft gar keinen Grund gegeben haben, ihnen Schmerzen zuzufügen?

Sehnsucht und die Suche nach dem Unterschied

Sie tun es, weil sie den Unterschied suchen. Den Unterschied zu dem, was sie bereits haben und kennen. In Affären wird selten dasselbe gesucht wie in einer festen Beziehung, die Verdopplung oder Festigung dessen, was man bereits hat. Mehr vom selben – das hat keinen Appeal. Aber welchen Unterschied? Besserer Sex, mehr Verständnis, ähnliche Sichtweisen, geteilte Philosophien, Ruhe, lebendige Unterhaltung? Attraktiv erscheint das Ersehnte, nicht das Sichere. Begehren kann ich nur das, was ich nicht schon habe. Das macht das große Versprechen der Liebesaffäre aus. Und genau hier liegt die Ungerechtigkeit dem primären Partner gegenüber: Genau das, was er bietet, sicher bietet, zuverlässig bietet, vielleicht sogar in einzigartiger Weise bietet, wird zum Hintergrund, vor dem sich die Sehnsucht für das Fehlende entwickelt, das dann der Außenpartner erfüllen soll.

Cathérine, die im Laufe ihrer langen, immer wieder von Zweifeln begleiteten Beziehung zu Alain kurzfristige Liebschaften hatte, bringt das für sich so auf den Punkt:

»Durch meine Affäre kompensiere ich nichts, was mir mit meinem Mann fehlt. Aber ich entdecke durch die Affäre ein paar blinde Flecken in unserer Beziehung.«

Die Daueraufgabe der Liebesaffäre liegt also darin, die Unterscheidung lebendig zu halten. Die Unterscheidung zwischen innen und außen, zwischen der erlebnisintensiven geheimen Gegenwelt und dem sichtbaren Mainstream meines Lebens, meiner Familie, meines Berufes, meiner Ehe, meiner Vermögensverwaltung, meiner Freunde, meiner Verpflichtungen.

Robert (aus dem ersten Kapitel) suchte bei seiner Freundin »die Leichtigkeit, das Unbeschwerte, das meine Frau nicht so hat. Sie ist eher ein ernster Typ«. Ich frage ihn, was er an seiner Frau anziehend fand, als er sie kennenlernte. »Das war dieses tiefe Verständnis, unsere Ansichten über die Welt, unsere politischen Meinungen.« *Mit anderen Worten schätzt er den Ernst, den er jetzt als Mangel an Leichtigkeit empfindet. Was die Faszination für seine Frau zu Beginn ausmachte, das tiefe Verständnis, wandelt sich später in Ernsthaftigkeit und fehlende Leichtigkeit. Was anfangs als Stärke galt, wird nun zum Problem. Die Lösung ist die Außenbeziehung.*

Die Affäre braucht die Ehe: Figur und Hintergrund

Affären und Ehe stehen in einem Figur-Grund-Verhältnis zueinander. Erst auf dem Hintergrund der Ehe bekommt die Affäre ihre kontrastierende Gestalt: die Hoffnung vor dem Hintergrund der Enttäuschung, das Neue vor der Folie des Bekannten, das Unberechenbare vor der Kulisse des Verlässlichen, das Spiel auf der Bühne des Ernstes. Aber nicht unbedingt das Bessere vor dem Hintergrund des Schlechten. Man könnte sagen: Die Affäre braucht die Ehe, weil sie erst durch sie einen Unterschied machen kann und besonders ist. Die Affäre ist keine Alternative zur Ehe, sondern sie ist auf sie angewiesen. Und umgekehrt: Die Affäre kann die Qualität der Ehe erst zur Geltung bringen. Das spüren alle Partner, die sich verliebt haben und hin- und hergerissen sind, ob sie sich trennen oder in der Ehe bleiben sollen. Ihre Ambivalenz lässt sich wie eine Kippfigur sehen, in der einmal die Affäre in den Vordergrund springt und die Ehe zurücktritt, dann wieder die Qualität der Ehe als »Figur« in den Vordergrund schnellt und sich gegen die Affäre abhebt.

Die normale Enttäuschung

Das Entwicklungsmuster einer Paarbeziehung wie bei Robert und bei Eva ist bei vielen Paar-Konflikten zu sehen. Zwei Partner sind zu Beginn der Beziehung von einer ganz speziellen Seite ihres Gegenübers fasziniert: Sie mag sein selbstbewusstes Auftreten, durch das sie sich geschützt fühlt. Er ist angezogen von ihrem Geschmack und Stil, den er selbst nicht in dieser Weise ausdrücken kann. Zehn Jahre später wird sein Selbstbewusstsein zur Arroganz, die ihr auf die Nerven geht. Und er schätzt nicht mehr ihren Stil, sondern findet, sie kümmere sich nur noch um ihre Klamotten. Und so zeigt manche Eigenschaft, die anfangs als Stärke erlebt wurde, nach ein paar Jahren ihre Schattenseite, die dann beklagt und bekämpft wird.

So kann aus Zugewandtheit unangenehmes Klammern werden, aus Verlässlichkeit langweilige Vorhersagbarkeit, aus Humor Oberflächlichkeit, aus Nachdenklichkeit Verschlossenheit. Dieselben Eigenschaften, die am Anfang faszinierend waren, können im Lichte der normalen partnerschaftlichen Enttäuschung zum Mangel werden. Der normalen Enttäuschung? Genau. Enttäuschung über den Partner ist ein normaler, nicht pathologischer Prozess jeder Paarbeziehung. Enttäuschung darüber, dass der Partner nicht so ist, wie wir ihn gern hätten, sondern so, wie er eben ist. Dabei muss er nichts falsch gemacht haben. Der enttäuschte Partner sieht ihn einfach mehr und illusionsloser in seiner Begrenztheit und seinen Schwächen – die er vorher schon hatte.

Aber auch wenn die Enttäuschung normal ist, ist sie eben doch eine Enttäuschung. Und enttäuschte Partner sind anfällige Partner. Anfällig für das Versprechen, das in einer neuen Liebesaffäre immer mitschwingt – die Illusion der vollkommenen Erfüllung. Und die in der kurzen Zeit noch nicht enttäuscht werden konnte, weil alles viel zu neu und ungelebt ist.

Betrogene nehmen die Enttäuschung ihrer Partner persönlich. Deshalb sind sie oft von der Frage gequält, was an ihnen ungenügend ist, ob sie dem anderen nicht genug gegeben haben. Die Frage ist nur zu verständlich, sie lässt sich aber meist gar nicht beantworten.

Elke kommt zusammen mit ihrem Mann Gerd zur Paartherapie, weil sie die mehrmonatige Affäre ihres Mannes mit einer ihr bekannten Kollegin nicht verwinden kann. Er begleitet sie ungern, hat nur unter ihrem Druck eingewilligt, die Paargespräche mitzumachen. Die Affäre hat er mittlerweile beendet, nachdem sie dahintergekommen war. Sie quält sich und ihn mit der wiederkehrenden Frage, was denn an dieser Kollegin dran sei, was sie nicht habe und was ihm bei ihr fehle. Gerd beteuert, ihm würde nichts fehlen, sie sei eben nur anders. Und außerdem sei doch auch alles vorbei und er habe sich für sie entschieden. Hin und her gerissen zwischen Vorwürfen und Selbstzweifeln findet Elke keine Antwort, die sie zufriedenstellt. Die Antworten, die er ihr gibt, reichen ihr entweder nicht oder sie erlebt sie als Kränkung, auf die sie nicht eingehen kann. So sagt er in einem zornigen Moment. »Sie macht mir eben nicht ständig Vorwürfe.« – »Sie hast du ja auch nicht betrogen«, empört sie sich verletzt.

In einer ruhigeren Passage dieser Therapie räumt Gerd ein, dass er mit der Freundin einen guten gedanklichen Austausch hatte, dass er mit ihr angenehme Auszeiten erlebte, die ihn seinen Arbeitsalltag vergessen ließen. Die gekränkte Nachfrage seiner Frau, ob er denn mit ihr keinen gedanklichen Austausch haben konnte, wo sie doch schon oft gute Gespräche hatten, verneint er. In der Tat hat er ihr nicht viel vorzuwerfen (außer dass sie ihm jetzt ständig Vorwürfe macht). Die andere Frau habe ihn einfach angezogen.

45

Weg vom Problem oder hin zur Sehnsucht?

Anders als Elke das befürchtet, lässt sich die Affäre von Gerd nicht in erster Linie als Bewegung weg von seiner Frau beschreiben. Er war nicht aktiv auf Suche nach einer neuen Partnerschaft. Abgesehen von den üblichen ehelichen Querelen, war er mit seiner Ehe zufrieden und darauf eingestellt, mit seiner Frau alt zu werden. Die normale Enttäuschung war ohne Spuren nennenswerter Bitterkeit an ihm vorübergegangen. Hätte man ihn vor Beginn der Affäre gefragt, was ihm in der Ehe fehle, hätte er wahrscheinlich geantwortet: Nichts.

Dass Elke nun nach der Affäre nicht von der Frage loskommt, was sie falsch gemacht, was ihm bei ihr gefehlt habe, hat nicht unbedingt etwas mit seinen Beweggründen zu tun. Viel eher ist dies ein verzweifelter Versuch, eine Erklärung für das schmerzliche Ereignis zu finden. Der Versuch ist verständlich, aber Elke sucht an der falschen Stelle. Die Affäre hat mit ihr persönlich wenig zu tun. Gerd hat es weniger von ihr weggetrieben als vielmehr zu der Geliebten hingezogen.

Die Affäre hat also mehr mit der Verführbarkeit von Gerd zu tun. Damit, dass es zwischen ihm und der Kollegin gezündet hat. Die beiden hatten sich verliebt. Entsprechend zurückhaltend war er seiner Frau gegenüber, hatte sich in dieser Zeit emotional und sexuell von ihr zurückgezogen. Das war bereits die Reaktion auf eine Dynamik, deren Zentrum ganz woanders lag, außerhalb von Elkes Kontrolle. Und genau das empfand sie als Bedrohung. So paradox es klingt: Hätte Elke wenigstens etwas falsch gemacht, wäre sie »schuld« an der Affäre ihres Mannes gewesen, so hätte sie immerhin eine für sich plausible Erklärung gehabt, die die Ursache bei sich ortet. Damit wäre sie als Mitschuldige in der moralisch ungünstigeren, psychologisch aber vorteilhafteren Position gewesen: Sie hätte immerhin eine wirksame, kontrollierbare und damit selbstwertstabilisierende Rolle eingenommen. Besser mitschuldig als ganz ohnmächtig.

Die Affäre als Appell

Frank und Annette sind seit 19 Jahren zusammen, seit 18 Jahren verheiratet und haben eine gemeinsame Tochter Marie. Er ist Partner in einem IT-Unternehmen, das ihn sehr absorbiert. Aufgrund der unsteten Wirtschaftslage hat er ständig Existenzängste, obwohl es ihm seit Jahren wirtschaftlich ganz gut geht. Sie ist in der Verwaltung eines großen Krankenhauses tätig.

Die Beziehung lief über Jahre nicht schlecht. Sie wirft ihm allerdings vor, dass er zu sehr mit seinem Beruf verheiratet sei und sie sich als Frau vernachlässigt fühlt. Er sieht das mit schlechtem Gewissen ein, kann sich aber seinen beruflichen Verpflichtungen nicht entziehen. So muss er oft abends lange arbeiten, häufig auch am Wochenende. Sex haben sie selten. Nicht völlig unbefriedigend, aber Eheroutine. Ihm fehlt diesbezüglich nichts. Sie findet ihren Sex phantasielos, fühlt sich vor allem von ihm nicht begehrt, nicht gesehen. Sie bringt aber auch keine Idee ein, wie sie es anders haben will.

Es kommt, wie es kommen muss: Annette verliebt sich bei einer Weiterbildung in einen verheirateten Kollegen, Carl, und lässt sich auf eine Affäre mit ihm ein. Frank kommt dahinter. Er ist schwer getroffen und nimmt ihr das Versprechen ab, die Beziehung zu beenden, was sie ihm auch zusagt. Daraufhin kontrolliert er (für einen IT-Experten kein Problem) ihr Handy und ihre E-Mails und findet heraus, dass sie Carl weiterhin trifft. Carl ist ebenfalls verliebt. Er hat keine gute Ehe, kann sich aber von seiner schwer kranken Frau, die eine fortgeschrittene Multiple Sklerose hat und pflegebedürftig ist, nicht trennen. Sex hat er mit ihr schon Jahre nicht mehr. Er ist von Annettes Erotik begeistert.

Frank ist außer sich, fühlt sich verraten, kann ihr nicht mehr trauen. Er will sich nicht trennen, kann aber die Bedrohung durch die andere Beziehung kaum ertragen. Annette sagt, dass der andere Mann ihr mehr bedeute als ihr lieb sei. Es sei nicht der Sex allein, sondern das liebevolle Verständnis. Sie kann sich nicht richtig für die Beendigung ihrer Affäre entscheiden und bittet Frank, ihr noch Zeit zu geben.

Frank beschreibt sein Dilemma so: »Ich habe nichts davon, wenn sie mir zusagt, diese Geschichte zu beenden, wenn sie es nicht wirklich meint. Ich will bei ihr bleiben, brauche sie auch, aber mit diesem andern Mann halte ich das nicht aus. Ich weiß nicht, was ich tun kann, um sie zurückzukriegen.«

Annette schildert ihre Gefühlslage so: »Carl hat etwas Ruhiges, Väterliches, das mir guttut. Er hört mir zu, hat sich viel mit Literatur beschäftigt wie ich mich auch. Frank hat dazu keine Zeit.« Da Carl nicht zu haben ist, möchte sie wenigstens die seltenen schönen Begegnungen mit ihm genießen. Dass es Frank schlecht geht, macht Annette Schuldgefühle. Aber sie merkt selbst, dass Mitleid unerotisch ist.

Dieser Fall ist ganz anders gelagert als der von Elke und Gerd. Annette sucht bei Carl nicht das andere, das Besondere, das Frank nicht verkörpert. Vielmehr findet sie bei ihm etwas, das sie ursprünglich lieber bei Frank gefunden hätte. Nicht das Fremde, sondern das vermisste Vertraute ist es, was sie bei Carl anzieht. Die Affäre ist wie ein Appell an Frank: Das will ich mit dir! Und so geht die Geschichte auch weiter: Frank nimmt sich mehr Zeit, zeigt ihr damit, was sie ihm bedeutet. Und schließlich beendet Annette die Beziehung mit Carl und kehrt auch emotional zu Frank zurück.

Der Kampf um die Bedeutung

Um die Lage des betrogenen Partners besser zu verstehen, dürfen wir uns nicht allein auf seine emotionale Verletzung konzentrieren. Für ihn stellen sich zentrale Fragen seines Lebens neu. »Liebst du mich noch?« – »Womit habe ich das verdient?« – »Wie soll es jetzt mit uns weitergehen?« Die Gewissheit seiner Beziehung wurde in ihren Grundfesten erschüttert. Was bisher galt, ist ungewiss geworden. Worauf er sich verlassen hat, erweist sich jetzt als brüchig. Seine Welt liegt in Trümmern.

Das kann ganz handfeste Konsequenzen haben: Trennung, ausziehen. Aber ehe es dazu kommt, kreist alles um die Frage: Welche Bedeutung hat diese Außenbeziehung? Was ist überhaupt passiert? Wie konnte es dazu kommen? Was gilt noch? Was ist verloren? Was kann gerettet werden? Was muss neu gestaltet werden? Frank muss seine Welt neu erfinden.

Und der untreue Partner? Immerhin beziehen sich doch alle diese Fragen auf die Beziehung, die beide miteinander haben. Ja. Aber er stellt sie sich nicht. Wer verliebt ist, interessiert sich dafür nicht. Der verliebte Partner ist in einem anderen emotionalen Betriebszustand. Er ist euphorisiert durch die Liebesgeschichte. Im Hochgefühl der Verliebtheit oder der sexuellen Euphorie stellen sich keine Fragen. Das will alles gelebt, aber nicht hinterfragt werden. Und wenn der betrogene Partner nicht wäre, stünde dem auch nichts im Wege. Aber der steht im Weg.

Mit diesen beiden grundverschiedenen Voraussetzungen beginnen die beiden Partner die Auseinandersetzung darüber, wie der heruntergefallene Kartenstapel aufzuheben und neu zu mischen sei. Und warum er überhaupt heruntergefallen ist. Und ob überhaupt noch einmal mit den Karten gespielt werden soll.

Der betrogene Partner ist erschüttert, weil sich für ihn Fragen ergeben, die alle keinen Aufschub dulden. Er ist zwar in der Defensive, was seine Gefühle betrifft, aber in der Offensive, was seine Fragen betrifft. Er sucht das Gespräch, weil er es braucht.

Der untreue Partner ist vor allem durch sein schlechtes Gewissen bestimmt. Eine unabweisbare und ungemütliche Position. Ungemütlich, weil er sich als Täter jetzt rechtfertigen muss. Wer macht das schon gern? Er meidet das Gespräch, weil er sich von ihm nur Nachteile verspricht.

Diese Konstellation zwischen einem bedürftig-offensiven und einem vermeidend-defensiven Gesprächspartner gibt dem Gespräch ein Gefälle, das unmittelbar in einen ersten inhaltlichen Konflikt münden muss.

In diesem Gespräch und in den vielen folgenden Gesprächen wird darum gestritten, welche Bedeutung den Ereignissen zukommt. Diese wird von den beiden Partnern unterschiedlich bewertet.

Der *betrogene Partner* ist durch die Außenbeziehung alarmiert. Er weiß aber noch nicht, wie er sie einzuschätzen hat. Eine Affäre kann alles bedeuten: Der Partner hat mich hinters Licht geführt, ich bin als Mann oder Frau nichts wert, ich habe alles falsch gemacht, der Partner ist wahnsinnig geworden, ich bin jahrelang blind gewesen, ich werde bewusst getäuscht, mein Partner hat sich in eine mir völlig rätselhafte Richtung entwickelt, ich werde meine Kinder verlieren, ich bin vor Freunden bloßgestellt, ich bin alleingelassen auf dieser Welt und so weiter.

Die Wahrnehmung des Betrogenen ist angstgeleitet. Nichts ist mehr, wie es schien. Von überall her droht Gefahr: Nicht nur von der Zukunft, die plötzlich ungewisser ist als zuvor. Auch aus der Vergangenheit, die sich als trügerisch herausstellt, in der ich falschen Gewissheiten aufgesessen bin. Die Wahrnehmung wird leicht paranoid, der Betrogene fühlt sich umstellt von neuen Bedeutungen. Plötzlich bekommen im Nachhinein Bemerkungen, kleine Ereignisse, Gegenstände, die dort liegen, wo sie sonst nicht lagen – plötzlich bekommt all das eine Bedeutung, die es noch nie hatte.

Der *untreue Partner* ist in einer anderen Lage. Sein Problem ist nicht die Außenbeziehung, sondern die Reaktion des Partners darauf. Er sieht den Partner im Strudel nicht nur seiner Verletzung untergehen, sondern auch bei seiner gepeinigten Suche nach Erklärungen und nach der Bedeutung dessen, was da eben passiert. Da er der schmerzzufügende Täter ist, hält er das nur schwer aus und versucht Schadensbegrenzung, indem er den Schmerz zu mildern versucht. Das hat sowohl altruistische wie egoistische Motive: Er will dem verletzten Partner helfen, aber er will auch sich selbst vor dessen Reaktion schützen.

Darum spielt er die Bedeutung herunter. Bagatellisiert, was passiert ist. Stellt das emotionale und faktische Ausmaß des Geschehenen möglichst unwichtig dar. Und macht sich möglicherweise etwas vor, indem er die Bedeutung, die die Geschichte für ihn hat, vor sich selbst leugnet. Gegenüber einem misstrauischen Partner führt aber genau das zum gegenteiligen Effekt. Dieser ahnt das Motiv, traut deshalb den Beteuerungen nicht und hält sie für Verharmlosungen.

Die Eskalation: Misstrauen gegen Verharmlosung

Je mehr der untreue Partner alles verharmlosen und den Ball flach halten will, desto misstrauischer wird der betrogene Partner, was ihm noch alles vorenthalten werden soll. Je skeptischer der Betrogene nachfragt oder nach Beweisen sucht, desto mehr spielt der Betrüger das Geschehen herunter. Und so beschleunigt sich ein Eskalationsprozess von Misstrauen und Verharmlosung: Wie bei allen Problemzirkeln gilt auch hier: Der Lösungsversuch des einen ist das Problem des anderen.

Der betrogene Partner hat das Problem, dass er nicht alles weiß. Weder alle Fakten noch was sie bedeuten. Das Problem versucht er zu lösen, indem er fragt, fragt, fragt. Und den Antworten misstrauisch gegenübersteht. Insbesondere denen, die den Umfang und die Bedeutung des Geschehens herunterspielen.

Der untreue Partner hat das Problem, dass er seine Auskünfte und Antworten, die der Betrogene beharrlich einfordert, begrenzen möchte. Das Problem versucht er zu lösen, indem er so wenig wie möglich erzählt, darauf beharrt, es sei nun alles gesagt, und das Gespräch zu einem Ende bringen will.

Genau dieser Versuch nährt wiederum den Verdacht des betrogenen Partners, lässt ihn erneut nachfragen – und der Kreislauf dreht sich weiter.

Diese Eskalationsspirale zeigt sich beispielhaft an dem Dialog von Elke und Gerd in einer Therapiesitzung.

Elke: Wie soll das denn jetzt weitergehen?

Gerd: Es geht ja nicht weiter. Ich habe die Beziehung beendet.

Elke: Nichts hast du beendet. Du siehst sie ja noch täglich.

Gerd: Ja, aber nur dienstlich.

Elke: Ich halte es nicht aus, die Vorstellung, wie ihr euch dann wissend anseht und eure Geheimnisse weiterpflegt.

Gerd: Du übertreibst.

Elke: Von wegen. Ihr habt ein Geheimnis. Du hast noch lange nicht alles gesagt, obwohl ich dich schon hundertmal darum gebeten habe.

Gerd: Ich habe dir alles Wesentliche gesagt.

Elke: Alles Wesentliche, also doch nicht alles. Entscheidest du das, was das Wesentliche ist? Du gibst mir ja keine Chance, das selber zu beurteilen.

Gerd: Ich kann dir doch nicht jedes Gespräch und jede einzelne Handlung schildern?

Elke: Warum eigentlich nicht? Wichtig genug war es dir ja schließlich. Nur zu!

Gerd: (verzieht das Gesicht)

Elke: Was soll die Grimasse! Du rückst einfach nicht raus. Du wunderst dich, wenn ich dir nicht traue!

Gerd: Ich verstehe ja dein Misstrauen. Und ich habe ja zugegeben, dass ich dich belogen habe. Aber das war, als die Geschichte noch lief. Aber ich habe es ja nun beendet.

Elke: Und wieso soll ich dir jetzt glauben?

Gerd ist mit dieser Frage schachmatt gesetzt. Er kann ihr keinen Grund nennen, ihm zu glauben. Elke stellt ihrem Mann eine unbeantwortbare Frage. Sie verlangt von ihm Gründe dafür, ihm vertrauen zu können. Um ihm die aber zu glauben, müsste sie ihm bereits trauen. Was sie in ihrem Schmerz nicht bedenkt: Ob sie ihm vertraut oder nicht, ist allein ihre Entscheidung. Hätte Gerd einen Beweis, hätten wir es mit Wissen, nicht mit Vertrauen zu tun. Wenn sie weiß, dass ihr Mann die Wahrheit sagt, braucht sie ihm nicht mehr zu vertrauen. Wissen macht Vertrauen überflüssig. Die Vertrauensfrage kommt ins Spiel, wenn man nicht alles wissen kann.

Trotzdem sind solche Vertrauens-Dilemmas und nicht enden wollenden Diskussionsschleifen fast unvermeidbar, wenn eine Affäre gerade aufgeflogen ist. Keiner der Partner macht direkt etwas falsch, sondern beide folgen ihrer inneren Logik. Aber im Zusammenspiel erzeugen sie einen energiezehrenden Kreislauf, der zwar selten zu einem Ergebnis führt, der aber aus einem andern Grund bedeutsam ist: Die Partner kämpfen um ihre Integrität, ihre Autonomie, ihre Bindung und setzen sich einer Begegnung aus, in der sich herausstellen soll, was sie einander wert sind.

Das ist die eine Seite. In diesen Konfliktgesprächen zeigt sich aber auch noch etwas anderes. In jeder Auseinandersetzung um eine Außenbeziehung wird mitverhandelt, wieweit die Partner nicht nur Partner füreinander sind, sondern zugleich autonome Wesen, die nur einen Teil ihres Lebens, insbesondere ihres sexuellen Lebens, mit dem andern gemeinsam haben.

Wenn die Partner richtig gut miteinander umgehen, können sie sich diese Frage stellen. Dann muss sich der untreue Partner nicht nur auf eine Rechtfertigungs- und Verharmlosungsstrategie beschränken in der Hoffnung, die mühsamen Gespräche irgendwie durchzustehen. Sondern es kann wirklich darüber gesprochen werden, warum er sich auf eine andere Person eingelassen hat. Welche Sehnsucht ihn geleitet hat. Welche Hoffnung ihn hingezogen hat. Ohne Defensive, ohne Ausrede. Und der betrogene Partner kann über seine Kränkung und seine Vorwürfe hinaus zuhören, kann sich zumuten, was den anderen bewegt, auch wenn es mit ihm, dem Betrogenen, vielleicht gar nichts zu tun hat.

Das ist hohe Schule. Darüber zu sprechen, was die Affäre wirklich ausmacht. Beschäftigen wir uns aber zunächst mit der Frage, warum sich Partner überhaupt auf Affären einlassen.

Sex und Lebendigkeit

Oft wird argumentiert, dass es bei Affären oft doch nur um Sex gehe. Um nichts mehr. Nur das. Sehen wir uns das Argument »nur Sex« genauer an. Sex ist nie »nur Sex«. Beim Sex werden immer auch andere – nicht sexuelle – Motive und Bedeutungen aktiviert und gelebt: die Bestätigung der eigenen Attraktivität, die Wohltat für das Selbstwertgefühl, Trost in einer bedrückenden Lebenslage oder die Selbstvergewisserung der eigenen Körperlichkeit.

Überhaupt Sex. Ist der obligatorisch? Können wir von einer Liebesaffäre reden, wenn kein Sex stattfindet? Wohl kaum. Wenn jemand von einer Affäre spricht und das einschränkende

Attribut »platonisch« dazusetzt, klingt das etwas angestrengt und man fragt sich, ob der Sex durch die Vermeidung nicht erst recht unterstrichen wird. Oder was die tatsächlichen Gründe sind, dass es nicht zum Koitus kam.

Das stimmt, auch wenn objektiv gesehen in Affären viel mehr Zeit aufs Telefonieren, SMS-Schreiben und E-Mailen verwendet wird als auf Sex. Dazu kommt der erregende Aufwand, die Affäre geheim zu halten. Eine Studie zeigt sogar, dass die Affäre umso erregender erlebt wird, je wichtiger ihre Geheimhaltung ist.[1]

Sex macht den Unterschied. Warum? Erst wenn die körperliche Vereinigung, wenn »es« stattgefunden hat, wissen die Beteiligten, dass die Sache gilt. Egal, wie befriedigend der sexuelle Akt selbst war.[2] Das ist für die Gültigkeit der Affäre ohne Belang. Der erste außerpartnerschaftliche Geschlechtsverkehr hat auch eine rituelle Funktion. Er markiert den Übergang. Ab da hat man etwas miteinander. Das kulturelle Skript, das ungeschriebene Gesetz, sieht es so vor. Andere Varianten der Begegnung sind dagegen bedeutungsoffen: Ein gemeinsames Wochenende, eine durchzechte Nacht, ein Theaterbesuch, eine intime Aussprache, ein gemeinsamer Joint, all das ist auch anders zu verstehen. Es mag dabei weitaus intimer zugegangen sein. Aber das Skript schreibt die sexuelle Begegnung als die Begegnung vor, die einen Unterschied macht.[3]

Im Sex vollziehen die Partner das Besondere ihrer Beziehung. Und besonders ist es auch dann, wenn es nicht das erste Mal ist, auch dann, wenn es andere Liebespartner davor gegeben

---

1 Wegner, Lane & Dimitri 1994
2 Sehen wir von verunglückten einmaligen Begegnungen ab, die aus Peinlichkeit nicht »gerechnet« werden.
3 Im konstruktivistischen Wortspiel, das auf Bateson zurückgeht, ist Information definiert als der Unterschied, der einen Unterschied macht. Hier haben wir also die sexuelle Begegnung, der die relevante Information ausmacht, ob zwei Menschen »etwas miteinander haben« oder nicht.

hat. In der Affäre verbindet sich das Besondere des Sexes mit dem speziellen Setting der Nische. Er ist herausgehoben aus dem Alltäglichen – zum Preis der Geheimhaltung. Die gewollte, aber oft auch unfreiwillige Isolation der Nische vom Rest des Lebens intensiviert den Sex weiter und gibt ihm das Flair und die Kraft der Ausnahmesituation.

Was ist an einer außerpartnerschaftlichen Liebesaffäre attraktiv? Die Paartherapeutin Michelle Scheinkman schreibt: »Wenn ich mir Lebensgeschichten anhöre, in denen es Affären gab, scheint mir klar, dass die Emotionen und Bedeutungen, die jemanden in eine Affäre treiben, meistens mit Sehnsucht zu tun haben ... Diese Sehnsucht betrifft eine bestimmte Art der emotionalen Verbundenheit, Selbstvergewisserung, Selbstfindung, den Reiz des Neuen, Freiheit, vielleicht auch den Wunsch, verlorene Teile des Selbst wiederzuerlangen, oder den Versuch, angesichts eines Verlusts oder einer Tragödie neue Lebensfreude zu finden.«[1]

Viele der Partner, die dieser Sehnsucht nachgeben, sind liebevolle Mütter oder Väter, zuverlässige Ehepartner, sich ihrer familiären Verpflichtungen voll bewusst. Sie befinden sich in einem Wertekonflikt zwischen ihrem familiären Verantwortungsgefühl und ihrer individuellen Sehnsucht nach etwas, das ihnen in der Familie und in der Ehe fehlt. Ohne dass dort etwas falsch sein muss!

Lucy drückt ihre Gefühle zu ihrem Mann so aus: »Matthias ist der beste Ehemann, der integerste und zugewandteste Mensch, den ich mir vorstellen kann. Auch sexuell hat mir nichts gefehlt. Matthias ist ein sehr aufmerksamer Liebhaber.« Matthias, mit dem sie drei wunderbare Kinder hat, bietet ihr materielle und emotionale Sicherheit, teilt mit ihr kulturelle Interessen, weltanschauliche und politische Werte, beide haben sich viel zu sagen. Und doch hat sie sich auf

1 Scheinkman 2007

verschiedene kürzere und längere außereheliche Beziehun-
gen eingelassen. Warum?

Ihr ist es selbst nicht klar, ihrer eigenen Erklärung traut sie
nicht, weil sie sie eigentlich zutiefst unfair empfindet: »Ich
mag es kaum sagen, es klingt so schrecklich anmaßend, aber
ich habe das Gefühl, diese Sicherheit und diese Wärme sind
auch mein Gefängnis. So eine Familie habe ich mir immer
gewünscht. Und jetzt, wo ich es habe, engt es mich ein. Ich
glaube, ich wollte nicht den Wärmetod in dieser Ehe ster-
ben. Dafür bin ich ein hohes Risiko eingegangen.«

Lucy drückt eine Paradoxie aus, die sich im Konzept der le-
benslangen Monogamie verbirgt: Wenn die emotionale Sicherheit erreicht ist und ein Zustand der Befriedigung einkehren
müsste, passiert oft das Gegenteil, und das Bedürfnis nach Ab-
wechslung, nach Abenteuer, nach Risiko, nach Pulsbeschleuni-
gung meldet sich. Nicht weil der Partner etwas falsch gemacht
hat, sondern weil das Konzept der romantischen Monogamie
nur eine Seite der menschlichen Bedürfnisse abdecken kann.

Wie alle untreuen Partner sucht Lucy den Kontrast, den
Unterschied. Sie sucht nicht mehr vom selben, nicht mehr von
dem, was sie ohnehin schon hat, mehr Verständnis, mehr Wärme, mehr Sex. Sie sucht das andere. Den Kontrast zu dem, was
sie schon hat. Die andere Begegnung, das andere Verständnis,
den anderen Sex.

Warum ist der Unterschied attraktiv? Weil er der fühlbare
Beweis dafür ist, dass wir leben. Weil er ein Gefühl von Neuem
erzeugt. Eine Liebesaffäre erschafft unsere Welt neu. Wir sehen
anders, fühlen anders, sind anders wir selbst. Richtig anders.
Anders richtig. Eine Liebesaffäre ist gleichermaßen von Fernweh wie von Heimweh getrieben. Ich will weg von da, wo ich
bin. Und ich will dahin, wo ich hingehöre. Wo ich sein kann,
wie ich eigentlich bin.

Liebesaffären leben von der Bewegung, nicht vom Ergebnis.
Und wenn sie da angekommen sind, wo sie hinwollen, sind

sie zu Ende. Das ist kaum vermeidbar, aber es ist auch nicht schlimm. Deshalb sprechen wir zwar von einer »gescheiterten Ehe«, aber nicht von einer »gescheiterten Affäre«. Solange eine Affäre eine Affäre ist, bleibt sie ergebnisoffen.

Die Nische

Liebesaffären wollen weg von den gültigen Regeln des Alltags in ihre eigene Welt. Die Liebespartner bauen sich eine Nische mit einer eigenen Ordnung, eigenen Ritualen und einer eigenen Beseeltheit. Eine geheime Behausung, die aber immer nur kurzfristig besucht werden kann. Sie wird von den Liebenden erlebt als außerhalb der Welt der andern. Das macht sie besonders. Das macht sie zum Traum. Aber auch zum Gefängnis. Die Affäre ist eingeschlossen. Das Geheimnis, das die Geliebten zu ihrem Schutz wahren, ist zugleich ihr Gefängnis. Sie können es nicht verlassen.

Es lief gut zwischen Beatrice und Ron. Trotz ihrer Vorbehalte hatte sich die Single-Frau Beatrice auf den verheirateten Ron eingelassen, der mit seiner Familie in einer andern Stadt lebt. Sie nahm ihm ab, dass seine Ehe nur noch auf dem Papier stand. Und da Rons Frau seit zwei Jahren viel Zeit mit ihrem Lover verbringt, war es für sie mehr als nachvollziehbar, dass er sich nach einer neuen Beziehung sehnte. Aber warum trennte er sich dann nicht? Er hatte ihr nachdrücklich beschrieben, dass seine Tochter der Hinderungsgrund war: Sowohl er wie auch seine Frau hingen sehr an der Kleinen. Trennung würde bedeuten, dass umständliche Besuchsregelungen ausgehandelt werden müssten, dass ein Elternteil nicht mehr im Zentrum der Welt der Tochter stünde. Und keiner wollte auf den Alltag mit ihr verzichten. So hatten sich die beiden schließlich dar-

auf geeinigt, weiter zusammenzuwohnen und nach außen den familiären Rahmen zu wahren. Sie akzeptierten ihre Trennung als Partner, blieben aber als Eltern weiter für die Tochter da. Ihr erklärten sie nichts, sondern lebten den familiären Alltag so weiter, als sei nichts geschehen. Warum ohne Not Unruhe stiften? Der Liebhaber von Rons Frau, der gelegentlich auftauchte, wurde dem Kind als Freund der Familie vorgestellt.

Beatrice bezweifelte das Modell. Ihr kam das Ganze wie eine gut organisierte Lebenslüge vor. Vor allem war sie sich sicher, dass die Tochter doch spüren müsste, was los sei. Die merkte doch, was zwischen ihrer Mutter und ihrem Liebhaber sei. Sie müsste doch nachfragen, warum ihr Vater nicht mehr im Ehebett, sondern in seinem Arbeitszimmer schlafe. Ron war ihren Einwänden gegenüber zugänglich, nahm sie aber weniger ernst als Beatrice. Er war sehr um sie bemüht, ein aufmerksamer Liebhaber und interessierter Gesprächspartner. Sie nahm ihm ab, dass er sie liebte und sich zumindest begrenzt zu ihr bekannte. Immerhin hatte er seine Frau über die Beziehung informiert, was er auch musste, um die häufigen Fahrten zu Beatrice zu begründen. Auch seine engeren Freunde wussten von ihr.

Und doch. Was für Ron eine wunderbare Nische war, die er aufsuchen konnte, wann er wollte – für Beatrice blieb es ein Gefängnis. So schön Beatrice die Zeiten mit Ron erlebte, nach ein paar Monaten stellte sie sich und ihm die Frage, wie es denn nun weitergehen solle. Sollten sie das geheime Paar bleiben? Und überhaupt: »Wer ist das Paar?« Darauf lief es hinaus. In der Umgebung von Ron, unter seinen Kollegen, bei den meisten Freunden der Familie war Beatrice nichtexistent. »Egal welche Gefühle du für mich empfindest, nach außen bin ich bestenfalls deine Geliebte, nicht deine Partnerin. Und selbst das bin ich für die meisten nicht. Ich bin unsichtbar. Das sichtbare Paar bist du mit deiner Frau. Das funktioniert auch alles nur, weil wir in getrenn-

ten Städten leben. Getrennte Welten, und du willst es auch nicht anders.«

Die Bestätigung erlebte Beatrice, als sie Ron bei einem Geschäftstermin in seiner Heimatstadt besuchte. Er zeigte ihr die Stadt und begleitete sie anschließend zum Bahnhof. Ein schöner Tag. Beatrice nahm Rons Hand und schmiegte sich an ihn. Ron reagierte reserviert und meinte entschuldigend, er wolle nicht riskieren, so gesehen zu werden. Vor allem nicht von Freunden seiner Tochter oder womöglich von ihr selbst. Beatrice akzeptierte die Begründung. Aber sie war der Anfang vom Ende dieser Beziehung. So würde es doch bleiben. Er würde sich nicht zu ihr bekennen. Und auch wenn sie es teilweise verstand – für sie war es der Beweis, dass sie diese Beziehung nur im Gefängnis der Geheimhaltung leben konnte. Zwei Monate später trennte sie sich von ihm.

Die Nische muss kein Gefängnis sein, so wie es Beatrice erlebt hat. Sie kann auch ein nützlicher kleiner Unterschlupf für begrenzte Zeit und begrenzte Zwecke sein. Aber wer begrenzt die Zeit und den Zweck? In einer unsymmetrischen Beziehung wie zwischen Beatrice und Ron ist es in aller Regel der gebundene Partner. Er begrenzt das Was und das Wie, er limitiert die Perspektive. Er bremst Zukunft aus.

Zu viel interpretiert? Legen wir damit zu viel Bedeutung in die Affären, die doch auch ganz simpel gestrickt und mit dem Begriff Liebesaffäre unendlich überbewertet sein können? Nicht jede Affäre ist gleich eine Liebesaffäre. Zwei Menschen treiben es miteinander, weil die Gelegenheit da ist und es beiden Spaß macht. Wäre das nicht eine sparsamere und lebensnähere Beschreibung eines Geschehens, das viel mehr an Bedeutung gar nicht hergibt?

Ja und nein. Das Banale und das Geheimnisvolle schließen sich nicht aus. Sie gehen oft genug nahtlos ineinander über. In derselben Person, bei derselben Affäre, in derselben Situation.

Offene und schützende Grenzen

Moralische und pathologisierende Konzepte sind in der Bewertung von Affären einig: Sie sind primär schädlich. Wenn sie verschwiegen werden, lasse das auf einen Mangel an Vertrauen schließen. Und wenn sie aufgedeckt werden, können die Partner im besten Fall mit einem größeren Aufwand von Offenheit, Geständnis, Reue und Verzeihen darüber hinwegkommen und daran wachsen. Aber viel mehr liegt nicht drin.

Diese Konzepte haben eine Wahrheit für alle Situationen parat, die aber sehr einseitig ist. Es sind Konzepte, die der niederländische Kulturforscher Fons Trompenaars[1] »universalistisch« nennt. In universalistischen Kulturen werden Werte unabhängig vom speziellen Kontext und unabhängig von besonderen Umständen vertreten, in denen sich eine Person befindet. Ein Wert gilt immer.[2] Eine Geschwindigkeitsbeschränkung muss immer eingehalten werden, auch wenn die Autobahn völlig leer ist. Ehrlichkeit gilt immer, auch wenn die ehrliche Aussage jemandem weh tut.

Trompenaars unterscheidet diese universalistischen von partikularistischen Bewertungen, die kontextabhängig, dezentral, situationsbezogen sind. In partikularistischen Kulturen fallen die Bewertungen je nach Lage der Dinge unterschiedlich aus. Wenn niemand gefährdet ist, kann man die Höchstgeschwindigkeit überschreiten. Und wenn eine ehrliche Aussage jemand beleidigen könnte, wird im Zweifel auch die höflichere Unwahrheit gesagt.

Entsprechend wird auch Untreue in diversen Kulturen und Subkulturen unterschiedlich bewertet. Universalistische Kon-

---

1 Trompenaars & Hampden-Turner 1997
2 Protestantisch geprägte Kulturen wie Nordamerika oder die mittel- und nordeuropäischen Länder sind eher universalistisch zu nennen, Kulturen wie Südamerika oder die mediterranen Länder eher partikularistisch.

zepte gehen davon aus, dass Transparenz, Wahrheit und Treue immer gut sind. Die Besonderheit einzelner Fälle wird nachgeordnet. In ihrem kritischen Artikel über den Umgang mit sexueller Untreue in der psychotherapeutischen Community kritisiert Michelle Scheinkman die Einseitigkeit der US-amerikanischen Konzepte, die sexuelle Untreue nur als moralisch verwerflich oder nur als Symptom einer gestörten Beziehung sehen wollen und die die Offenlegung, das Geständnis als unausweichlich betrachten. Die aus Brasilien stammende Therapeutin kontrastiert den nordamerikanischen Universalismus mit der partikularistischen Güterabwägung, die in südamerikanischen Kulturen üblicher ist. »In anderen Kulturen und Subkulturen ist Ehrlichkeit etwas Relatives und nur ein Wert unter anderen. Auch wer sich um Aufrichtigkeit bemüht, kann gegen Transparenz entscheiden, weil er den anderen nicht demütigen oder in eine peinliche Situation bringen will. In vielen Kulturkreisen wie unter anderem in Afrika, Lateinamerika und Europa ist man sich oft bewusst, dass die Wahrheit auch verletzen und einen irreparablen Schaden anrichten kann. Wer erwägt, die Wahrheit zu sagen, sollte überlegen, was er mit einer solchen Enthüllung bezweckt und welche Konsequenzen sein Verhalten haben kann ... In anderen Kulturen wird das Vermeiden einer Konfrontation, das Zurückhalten von Informationen und sogar das Lügen gelegentlich als verständliche Verhaltensweise akzeptiert, die dazu dient, sich selbst, den Partner oder die Beziehung zu schützen und den Schaden zu begrenzen.«[1]

Scheinkman relativiert damit auch die Rangordnung der Werte, denen zufolge sexuelle Treue und Offenheit alles dominieren. Sexuelle Treue und Offenheit sind also relative Güter. Je nach Lage der Dinge müssen sie gegen andere Werte abgewogen werden. Das bedeutet mehr Entscheidungsfreiheit, aber auch mehr Verantwortung für das eigene Handeln.

1 Scheinkman 2007

> Wenn wir den Ehebruch als eine Art Volks-
> abstimmung über den Zustimmungsgrad
> zur Monogamie werten …, dann ist er im
> Grunde auch schon fast ein Volksaufstand
> gegen die Zumutungen der neuzeitlichen
> Paarbeziehung. *Laura Kipnis*

Exkurs – Zahlen und Daten: Was weiß die Sexualwissenschaft über Untreue?

Einstellungen zur Untreue

Ist die sexuelle Untreue noch ein Tabu? Mit den Veränderungen der sexuellen Moral in den letzten Jahrzehnten sind viele
Tabus gefallen, einige wenige (Inzest, Pädosexualität, Gewalt)
sind geblieben. Gehört die Untreue dazu? Legt man die Ableh-
nungsraten zugrunde, von denen umfangreiche Sex Surveys,
also Sexualbefragungen, berichten, so zeigt sich ein gemischtes
Bild. Etwa drei von vier Befragten lehnen Sex außerhalb einer
festen Partnerschaft ab.[1] Allerdings wurden diese Zahlen in
den USA erhoben, einem Land, das diesbezüglich eher konser-
vativ eingestellt ist.[2] So erwies sich in einem Kulturvergleich
mit 33 590 Befragten aus 24 Ländern zwar ebenfalls durch-
gängig eine starke Ablehnung außerehelicher Beziehung. Mit
Ausnahme von Irland und den Philippinen zeigten sich alle
anderen Länder toleranter als die USA.[3]

1 77 Prozent bei Lauman et al. 1994; 80 Prozent bei Greeley 1991
2 Willetts, Sprecher, Beck 2004
3 Widmer et al. 1998

Generelle Prozentzahlen sind aber wenig aussagefähig, weil sie keinen sozialen, kulturellen und partnerschaftlichen Kontext berücksichtigen. Diese Moral ist aber offenbar von den Umständen abhängig. So findet sich eine deutlich höhere Akzeptanz, wenn von einer unbefriedigenden Ehe ausgegangen wird.[1] Frauen sind toleranter gegenüber außerehelichen Beziehungen, wenn dabei Liebe im Spiel ist.[2] Und Befragte, die selbst bereits untreu waren, äußern sich deutlich akzeptierender.[3] Offenbar gleichen sie ihre Einstellung im Nachhinein ihrem Verhalten an. Die allgemein ablehnende Haltung scheint also nicht völlig unbeweglich zu sein, besondere Umstände werden eher akzeptiert.

Häufigkeit sexueller Untreue

Wie häufig gehen Partner fremd? Am gründlichsten sind dieser Frage US-amerikanische Forscher nachgegangen. Ältere Studien[4] kommen hier auf etwa die Hälfte verheirateter Männer und ein Viertel der verheirateten Frauen, die mindestens einen außerehelichen Kontakt hatten. Diese Studien sind freilich nicht repräsentativ, und gerade Häufigkeitsangaben sind stark stichprobenabhängig. Deshalb sind Repräsentativ-Stichproben aussagefähiger. Wiederman (1997), der die Daten des General Social Survey (GSS) von 1994 analysiert, kommt auf 22,7 Prozent Männer und 11,6 Prozent Frauen, die irgendwann in ihrer Ehe fremdgegangen sind. Das entspricht ganz gut den Daten, die Lauman et al. (1994) im National Health and Social Life Survey berichten (24,5 Prozent der Männer,

1 Saunders & Edwards 1984
2 Glass & Wright 1992
3 Glass&Wright 1992; Thompson 1984; Wiederman 1997
4 Kinsey et al. 1948; Yablonsky 1979

15 Prozent der Frauen). Ein geringeres Niveau ergibt sich aus den General Social Surveys der Jahre 1991 bis 1996, denen zufolge 13 Prozent der Befragten außerehelichen Kontakt hatten. Unverheiratet zusammenlebende Paare sind häufiger untreu als verheiratete.[1] In einer Studie über die sexuelle Treue von Frauen[2] zeigt sich der Partnerstand als sehr starker Prädiktor, insofern als nur vier Prozent der verheirateten, aber zwanzig Prozent der unverheiratet zusammenlebenden Frauen sich auf einen zweiten Partner eingelassen hatten.

Deutlich häufiger als in den US-Studien ist die sexuelle Untreue bei deutschen Erwachsenen. Obwohl auch hier von der großen Mehrheit sexuelle Treue gewünscht oder gar verlangt wird[3], ist die Zahl derjenigen, die in der gegenwärtigen Beziehung schon einmal fremdgegangen sind, mit vierzig Prozent der sechzigjährigen Männer (21 Prozent der Dreißigjährigen) und 18 Prozent der sechzigjährigen Frauen (19 Prozent der Dreißigjährigen) bemerkenswert hoch.[4]

Nun sind Häufigkeitsangaben, die sich darauf beziehen, wie viele Befragte jemals Außenbeziehungen hatten, nicht vom Alter der Befragten, sondern auch von der Beziehungsdauer abhängig.[5] Mit der Zeit nimmt naturgemäß die Wahrscheinlichkeit eines Ereignisses zu, deshalb sagen kumulierte Häufigkeitsangaben (gemeint »jemals«) weitaus weniger aus als die aktuellen Aktivitäten. Um diesen Einfluss herauszufil-

---

1 Blumstein & Schwartz 1983; Lauman et al. 1994
2 Forste & Tanfer 1996
3 Die Einstellungen sind wegen unterschiedlicher Formulierungen nicht direkt vergleichbar. Beachtenswert ist, dass etwas mehr Befragte der Aussage zustimmen, dass sie »sexuelle Treue wünschen, aber nicht verlangen«, als der Aussage, dass sie sexuelle Treue »verlangen«.
4 Schmidt et al. 2006. Der Unterschied zu den US-Zahlen würde deutlich größer ausfallen, wenn gleiche Bezugszeiträume zugrunde gelegt würden. Die US-Studien fragen nach »jemals«, während die deutsche Studie sich auf den kürzeren Zeitraum der gegenwärtigen Partnerschaft beschränkt.
5 Forste & Tanfer 1996, Treas & Giesen 2000

tern, bezog sich Liu (2000) auf die letzten fünf Ehejahre und stellt einen Geschlechtsunterschied fest: Während bei Frauen die Tendenz zu außerehelichem Sex mit der Beziehungsdauer abnimmt, ergibt sich bei Männern eine U-förmige Beziehung. Männer in jungen und in sehr langandauernden Ehen gehen also eher fremd.

Wie oft kommt Untreue in der Gegenwart oder jüngeren Vergangenheit vor? In der Repräsentativ-Studie von Lauman et al. (1994) ist das bei vier Prozent der Befragten im vergangenen Jahr der Fall, bei Choi et al. (1994) bei drei Prozent. Smith (1998) kommt aufgrund der GSS-Daten zum Ergebnis, dass von den Jüngeren (18 bis 29 Jahre) im letzten Jahr sieben Prozent fremdgegangen waren, in den dreißiger, vierziger und fünfziger Jahren drei bis vier Prozent, und später dann nur ein Prozent. Im Rückblick haben diejenigen, die jemals außerehelichen Beziehungen hatten, sie meist im vierten Lebensjahrzehnt. Wiederman (1997) kommt auf 4,2 Prozent der Männer und 1,7 Prozent der Frauen und stellt eine mit dem Alter leicht zunehmende Tendenz bei Männern fest, während bei den Frauen sich eine kurvilineare Verteilung zeigt mit einem Höhepunkt in den 40er Jahren. Eine Größenordnung von zwei bis vier Prozent berichten auch andere Studien.[1] Auch hier fallen die deutschen Zahlen deutlich höher aus: Neun Prozent der 30- und 45-jährigen Männer hatten in den letzten zwölf Monaten, 17 bis 19 Prozent in den letzten drei Jahren außerpartnerschaftlichen Sex gehabt. Bei den Frauen waren das vier bis acht Prozent (letzte zwölf Monate) und zwölf Prozent (letzte drei Jahre).[2]

Am genauesten fragten Leigh et al. (1993) in ihrer Zufallsstichprobe von 1194 verheirateten Erwachsenen nach. Hier hatten außerehelichen Verkehr in den letzten dreißig Tagen 1,2

---

1 Billy et al. 1993, Forste & Tanfer 1996, Treas & Giesen 2000, Whisman et al. 2007
2 Schmidt et al. 2006, S. 135

Prozent, im letzten Jahr 3,6 Prozent und in den letzten fünf Jahren 6,4 Prozent.

Wie aussagefähig sind solche Statistiken? Mit dieser Frage musste sich die empirische Sexualforschung immer schon auseinandersetzen.[1] Offenbar sind sie stark von der Art der Befragung abhängig. Whisman und Snyder (2007) haben Fragen nach dem Vorkommen sexueller Untreue einmal im persönlichen Interview und einmal in einer anonymen Computerbefragung gestellt. Dabei ergab sich für das jährliche Vorkommen beim persönlichen Interview eine Quote von 1,08 Prozent, bei der Computerbefragung 6,13 Prozent, also die fast sechsfache Größenordnung. Die Aussage dieser Studie ist nicht zu unterschätzen. Offenbar wird in Anwesenheit eines Zuhörers sexuelle Untreue eher geleugnet. Und auch beim anonymer wirkenden Computerinterview wird nicht unbedingt Vertraulichkeit vorausgesetzt, so dass auch diese Quote das reale Vorkommen eher unterschätzen dürfte.

Treibt es die Partner aus der sexuellen Unzufriedenheit weg?

Dass sich Partner, die mit ihrer Ehe unzufrieden sind, auf Außenbeziehungen einlassen, ist wenig überraschend. Das wird von mehreren Studien berichtet.[2] Aber was macht sexuelle Zufriedenheit aus? Entgegen dem Klischee der langweiligen Ehen sind Verheiratete sexuell weitaus zufriedener als Singles und auch als unverheiratet Zusammenlebende.[3] Meadows (1997) kommt sogar zu dem Ergebnis, dass bei Frauen die sexuelle Zufriedenheit mit der Dauer der Beziehung zunimmt. Unge-

---

1 Clement 1990
2 Christopher & Sprecher 2000; Bringle & Buunk 1991; Smith 1998
3 Waite & Joyner 2001a

bundene sind sexuell am unzufriedensten, und zwar unabhängig von der Häufigkeit sexueller Aktivität.[1]

Führt mehr Aktivität zu mehr Zufriedenheit oder ist es umgekehrt: Sind sexuell zufriedene Menschen auch sexuell aktiver? Über diesen Zusammenhang gibt es widersprüchliche Befunde. Waite und Joyner (2001) berichten, dass sowohl die Masturbationshäufigkeit als auch die Häufigkeit von Partnersex mit sexueller Zufriedenheit korreliere. Dem widersprechen Pedersen und Bleksaune (2003). In ihrer Studie an jungen norwegischen Erwachsenen nimmt die sexuelle Zufriedenheit zwar zu, je mehr die Befragten masturbierten, aber ab, je mehr sie Partnersex hatten. Offenbar ist bei Frauen die sexuelle Zufriedenheit besser mit ihrer Selbstbefriedigung synchronisiert als mit ihrer partnerschaftlichen Sexualität.

Auch der Zusammenhang mit dem Alter ist bei Frauen und Männern nicht gleich: Schiavi (1996) berichtet, dass die sexuelle Zufriedenheit (oder Unzufriedenheit) von Männern mit dem Alter etwa gleich bleibt, und zwar unabhängig von der Lust, Häufigkeit und Performance. Dabei spielt bei ihnen die körperliche Gesundheit aber eine entscheidende Rolle: Je gesünder sich Männer fühlen, desto zufriedener sind sie auch mit ihrer Sexualität.

Bei Frauen ist der Forschungsstand uneindeutiger: Meadows (1997) zufolge erleben sich ältere Frauen als sexuell zufriedener als jüngere.

Schließlich spielt der soziale Status bei beiden Geschlechtern eine andere Rolle: Während er bei Frauen positiv mit sexueller Zufriedenheit zusammenhängt, spielt er bei den Männern keine Rolle.

1 Pederseen & Blekesaune 2003

Sind unglücklich verheiratete Partner eher untreu?

Der Zusammenhang zwischen ehelicher Unzufriedenheit und Untreue ist nicht ganz eindeutig, belegt also nicht zwingend, ob Untreue in engem Zusammenhang mit Eheproblemen steht.[1] Affären kommen in glücklichen wie in unglücklichen Beziehungen vor – auch wenn Affären glückliche Beziehungen ziemlich schnell ziemlich unglücklich machen können. Dabei gibt es interessante Geschlechterunterschiede. Glass und Wright berichten, dass nur dreißig Prozent der untreuen Männer angeben, sie hätten vor der Affäre Eheprobleme gehabt, im Gegensatz zu sechzig Prozent der untreuen Frauen.[2] Mehr noch: Immerhin 56 Prozent der untreuen Männer und 34 Prozent der untreuen Frauen bezeichnen ihre Ehe als glücklich. Zu ähnlichen Ergebnissen kommt Allen (2001): Lediglich 36 Prozent der untreuen Partner berichten von Eheproblemen, 42 Prozent von sexueller Unzufriedenheit. Was hier Ursache und was Folge ist, lässt sich schwer sagen. In einer Untersuchung von Spanier und Margolis (1983) führen siebzig Prozent der untreuen Partner ihr Verhalten auf Eheprobleme zurück. Für die betrogenen Partner stellt sich der Zusammenhang umgekehrt dar. Sie sehen die Untreue eher als Ursache und nicht als Folge der Eheprobleme.

Partnerschaftliche Probleme sind hingegen für deutsche Befragte nicht der primäre Beweggrund. Nur 16 Prozent der Männer und 33 Prozent der untreuen Frauen begründen ihre Untreue mit einer unglücklichen Partnerschaft, nur 28 Prozent der Männer und 21 Prozent äußern fehlende sexuelle Befriedigung als Grund. Dagegen spielt die Anziehungskraft des Affä-

---

1 Treas & Giesen 2000. Eine detaillierte Literaturübersicht findet sich bei Allen et al. 2005
2 Glass & Wright 1992

renpartners eine weitaus wichtigere Rolle: Sexuell angezogen fühlten sich 88 Prozent der Männer, siebzig Prozent der Frauen, verliebt waren 37 Prozent der Männer und 53 Prozent der Frauen. Und mit dem »Reiz des Neuen« begründen es achtzig Prozent der Männer und sechzig Prozent der Frauen.[1] Damit korrespondiert der Befund, dass die meisten (etwa siebzig Prozent) das Erlebnis im Nachhinein als positiv erinnern, nur zehn Prozent beschrieben negative Erinnerungen und ebenfalls zehn Prozent ambivalente Bewertungen, in denen schlechtes Gewissen eine Rolle spielt.

Ein ganz anderes Licht als die Erklärung über partnerschaftliche Unzufriedenheit wirft der gut belegte Zusammenhang mit dem sozialen Status auf die Sache: Frauen, die ihren Partnern bildungsmäßig überlegen sind, nehmen sich öfter das Recht auf außerpartnerschaftliche Beziehungen als Frauen, die ihrem Partner vom Bildungsstand her ähnlich sind.[2] Männer mit hohem Sozialstatus und Einkommen gestatten sich häufiger außerpartnerschaftliche Beziehungen.[3] Dazu kommen ganz banale Gründe, nämlich, dass sich bei der Arbeit oder auf Reisen Gelegenheit bietet.[4]

Die Lage ist also nicht ganz einfach: Die Korrelation zwischen partnerschaftlicher Unzufriedenheit und außerpartnerschaftlichen Beziehungen beschreibt einen Teil des Geschehens zutreffend: Dass sich Partner aus unzufriedenen Ehen nach Alternativen umsehen. Und – die umgekehrte Erklärungsrichtung ist ebenfalls plausibel – dass Untreue zu ehelicher Unzufriedenheit führt. Aber das ist eben nur ein Teil. Der Zusammenhang ist nicht sehr eng. Ihm steht die Tatsache gegenüber, dass auch glücklich Verheiratete fremdgehen. Und – nicht zu vergessen – dass viele unglücklich Verheiratete sexuell treu sind.

---

1 Schmidt et al. 2006
2 Lawson 1988; Treas & Giesen 2000; Forste & Tanfer 1996
3 Atkins et al. 2001, Buunk 1980
4 Buunk 1980, Glass 2003, Traen & Stigum 1998

Eifersucht ist der Drache, der die Liebe unter dem Vorwand erlegt, sie zu
retten.   *Havelock Ellis*

Eifersucht

Sexuelle Untreue wäre kein großes Problem, wenn es Eifersucht
nicht gäbe. Sie ist der stärkste Gegenspieler der Untreue. Sie ist
tief im menschlichen Verhaltensprogramm verwurzelt. Ebenso
wie die Untreue selbst. Es sieht so aus, als hätte die Natur uns
zwei gegensätzliche Impulse eingepflanzt und überließe uns
nun die Aufgabe, diesen Widerspruch zu lösen. Auf der einen
Seite die Sehnsucht nach etwas Neuem, nach Ungebundenheit,
auf der anderen Seite die Eifersucht, der Wunsch, den Partner
festzuhalten. Dabei spielen sich diese Gegensätze nicht nur
zwischen zwei Partnern ab, von denen der eine untreu ist oder
zumindest verdächtigt wird und der andere eifersüchtig ist.
Der Widerspruch ist oft in ein und derselben Person zu finden,
in deren Brust zwei Seelen hin- und hergerissen sind.

Ein fast schon literarisches Beispiel liefert die französische
Autorin Cathérine Millet, die mit ihrem faszinierenden auto-
biographischen Bericht über ihr exzessives Sexualleben Auf-
sehen erregte[1] und die ein paar Jahre später detailliert ihre
quälende Eifersucht wegen der Affären ihres Ehemannes beschreibt, dem sie selbst ausgiebig untreu war.[2] Gefühle kennen
keine Logik. Untreue schützt nicht vor Eifersucht. Und wer
selbst eifersüchtig ist, bleibt deshalb noch lange nicht treu.

1 Millet 2003
2 Millet 2008

Das kann zu verrückten Auseinandersetzungen führen. So bei Claudia, die dahinterkam, dass ihr Mann sich gelegentlich mit einer Frau traf und wohl auch Sex mit ihr hatte. Obwohl sie selbst eben eine Affäre beendet hatte, und zwar nicht ihre erste, war sie aufgebracht und massiv empört. Um ihn nicht zu Gegenfragen herauszufordern, konfrontierte sie ihn nicht mit ihrem Wissen, sondern klagte ihrer Freundin ihr Leid. Die konterte ihr moralisch: »Du wirfst ihm etwas vor, das du selbst nicht einhältst.«

Wieweit haben wir diese Gefühle in der Hand? Lassen sich Eifersucht und Untreue beeinflussen? Oder sind wir ihnen ausgeliefert? Liegt Eifersucht in der Natur des Menschen? Oder haben wir sie gelernt?

Bestimmte Aspekte unserer Verhaltenstendenzen für angeboren zu halten hat einiges für sich. Wenn wir sexuelle Selbstbestimmung für ein hohes Gut halten, setzt das voraus, dass wir so weit Herrin oder Herr unserer Handlungen bleiben, wie uns das möglich ist. Aber es setzt ebenso voraus, dass wir mit Gelassenheit in Kauf nehmen, was sich unserer Kontrolle entzieht. Dafür müssen wir wissen, wieweit wir auf unsere Gefühle und unser Verhalten Einfluss haben und wieweit nicht. Erst dann können wir mit Stil und Würde, vor allem aber mit Erfolgsaussichten einen Weg finden, mit unserer Verletzbarkeit umzugehen, die uns unsere Leidenschaften – und die unserer Partner – zumuten.

Unter aufgeklärten Menschen, für die der freie Wille ein hoher Wert ist, löst der Gedanke an biologisch mitgegebene Verhaltensprogramme leicht Unbehagen aus. Das hat damit zu tun, dass eine solche Sichtweise die Zuständigkeit für unsere Taten zu relativieren droht und leicht als Ausrede für verantwortungsloses Handeln genommen werden kann. Diese Bedenken sind berechtigt. Sie übersehen aber leicht einen anderen Fehler, den wir machen können, wenn wir die Macht unseres biologischen Erbes unterschätzen: Wir übernehmen

Verantwortung an Stellen, wo wir gar keinen Einfluss haben. Und versuchen mit viel Aufwand und Empörung etwas zu verändern, was nicht zu verändern ist.

So wird Eifersucht immer wieder mit »Besitzanspruch« verwechselt, als ob Eifersucht in erster Linie eine anmaßende Einstellung sei, mit der man sich das Recht herausnehmen könne, den Partner in seiner Freiheit einzuschränken. Wäre unsere Reaktion auf die Untreue unseres Partners bloß eine Einstellungsfrage, eine Sache der richtigen moralischen Haltung, eine Weltanschauung, könnten wir also wählen, eifersüchtig zu sein oder es auch bleiben zu lassen, hätten wir leichtes Spiel: Wir entscheiden uns gegen die Eifersucht – und das Problem wäre gelöst. Schön wär's. Ist es aber nicht. Die Eifersucht gehört zum Erbe unserer Unfreiheit. Zu einem Erbe, das wir nicht ausschlagen können.

Deshalb ist es sinnvoll, sich die Kräfte anzusehen, die hier wirksam werden. Dass wir die Windrichtung nicht frei wählen können, muss uns nicht am Segeln hindern. Im Gegenteil. Mit Eifersucht lässt sich leben. Sehen wir uns das Phänomen genauer an.

Evolution der Eifersucht

Mit dem Aufblühen des evolutionspsychologischen Ansatzes zu Beginn der 90er Jahre kam die Eifersucht ins Blickfeld der Psychologie, die sich zuvor wenig darum gekümmert hatte. Diese Theorie geht davon aus, dass vielen Verhaltensmustern eine genetische Disposition zugrunde liegt. Sie stellt die Frage, worin die adaptive Funktion dieser Verhaltensmuster liegt. Anders gesagt: Wieso haben sich bestimmte Verhaltens- und Gefühlsreaktionen im Lauf der Jahrtausende durchgesetzt? Inwiefern waren und sind sie für das Überleben der Gattung nützlich? Hintergedanke dieser Überlegungen ist immer: Wenn bestimmte Verhaltensmuster das Überleben erschweren, sterben sie aus – und im Umkehrschluss: Verhaltensmuster, die überlebt haben, müssen einen Vorteil mit sich bringen, auch wenn dieser nicht sofort erkennbar sein mag. Auf die Eifersucht bezogen heißt das: Was hat unsere Vorfahren in der Steinzeit besser überleben lassen, wenn sie eifersüchtig waren?

Um den Erklärungswert evolutionsbiologischer Konzepte für die Eifersucht richtig einzuschätzen, ist es sinnvoll, sich einige Punkte vor Augen zu halten.

Intention und Wirkung

Dass die Absicht eines Verhaltens nicht immer die erwünschte Wirkung erzielt, ist offensichtlich. Aber auch umgekehrt: Die Wirkung eines Verhaltens muss nicht unbedingt Rückschlüsse auf die Absicht des Handelnden zulassen – auch nicht auf unbewusste Motive. Die Evolutionsbiologie argumentiert ausschließlich mit der Wirkung von Verhaltensweisen.

Unsere Vorfahren waren also nicht absichtlich eifersüchtig, um damit erkennbare Vorteile bei der Fortpflanzung zu erreichen. Vielmehr stellte sich im Nachhinein (für die Forscher, nicht für die Handelnden selbst!) heraus, dass die Eifersüchtigen bessere Überlebenschancen hatten. Eifersucht begünstigte also die Fortpflanzungschancen, ohne dass unsere eifersüchtigen Vorfahren diesen Effekt kannten. Sie waren einfach eifersüchtig. Und vermehrten sich damit erfolgreicher als die nicht eifersüchtigen – von denen wir eben deshalb nicht abstammen.

Determination und Disposition

Der oft vorgebrachte Einwand, solche Konzepte seien biologistisch, ist meist mit einer empörten Verteidigung des freien Willens verbunden. Damit unterstellt der Einwand ihnen allerdings etwas, was diese Konzepte gar nicht behaupten, nämlich angeborene Verhaltensweisen würden situationsunabhängig immer mechanisch gleich ablaufen. Ererbte Verhaltensweisen sind jedoch Dispositionen, also wahrscheinliche Tendenzen, die aber situations- und umweltabhängig sind und vor allem durch bewusste Entscheidungen gelenkt und beeinflusst werden können. Der Eifersuchtsaffekt, also auf die Bedrohung eines Rivalen erregt zu reagieren, ist ein Affektschema, das in den entsprechenden Situationen aktiviert wird. Ob es im Einzelfall dazu führt, dass die eifersüchtige Person den Partner beschützt, dem Rivalen aus dem Weg geht, ihn attackiert, flieht oder umbringt, ist kultur-, situations- und persönlichkeitsabhängig.

Geschlechterunterschiede

Das gilt auch für die Geschlechterunterschiede bei der Eifersucht. Für Männer und Frauen lassen sich charakteristische Eifersuchtsmuster finden. Diese haben sich herausgebildet, weil der biologische Geschlechterunterschied verschiedene Verhaltensstrategien bei der Partnerwahl nahe legt.

Männer müssen darauf achten, dass sie keine Fehlinvestitionen eingehen, dass sie also Zeit, Energie, Risiken und Fürsorge in den eigenen Nachwuchs investieren und nicht in den Nachwuchs anderer Männer. Da die Vaterschaft aber nie ganz sicher ist, müssen sie einerseits eifersüchtig darüber wachen, dass die Partnerin nicht das Erbgut, also den Samen anderer Männer aufnimmt. Männer, die das nicht tun, riskieren, ihre Fürsorge-Energie an fremde Gene zu vergeuden, ohne sich selbst fortzupflanzen. Andererseits lohnt es sich für sie, ihre Gene zu platzieren, wo immer es möglich ist, sich also ihrerseits polygam zu verhalten. Vereinfacht ausgedrückt erklärt das, warum Männer sowohl eifersüchtig als auch polygam sind. Und es erklärt, warum für Männer die sexuelle Untreue bedrohlicher ist als die emotionale Untreue.[1]

1 Shackelford, Buss & Bennet 2002

Frauen sind sich dagegen der Mutterschaft immer sicher. Da für sie eine sexuelle Begegnung aber wegen einer potentiellen Schwangerschaft ein höheres Risiko hat, müssen sie frühzeitig die potentiellen Sexualpartner und Väter prüfen, ob sie bindungs- und investitionswillig sind, also auch darauf achten, dass der gezeugte Nachwuchs geschützt und gepflegt wird. Aus dieser Überlegung wird die Annahme abgeleitet, dass für Frauen die emotionale Untreue gefährlicher ist, weil sie dann annehmen, dass ein anderweitig verliebter Mann weniger investiert oder sie und den Nachwuchs gar verlässt.

Diese Annahmen sind plausibel, und sie galten auch lange als empirisch gestützt. In verschiedenen Studien wurde gezeigt, dass auf die Frage, ob sexuelle oder emotionale Untreue als schlimmer erlebt wird, durchweg – der Theorie entsprechend – die Männer sexuelle Untreue, die Frauen dagegen emotionale Untreue als schlimmer empfinden.[1] Spätere Studien relativieren diese Unterschiede allerdings.[2] Die Psychologin Christine Harris[3] findet in einer umfangreichen Meta-Analyse diese Geschlechtsunterschiede nicht bestätigt. Ihr zufolge werden sowohl Männer als auch Frauen stärker durch emotionale als durch sexuelle Untreue eifersüchtig. Außerdem stellt Harris teilweise große Kulturunterschiede fest. So sind etwa die Geschlechterunterschiede bei österreichischen Befragten sehr gering, haben bei niederländischen und deutschen Befragten eine mittlere Ausprägung und sind bei US-Amerikanern durchweg hoch.[4]

So müssen wir immer beides berücksichtigen. Die großen Variationen weisen schon auf den Einfluss kultureller Faktoren hin. Dieser Überlegung folgt auch eine Erklärung,

1 Buss 1995, Buss, Larsen, Westen & Semmelroth 1992, Ward & Voracker 2004).
2 Sabini & Green 2004
3 Harris 2003
4 Buunk et al. 1996; Harris 2003

die den Unterschied darauf zurückführt, dass Männer und Frauen verschiedene, sogar gegenteilige Interpretationen vornehmen. Männer schließen bei untreuen Frauen von Sex auf Liebe, nehmen also an, dass eine Frau deshalb sexuell untreu ist, weil sie in den entsprechenden Mann auch verliebt sei. Diese Annahme setzt voraus, dass Männer den Frauen »rein« sexuelle Motive nicht zutrauen. Frauen schließen umgekehrt von Liebe auf Sex: Ein verliebter Mann wird sicher auch Sex mit der Frau haben, in die er verliebt ist.[1] Sexuell erfahrene Frauen entsprechen allerdings eher dem »männlichen« Muster, springen also stärker auf sexuelle als auf emotionale Untreue an.[2]

Eifersuchtsopfer– Eifersuchtstäter

Eifersucht wird nicht immer in zivilisierter Form ausgedrückt. Hinter familiären Tragödien, in denen ein Mann seine Kinder und Frau und schließlich sich selbst tötet, steckt meist eine radikale Form von Eifersucht, die der Täter bis zum irreversiblen Gesichtsverlust erlebt. Ob es bei den Morden aus Eifersucht Geschlechtsunterschiede gibt, ist strittig. Für die USA – nicht für andere Länder – lässt sich belegen, dass Frauen zweimal so häufig aus Eifersucht morden als Männer.

Wofür ist wichtig, wie breit die biologische Basis der Eifersucht ist beziehungsweise wieweit kulturelle Einflüsse eine Rolle spielen? Bei dieser Frage geht es um mehr als um akademische Rechthaberei. Sie hat durchaus praktische Konsequenzen. Je mehr wir die Eifersucht biologisch festgelegt einschätzen, desto begrenzter sehen wir die Einflussmöglichkeiten, mit ihr umzugehen. Kulturabhängiges Verhalten da-

---

1 DeSteno & Salovney 1995
2 Grice & Seely 2000

gegen liegt mehr in unserer Hand. Es ist immer auch veränderbar.

Deshalb ist es auch aktiv einsetzbar. Eifersucht kann bei der Partnerbindung ganz bewusst eingesetzt werden. Dabei tendieren Frauen stärker dazu, bei ihrem Partner Eifersucht auszulösen, indem sie vor seinen Augen mit andern Männern flirten.[1] Wie häufig sie das tun, hängt auch davon ab, wie eng die Partner sich gebunden fühlten. Während fünfzig Prozent der Frauen, die sich selbst mehr gebunden fühlen als ihr Partner, absichtlich Eifersucht provozieren, wendeten diese Taktik nur 26 Prozent der Frauen an, die sich gleich oder weniger gebunden fühlten. Dieser Unterschied lässt sich erklären, wenn man eine – gemeine, aber wirksame – Regel von Liebesbeziehungen in Rechnung stellt: Wer weniger liebt, ist in der stärkeren Position, wer mehr liebt, in der schwächeren. Offenbar haben Frauen, die sich in der Position der mehr liebenden und damit schwächeren Partnerin sehen, mehr Anlass, die Zuwendung des Partners zu prüfen und sich zu vergewissern, ob er sich um sie bemüht. Sie wenden den Trick mit der provozierten Eifersucht deshalb eher an, weil sie es nötiger haben. Ein riskanter Trick, denn wenn der provozierte Partner so wenig engagiert ist, kann es sein, dass ihm der Flirterfolg der Partnerin ganz gelegen kommt.

Männern provozieren auch, aber weit weniger. Im Gegenteil, Männer, die sich in der stärker gebundenen, also schwächeren Position sehen, neigen viel mehr als Frauen zu Unterwürfigkeit und Selbsterniedrigung[2] und sagen, sie würden alles tun, um die Partnerin zu halten. Dabei beschränken sie sich nicht auf die Steigerung ihres Ressourcen-Einsatzes, wie etwa vermehrte Geschenke. Ihre Taktiken reichen von verstärkter Wachsamkeit bis zu manifester Gewalt[3]: Abschirmung (die Frau nicht

1 Buss 2000
2 Buss 1988c; Buss & Shackelford 1997c
3 Buss 1996

mit anderen Männern reden lassen); Monopolisierung ihrer Zeit (sie muss alle freie Zeit mit ihm verbringen); besondere Fürsorge, physische Kontrollsignale (anfassen in Gegenwart anderer); provozieren von Eifersucht; emotionale Manipulation (ihr Schuldgefühle machen); Abwertung von Konkurrenten, Bedrohung des Konkurrenten, offene Gewalt gegen die Partnerin oder den Konkurrenten.

Rivalität

Eifersucht beschreibt eine Dramaturgie aus der defensiven Sicht des gefährdeten Partners, also aus dem Blickwinkel dessen, der etwas zu verlieren hat. Aber wer verliert und wer gewinnt, ist nicht von vornherein eine ausgemachte Sache. Gerade die Tatsache, dass Affären Dramen mit offenem Ausgang sind, macht ihren Reiz aus. Und der Kern des Dramas ist Rivalität. Wer sich auf eine Affäre mit einem gebundenen Partner einlässt, eröffnet ein Rivalitäts-Szenario, ob er will oder nicht. Er betritt ein fremdes Territorium, das ihm nicht gehört und auf dem er keine Rechte zu beanspruchen hat. Er begeht Hausfriedensbruch auf sexuellem Gebiet. Sexualfriedensbruch.

Eine Affäre erzeugt Unfrieden, wo vorher Frieden herrschte. Rivalität öffnet verbotene Zonen, die vorher geschlossen waren. Sie stellt plötzlich Fragen, wo die Antwort vorher klar schien. Die Grundstruktur einer Affäre ist unfriedlich. Nicht weil der Rivale mit unfriedlichen Absichten ins Spiel kommt, sondern weil er eine zentrale, bereits besetzte Position im Leben des gebundenen Partners ansteuert oder bereits einnimmt.

Harmlose Liebesaffären gibt es – so gesehen – nicht. Es gibt bestenfalls verharmloste Affären, deren Bedeutung heruntergespielt wird.

Der Rivale eröffnet die Szene zu einem kompetetiven Vergleich: Wer ist attraktiver, wer ist wichtiger? Das tut er, auch wenn es nicht seine primäre Absicht ist. Wird der Vergleich nicht getätigt, ist aus der Affäre sofort die Luft raus.

> *Das musste Maria erfahren, die sich eben auf ein Techtel-mechtel mit dem verheirateten Louis eingelassen hatte. Da Louis kein Meister der Geheimhaltung war, kam seine Frau Lara schnell dahinter. Kaum hatte sie Marias Telefonnum-mer herausgefunden, rief sie sie an und schlug Maria ein Treffen vor mit der Begründung: »Ich weiß immer gern, mit wem mein Mann grade etwas hat.« Dieser kalkulierte An-ruf von Lara war erfolgreich. Maria war wie vom Donner gerührt. Sie fühlte sich eingereiht in eine Folge austausch-barer sexueller Abenteuer. Empört und ohne zu zögern, rief sie Louis an und beendete den Kontakt mit ihm: Der völlig perplexe Louis hatte keine Chance, Maria umzustimmen.*

Lara hat Maria erfolgreich weggerissen, indem sie sie an der empfindlichsten Stelle traf. Ihr Schachzug war deshalb der To-desstoß für die Affäre ihres Mannes, weil sie Maria die Illusion genommen hatte, etwas Besonderes zu sein. Hinzu kommt, dass Maria nicht davon ausgehen konnte, von Louis geschützt zu werden. Noch ehe Louis und Maria sich ihre Nische einrich-ten konnten, war ihre Grundvoraussetzung sabotiert, nämlich dass es eine besondere geheime Nische werden könnte. Ohne diese Illusion verliert jede Affäre ihren Reiz, wird gesichtslos und beliebig. Für Maria war es eine Frage des Stolzes, den Kontakt mit Louis abzubrechen.

Zwei Eifersuchtsfehler

Eifersucht ist eine Präventivmaßnahme. Wer eifersüchtig ist, handelt nach dem Motto »Wehret den Anfängen!« und greift ein, ehe etwas passiert. Aber woher wissen wir, ob etwas passieren könnte? Hier sind wir auf Vermutungen angewiesen. Wir könnten uns das emotional intelligente Verstehen von Hinweisen und Zeichen zunutze machen, die aber auch zu überzogenen Verdächtigungen und Unterstellungen führen können. Wir können übertrieben eifersüchtig sein. Wir können aber auch zu naiv sein und in Situationen nicht eifersüchtig sein, wo es durchaus Grund dazu gäbe.

Sehen wir uns mit rationalem Blick an, welche Fehler wir machen können. In beiden Fällen kann es sich lohnen, die Linse unserer Wahrnehmung neu zu justieren.

Falsch-positiv-Fehler: Wir sind eifersüchtig, obwohl es keinen Grund dafür gibt

Das ist der Fall der »pathologischen Eifersucht«. Sie tritt auf, wenn wir in einer wichtigen Beziehung nicht sicher sind. Hierfür bietet die Psychoanalyse eine plausible Erklärung: Danach setzen wir in aktuellen Beziehungen frühere Erfahrungen fort und wiederholen Verhaltensmuster, die in der Kindheit geprägt wurden: Wer keine frühe Gewissheit hat, sicher geliebt und gewollt zu sein, zweifelt auch an der Sicherheit späterer Liebesbeziehungen, braucht dann besonders viel Bestätigung und ist in Bezug auf Verlustängste besonders verletzlich. Und im Extremfall wird das Denken, Fühlen und Handeln auch dann von Eifersucht bestimmt, wenn es gar keinen aktuellen Anlass gibt. Dann trifft das Bonmot zu, dass die Eifersucht eine Leidenschaft ist, die mit Eifer sucht, was Leiden schafft. Das heißt freilich im Umkehrschluss nicht, dass jemand mit einer soliden frühen Beziehungsgewissheit vor Eifersucht gewappnet sei. Das Eifersuchtsmuster liegt in uns allen bereit. Aber wie bedrohlich es erlebt wird, unterscheidet sich sehr, abhängig von der Beziehungsgewissheit, die sich im Laufe eines Lebens entwickelt hat.

Falsch-negativ-Fehler: Wir sind nicht eifersüchtig, obwohl es Grund dazu gäbe

Hier haben wir es mit einer Form der Inkompetenz zu tun. Etwas Offensichtliches wird nicht gesehen oder aktiv verleugnet. Es darf nicht sein, was ich gerade empfinde. Ein bekanntes Wahrnehmungsverbot ist die Gleichsetzung von Eifersucht und Besitzanspruch: Ich besitze den anderen nicht, er gehört mir nicht. Ich darf nichts fordern, darf seine Autonomie nicht einschränken. Das stimmt zwar, hat aber auch nur wenig mit Eifersucht zu tun.

In diesem Fall werden Besitz-Wünsche und Besitz-Rechte verwechselt. In der Tat haben wir in einer auf Selbstbestimmung gründenden demokratischen Beziehung keine Besitzrechte auf den Partner. Aber unsere Affektschemata sind erheblich älter als die Demokratie. Und funktionieren oft ganz anders. Undemokratisch, einseitig, übergriffig, aggressiv. Sie sind ein ganzes Bündel politischer Unkorrektheiten.

Mit diesem Widerspruch zu leben ist eine Herausforderung. Ihn zu verleugnen eine Dummheit. Sie führt dann dazu, dass ich mir verbiete wahrzunehmen, was ich wahrnehme.

Ich hatte eine nur über zwei Sitzungen gehende Therapie mit Cornelius, einem etwa 35 Jahre alten Mann. Er sei schon länger in einer Einzeltherapie, habe nun aber eine spezielle Frage an mich als Sexualtherapeuten.

Vor zwei Monaten habe ihm seine Freundin eröffnet, dass sie ein Verhältnis mit einem verheirateten, etwas älteren Mann habe. Mit diesem Mann erlebe sie eine intensive Sexualität, leidenschaftlicher als mit ihm. Diese Beziehung habe keine Perspektive, weil der Mann sich nicht von seiner Familie trennen wolle. Trotzdem wolle sie das Verhältnis wenigstens so weit leben, wie es möglich sei.

Nächtelange Diskussionen folgten, in denen Cornelius vor allem die Frage gequält habe, was er denn falsch gemacht habe. Nichts, habe ihm die Freundin gesagt. Sie habe ihm nichts vorzuwerfen. Und trotzdem sei das eben so. Was an dem anderen Mann denn dran sei, der könne sich doch gar nicht um sie kümmern, sei doch gar nicht verfügbar, wenn sie ihn brauche. Der andere Mann ziehe sie eben wahnsinnig an. Es sei unvernünftig, aber sie könne nichts daran ändern.

Cornelius hatte seine Freundin vor acht Jahren kennengelernt. Und um die Beziehung gut hinzubekommen, habe er sich bemüht, alles in ihrem Sinne zu machen. Nicht nur um die häuslichen Pflichten habe er sich gekümmert, er habe sie beruflich unterstützt. Und vor allem habe er sich von Anfang an sehr um ihren damals vierjährigen Sohn gekümmert und mit ihm eine gute Beziehung aufgebaut. Und jetzt dieser andere Mann! Er versuche zu verstehen, dass sie sich verliebt habe. Das könne er ihr ja nicht vorwerfen. Dafür könne sie ja schließlich nichts. Und seine Frage an mich lautete, wie er die Freundin bessser verstehen könne und was er falsch mache.

Das Fehlen eifersüchtiger Gefühle wundert mich. Das sage ich ihm auch. Und frage ihn, wo sein Ärger sei. Ich kommentiere seinen Wunsch, sie verstehen zu wollen, als Versuch, der Rivalität aus dem Weg zu gehen. Und als Versuch, das Offensichtliche nicht wahrzunehmen.

»Da lässt sich Ihre Freundin auf einen anderen Mann ein. Und Sie zeigen ihr nicht einmal, dass Ihnen das nicht passt, sondern wollen das auch noch verstehen. Damit sind Sie ihr kein Gegenüber. Verstehen kommt nach dem Ärger, nicht statt des Ärgers.«

»Das mit dem Gegenüber habe ich in meiner Einzeltherapie schon in Arbeit«, meint er.

Welchen Fehler macht Cornelius? Er zeigt keine Eifersucht und keine Rivalität. Er würde bei seiner Freundin wahrscheinlich weit mehr Eindruck machen, wenn er sich mit seiner Eifersucht positionieren würde. Vielleicht würde er den Wettkampf mit dem anderen Mann verlieren. Aber sein Image als Mann würde gewinnen.

Solche Überlegungen fließen auch in die »Error Management Theory« der Evolutionsbiologen Martin Haselton und David M. Buss ein. In dieser Theorie spielt nicht die Wahrscheinlichkeit eines Irrtums die wichtigste Rolle, sondern seine Konsequenz. Sie sprechen von »adaptiven Irrtümern«, also von solchen, die sich für das Überleben als günstiger herausstellen. Im Fall von Ungewissheit werden deshalb diejenigen Schlussfolgerungen favorisiert, deren Konsequenz die geringsten Kosten verursachen. In der Tat sind die Folgen der beiden Fehler nicht gleichwertig. Im Fall eines Falsch-positiv-Irrtums blamiert sich der grundlos Eifersüchtige bestenfalls, was unangenehm, aber erträglicher ist als der Falsch-negativ-Irrtum – gar nicht eifersüchtig zu sein. Dieser kann immerhin dazu führen, dass mein Partner mit meinem Rivalen durchbrennt oder sich von mir unbemerkt sexuell auf ihn einlässt. Entwicklungsgeschichtlich hat sich dieser Theorie zufolge der Falsch-positiv-Irrtum als adaptiv durchgesetzt.

Einfach ausgedrückt: Indem die eifersüchtigen Männer ihre Partnerinnen mehr misstrauisch kontrollierten, waren sie im Ergebnis sicherer, dass sie die Väter der Kinder ihrer Partnerinnen waren. Und die eifersüchtigen Frauen sorgten eher dafür, dass die Männer ihre Ressourcen nicht bei andern Frauen verteilten, sondern dem eigenen Nachwuchs zugute kommen ließen.

Dieser Ansatz argumentiert freilich nur vom adaptiven Nutzen her, nicht vom bewussten Motiv. Unsere Vorfahren haben kein bewusstes Irrtumsmanagement betrieben.

Was tun mit der Eifersucht?

Wir müssen nicht erst die letzten Ergebnisse der Forschung abwarten, um uns zu überlegen, wie wir mit der Eifersucht umgehen. Es reicht, wenn wir wissen, dass wir teilweise Einfluss auf unser Verhalten haben und teilweise damit leben müssen. Ganz offenbar sind wir nicht ganz Herr unserer Eifersucht. Aber was können wir tun, um nicht ganz ihr Sklave zu werden? Wer den masochistischen Genuss einer Eifersuchtsattacke kennt, weiß um die Unentrinnbarkeit dieser Gefühlsmischung von Bedrohung und Wut. Sie geht mit einer unabweisbaren, ja fast paranoiden Wahrnehmung einher, durch die die Kontakte zwischen dem geliebten Partner und dem Rivalen massiv beängstigend wirken. Dazu kann eine Unsicherheit kommen, wer eigentlich der Adressat unserer Eifersucht ist: der Rivale, der meinem Partner schöne Augen macht und sich von seiner attraktivsten Seite zeigt? Oder mein Partner, der den Rivalen dazu einlädt oder sich jedenfalls nicht deutlich genug abgrenzt? Oder womöglich ich selbst, indem ich alles übertrieben wahrnehme?

Fangen wir mit der falschen Antwort an. Sie heißt: Eifersucht ist verkehrt, peinlich, überflüssig. Und deshalb sollte man sich bemühen, sie möglichst wegzudrücken, zu verdrängen, wenn schon nicht innerlich, so doch wenigstens äußerlich irgendwie zu überspielen. Warum ist das falsch? Weil jemand, der so vorgeht, die Form vor den Inhalt setzt. Haltung bewahren statt aufpassen, was da tatsächlich läuft.

Nicht die Eifersucht ist das Problem, sondern das, was ich da eifersüchtig wahrnehme. Womöglich nehme ich alles richtig wahr: Dass jemand meinen Partner umwirbt – und womöglich sogar mit Erfolgsaussichten! Die Eifersucht hat recht! Sie ist kein falsches Gefühl. Sie in einer solchen Situation zu unterdrücken wäre genauso unklug, wie die Hand nicht wegzuziehen, wenn ich auf eine heiße Herdplatte fasse.

Bloß weil Schmerz peinlich ist. Schmerz ist genauso sinnvoll wie Eifersucht.

Was aber tun? Sehen wir uns ein paar Möglichkeiten an.

Provozierte Eifersucht

»Darf ich Ihnen meine Frau wieder entführen?«, sagte auf einem Empfang ein mir bis dahin nicht bekannter Mann zu meinem Freund, der sich in einem schäkernden Gespräch mit einer attraktiven Frau befand. Und mit einem freundlichen, aber bestimmten Lächeln nahm er sie mit sich. Und sie war spürbar beeindruckt und amüsiert. Mein Freund und ich auch. Das hatte was! Das war die souveräne Geste, die die Verhältnisse wieder klarstellte.

Was war an dieser Intervention so gekonnt? Dieser Mann hatte die Avancen meines Freundes seiner Frau gegenüber durchaus angemessen wahrgenommen. Aber er wurde damit nicht zum Opfer eines Eifersucht-Reflexes, sondern blieb Herr seiner Gefühle und damit Herr der Lage.

Vielleicht sind wir auch Zeuge eines ganz anderen Spieles geworden: der provozierten Eifersucht. Vielleicht hat es die Dame ganz bewusst darauf angelegt, beim Flirt mit meinem Freund von ihrem Partner gesehen zu werden. Und vielleicht ist mit seiner Intervention ihre Rechnung aufgegangen. Er demonstriert: Ich will dich.

Damit sind wir bei einer wichtigen Bedeutung der Eifersucht. Die Eifersucht meines Partners kann ich auch als wichtigen Indikator dafür ansehen, ob ihm etwas an unserer Beziehung liegt. Wenn ich mir unsicher bin oder viel Bestätigung brauche, kann die provozierte Eifersucht ein geeignetes Mittel sein, mich meines Partners zu vergewissern. Wenn der Partner dann noch so souverän ist, die eifersüchtige Zuwendung so elegant zu zeigen wie der Mann in unserem Beispiel, gehen beide Partner als Gewinner aus dieser Situation hervor. So geschickt läuft freilich die provozierte Eifersucht nicht immer ab. Vor allem dann nicht, wenn die Partner unterschiedliches Interesse an der Beziehung haben.

Aus diversen Studien wissen wir, dass es eine bevorzugte Strategie des weniger attraktiven oder unterlegenen Partners ist, sich eifersüchtig zu zeigen. Die so gezeigte Eifersucht kommt also aus der schwächeren Position und signalisiert: Beachte mich bitte! Und hier liegt auch das strategisch ungünstige Moment des Eifersüchtigen: Er bittet um Zuwendung, kann sie aber schwer erzwingen. Wäre er in der Position des Attraktiveren, könnte er seinerseits den andern zur Eifersucht provozieren, indem er seinerseits flirtet. Das ist er aber nicht. Und so kann die Geschichte insofern dumm ausgehen, als das Flirten gar nicht provoziert.

Eifersucht provozieren will also gekonnt sein. Die beiden niederländischen Forscher Dijkstra und Buunk befragten Männer und Frauen zu ihrer Reaktion, wenn ihr Partner mit einem andern flirtet.[1] Sie wollten wissen, welche Merkmale des Rivalen ausschlaggebend für Eifersuchtsreaktionen waren. Dabei zeigte sich, dass für Männer das Aussehen des Rivalen ohne Bedeutung ist. Sie reagierten aber besonders stark, wenn dieser als dominant und durchsetzungsfähig beschrieben wird. Für Frauen spielte umgekehrt das Aussehen die entscheidende Rolle. Je attraktiver die Rivalin wahrgenommen wurde, desto eifersüchtiger reagierten die Frauen. Für sie war der Charakter der Rivalin weniger wichtig. Diese Studie belegt sehr eindrücklich, dass sich die Eifersucht an den Kriterien ausrichtet, die das andere Geschlecht anlegt: Männer konkurrieren um Status, Frauen um Attraktivität. Möglicherweise wäre die Epi-

---

1 Dijkstra & Buunk 1998. Dass diese Kriterien nicht nur in den Niederlanden gelten, zeigten Buss et al. 2000 in einer kulturvergleichenden Studie.

sode mit meinem Freund gar nicht passiert, wenn er ein un-
auffälliger Mann wäre, der sich gern im Hintergrund hält.

Eifersucht zu provozieren empfiehlt sich allerdings nicht.
Die Reaktion des provozierten Partners ist nicht immer zu be-
rechnen. Es ist ein Spiel mit dem Feuer.

Vorwürfe

Ein dramaturgisch weniger reizvolles, aber weitaus verbreite-
teres Mittel, mit Eifersucht umzugehen, ist das Moralisieren:
Der Eifersüchtige macht dem Partner Vorwürfe, indem er Bindung, Treue und Zuwendung einklagt. Damit versucht er, den
andern zu kontrollieren. Das kann aber nur gelingen, wenn
beide Partner sich auf dieselben Werte beziehen und dieselben
Auslegungsregeln dieser Moral haben.

Hier müssen wir uns kurz einer wichtigen Funktion der Moral zuwenden: Moral brauchen in einem sozialen Leben zunächst nur die Schwächeren. Sie werden durch die Moral vor
Willkür geschützt. Der Stärkere hat Macht und braucht die
Moral nicht. Im Gegenteil, sie beeinträchtigt ihn sogar. Moral
sorgt als Gegenspieler von Macht dafür, dass die Mächtigen
sich an Regeln halten müssen. Eine moderne demokratische
Paarbeziehung ist im Prinzip als nichthierarchische Beziehung
angelegt, in der Macht – offiziell jedenfalls – keine Rolle spielen sollte und in der beide Partner mit gleichen Rechten auf die
gleiche Verbindlichkeit verpflichtet sind. Auch im Falle eines
eskalierenden Machtkampfes hat deshalb – paradoxerweise
– der schwache Partner eine starke Position. Und genau die
nutzt er.

Die Kernstrategie des Moralisierens zielt darauf, Schuldgefühle zu machen. Diese Strategie bringt die inhaltliche Verbindlichkeit (gemeinsame Moral) so ins Spiel, dass derjenige,
der sich näher an der Moral weiß, eine überlegene Position

reklamiert, aus der heraus er die Schuldgefühle – von oben nach unten – provoziert. Das kann offen verbal, in Form von Vorwürfen, aber auch nonverbal in Form von demonstrativer sprachloser Verletztheit geschehen. Damit wird der Gekränkte zum Herrn der schlechten Stimmung und kontrolliert den anderen über die Vorwürfe und eine angesäuerte Atmosphäre.

Die Eifersucht zum Freund machen

Sowohl die provozierte Eifersucht als auch das Moralisieren instrumentalisieren die Eifersucht zu einem partnerschaftlichen Kampfmittel. Wer gern kämpft, wer den Partner gern in die Defensive bringt, mag damit gut beraten sein. Allerdings nur kurzfristig. Beide Strategien laden den andern zum Nachtreten ein, beide sind Eskalationsangebote.

Deshalb heißt die lebensklügere Devise: Mach die Eifersucht zum Freund! Sie ist ein Frühwarnsystem, das einem sehr gute Dienste leisten kann im Beziehungsdschungel lauernder Affären, die mit scheinbar harmlosen Flirts beginnen – damit aber nicht immer enden. Um aber die Eifersucht nicht zum inneren (und dann schnell auch äußeren) Terroristen werden zu lassen, muss man sie pflegen und zivilisieren.

Dafür ist zunächst erforderlich, dass ich die Eifersucht als sinnvolles Gefühl akzeptiere und sie als wichtigen Akteur meiner sozialen Wahrnehmung und kommunikativen Kompetenz willkommen heiße.

Dazu gehört, der eigenen Wahrnehmung zu trauen und sie sich zum Freund zu machen. Wenn ich richtig wahrgenommen habe, muss ich noch keine Szene machen. Zwar haben wir keinen Einfluss auf unser Gefühl, aber wir sind frei darin, wie wir es ausdrücken. Eine peinliche Szene, in der ich mich vom spontanen Affekt reiten lasse, kann für die Zuschauer durchaus Unterhaltungswert haben, aber sie schadet meinem Image und unter Umständen auch meiner Partnerschaft. Es gibt elegantere Möglichkeiten, mit der Eifersucht umzugehen.

Und noch ein Gesichtspunkt kommt hinzu: Mit Eifersucht zeigt man auch seinen Respekt vor dem Partner. Eifersucht heißt. Ich nehme ernst, dass mein Partner eigene Entscheidungen, genauer: eigene Beziehungsentscheidungen trifft. Noch radikaler: Ich nehme ernst, dass mein Partner die Freiheit hat, von mir zu gehen. Doch die freie Entscheidung meines Partners, sich an mich zu binden oder sich jemand anderem zuzuwenden und sich von mir zu trennen, ist – sobald es konkret wird – nicht ohne Eifersucht möglich. Und warum auch? Eifersucht ist ein ehrenhaftes Gefühl. Ehre für den Umworbenen, Ehre für den Rivalen, Ehre für den Eifersüchtigen.

Das klingt pathetisch. Ist es auch. Aber um die Eifersucht zum Freund machen zu können, muss ich sie respektieren. Freunde brauchen Respekt.

Treue Untreue

Einen interessanten Zugang zum Umgang mit Eifersucht haben Swinger-Paare. Für sie steht und fällt der Reiz ihrer außerpartnerschaftlichen Beziehungen mit der Kunst, die Eifersucht gut in den Griff zu bekommen. Das gelingt Swinger-Paaren dadurch, dass sie eine strikte Unterscheidung zwischen sexueller und emotionaler Treue vornehmen. Wie schaffen sie das? Sie betreiben einen höheren Aufwand mit der Diskussion und der Abstimmung von Grenzen und Spielregeln. Diese Grenzen sehr genau auf die Bedürfnisse und Empfindlichkeiten der beiden Partner zu beziehen erfordert sehr viel Aufmerksamkeit und Empathie füreinander. Dabei lernen die Partner sich sehr genau kennen, erfahren die Grenzen ihrer Eifersucht, ihre Ansprüche, ihre Verlustängste. So gesehen sind die Absprachen vor der sexuellen Interaktion mit andern Paaren und auch der

Erfahrungsaustausch danach sehr intime Begegnungen. Im Erleben der Paare ermöglichen diese Verhandlungen und die sich daraus entwickelnde Beziehungssicherheit sogar innigere Nähe-Erlebnisse als die sexuelle Ausschließlichkeit.

Die Eifersucht wird hier aber nicht nur als störend empfunden. Für manche Swinger kann sie sogar als produktiv und reizvoll erlebt werden.[1] Ihnen gelingt es, ein begrenztes Maß an Eifersucht so zu erotisieren, dass es den Reiz erhöht, dem Partner bei sexueller Aktivität mit anderen zuzusehen. Diese Erotisierung der Eifersucht erfordert allerdings ein hohes Maß an Selbstwahrnehmung und eine sehr feine Abstimmung mit dem Partner. Das gelingt nur, wenn die emotionale Loyalität auf stabiler Grundlage steht. Das Prickeln entsteht beim Spiel mit dem Risiko.

Für Paare, die sich bei der Grenzziehung auf die Konvention verlassen und sexuelle Treue nicht von emotionaler Treue unterscheiden, sind solche Inszenierungen natürlich nicht möglich, weil jede sexuelle Handlung mit einer andern Person sofort die emotionale Treue in Frage stellen würde.

Das zeigt, dass die Eifersuchtsreaktion nicht nur eine Frage dessen ist, was die beiden Partner miteinander aushandeln, sondern auch der Regeln des sozialen Umfelds. Verschiedene Autoren haben darauf hingewiesen, dass Eifersucht weniger häufig auftritt, wenn sexuelle Untreue in einem sozialen Umfeld vorkommt, das dieses Verhalten unterstützt.[2] Dadurch spielt der Aspekt der Blamage keine Rolle mehr.

Gleichwohl kann man bei dem erotischen Hochseilakt auch einmal abstürzen. Ein Beispiel aus meiner Beratungspraxis:

Eine 45-jährige Frau, Rita, sucht mich auf wegen eines Konfliktes, den sie mit ihrem 25-jährigen Liebhaber Adrian hat. Er kommt mit zu dem Gespräch, hält sich aber im

1 de Visser & McDonald 2007; Sheets et al. 1997
2 Gagnon & Simon 1973, Harris 2003; Weeks 2003

Hintergrund und beteiligt sich nur, wenn er angesprochen wird. Beide leben in einer Gemeinschaft, die sexuell offene Beziehungen lebt und diese Öffnung auch als Weg der persönlichen spirituellen Entwicklung sieht. Dabei gilt eine Verpflichtung zur gegenseitigen Transparenz, außerpartnerschaftlicher Sex darf also nicht geheim gehalten werden. Rita ist schwer verletzt, weil Adrian sich in eine junge Frau außerhalb der Gemeinschaft verliebt hat und diese oft zu Hause besucht. Dass er mit ihr Sex hat, akzeptiert sie, aber dass er gern mit ihr Zeit verbringt und liebevoll von ihr spricht, macht ihr massive Angst, sie könne ihn verlieren. Verstärkt wird das Ganze dadurch, dass er gelegentlich mit gleichaltrigen Freunden nachts ausgeht. Adrian, der erst vor kurzem in die Gemeinschaft gekommen war, zeigt sich verständnislos. Er halte sich doch an die Regeln, die sie ihm nahe gelegt habe.

In dem Beratungsgespräch wechseln ständig die Ebenen. Auf der einen Seite streiten sich beide darum, wie die Regeln der Gemeinschaft auszulegen seien. Hier tritt Rita stark und selbstbewusst auf, weil sie als eine der Mitbegründerinnen der Gemeinschaft auch die Regeln mitgeprägt hat. Auf der andern und eigentlich relevanten Ebene entfaltet sich zwischen den beiden ein Kampf zwischen den Autonomiewünschen von Adrian, der sich von der deklarierten »Offenheit« eingeengt fühlt, und den Verlustängsten von Rita, die sie sich – angesichts der selbst aufgestellten Regeln – kaum eingestehen kann.

Ohne es zu wollen, gerät Rita Adrian gegenüber in eine Mutter-Position, die den Regelverstoß des »Sohnes« thematisiert, statt in der Position der Geliebten eifersüchtig auf die Rivalin zu sein.

Ich erfahre später, dass sich die beiden nach wenigen Wochen getrennt haben.

Ich berichte das Beispiel nicht, um unkonventionelle Paar-Kulturen oder alternative Lebensformen zu kritisieren. Im Gegenteil. Es soll vielmehr zeigen, wie schwer es selbst Menschen fällt, die ihre Gefühle der Eifersucht im Zusammenhang mit gesellschaftlichen Normen reflektieren, ihnen durch bewusste Entscheidungen und gegenkulturelle Werte zu entkommen.

Adultery should be used like poti-
on: uniquely, with parsimony. Well-
dosed, it heals, over-dosed, it knocks
you out. *Caroline Rochman*

Was tut weh, wenn es weh tut?

Vom Partner zu erfahren, dass er sich auf eine Beziehung mit
jemand anders eingelassen hat, verursacht in aller Regel nicht
nur einen kurzen Schmerz, der sich schnell wieder verflüchtigt.
Er geht tiefer, er hinterlässt Spuren. Was macht diesen Schmerz
aus? Was genau tut da weh? Warum haben wir es hier nicht
einfach mit einer unangenehmen und lästigen Nachricht zu
tun, mit der man irgendwie umzugehen hat, wie mit anderen
schlechten Nachrichten auch, sondern mit einem Schmerz, der
uns ins Mark trifft?

Vom Partner betrogen zu werden, stellt zentrale Koordinaten der persönlichen Existenz in Frage. Dabei lassen sich vier
Ebenen der Auseinandersetzung unterscheiden, die beim Erleben des Betrogenwerdens alle tangiert werden.

Die sexuelle Verletzung: Der Komparativ

Eine Eifersuchtsreaktion stellt sich schnell ein. Sie gehört, wie
die Arbeiten von David Buss[1] und anderen gezeigt haben, zu
unserem biologischen Erbe. Wir können mit ihr mehr oder weniger vernünftig umgehen, aber zunächst einmal ist sie – wie
ein Reflex – einfach da. Wir reagieren sofort auf Gefährdun-

1 Buss 2000

gen durch einen Rivalen. Die drohende Gefahr betrifft zum einen die Ausschließlichkeit der Paarbeziehung: »Gehört mir« der Partner noch? Damit eng verbunden ist der Angriff auf die eigene Männlichkeit beziehungsweise Weiblichkeit, die beim Vergleich mit dem Rivalen herausgefordert wird. Ob ich will oder nicht, ich vergleiche mich mit dem Rivalen, der ja gegenwärtig eine hohe, ja höhere Faszination auf meinen Partner ausübt als ich selbst: Ist er männlicher, potenter, erfolgreicher als ich? Was ist an ihm, dass sie von ihm so eingenommen ist? Ist die Rivalin weiblicher, schöner, charmanter als ich? Was kann er mit ihr erleben, dass er mit mir vermisst?

Anna kann nicht mehr. Durch eine blöde Unaufmerksamkeit bekam ihr Freund Roger ihre kurze Affäre mit dem gutaussehenden Wolf heraus. Sie war nicht besonders verliebt gewesen, ein bisschen von ihm angezogen schon, vor allem körperlich. Ein paar Mal hatte sie sich mit ihm getroffen, schönen Sex gehabt, die Geschichte dann aber von sich aus beendet. Sie hatte bekommen, was sie gewollt hatte. Damit hätte es sein Bewenden haben können, wenn Roger nicht kurz danach Wind von der Sache bekommen hätte. Und sie sich zu einem schmerzenden Stachel in seinem Fleisch entwickelte. Was an dem denn so besonders sei? Warum gerade er? Was ihr an ihm fehle? Was der habe, was er nicht habe? Ob er im Bett besser sei?

Anna stand Rede und Antwort: Sie fand, dass sie ihm das schuldig sei. Wenn schon, wollte sie auch nicht lügen. Sie hoffte, dass ihr offenes Geständnis ihm helfen würde, über die Affäre hinwegzukommen. Aber es wurde alles nur noch schlimmer. Roger war im Kern seines männlichen Stolzes getroffen. Besonders genau interessierten ihn sexuelle Details.

Roger: Was ist denn besser mit dem?
Anna: Es war halt der Reiz des Neuen.

Roger: *Und was findest du an ihm geiler als an mir?*

Anna: *Du weißt doch, dass ich dich scharf finde ...*

Roger: *Ja, warum reiche ich dir dann nicht?*

Anna: *Du reichst mir doch. Deshalb bin ich ja wieder bei dir und sehne mich kein bisschen nach ihm.*

Roger: *Ja, warst du nicht verliebt in ihn?*

Anna: *Nein, nicht wirklich.*

Roger: *Also ging's dir nur um Sex!*

Anna: *(schweigt)*

Roger: *Wenn du nichts sagst, stimmst du zu. Was hat der denn so Besonderes?*

Anna: *Ach, nichts Besonderes: Jeder Mann ist ja anders.*

Roger: *Also doch etwas Besonderes. Was habt ihr gemacht, was wir nicht machen?*

Anna: *Ach, du stellst dir da Wunder was vor. So viel Variationsmöglichkeiten gibt es ja gar nicht.*

Roger: *Solange du mir nichts Genaues sagst, muss ich mir ja was vorstellen.*

Anna: *Ja, was stellst du dir denn vor?*

Roger: *Keine Gegenfragen bitte. Oder hat er einen größeren Schwanz?*

Anna: *Darauf kommt es doch nicht an.*

Roger: *Darauf kommt es nicht an, ist keine Antwort. Also ja?*

Anna: *Ach, Roger. Lass uns doch aufhören. Das bringt doch nichts.*

Roger: *Du redest dich raus.*

Anna: *Mit jeder Frage machst du es schlimmer.*

Roger: *Wenn etwas schlimm ist, sind das nicht meine Fragen, sondern deine verdammte Fickerei.*

Anna: *(weint)*

Roger: *Und jetzt noch heulen, als ob du ein Problem hättest und nicht ich.*

In dieser Weise vergehen Nächte ohne Schlaf. Die Fragerei quält beide. Und sie führt nicht zur Klärung, sondern nur zur Verstärkung des Schmerzes. Für beide. Anna lässt sich ihr Geheimnis entreißen. Roger bohrt mit einer selbstquälerischen Faszination nach Antworten, die ihn nicht erlösen, sondern ihm nur weitere Verletzungen bescheren. Alles wird schlimmer. Im sexuellen Detail wird die Kränkung konkret. Die Details bringen keine Aufklärung, sondern bebildern und intensivieren den Schmerz.

Aus der Sicht des betrogenen Partners stellt sich die schreckliche Notwendigkeit des Nachfragens so dar: Ich fühle mich in Frage gestellt. Selbst wenn ich in Bezug auf meine Männlichkeit oder Weiblichkeit einigermaßen selbstbewusst bin, ist mir das Urteil meines Partners alles andere als gleichgültig. Und ganz offenbar übertrifft mich – in der Bewertung meines Partners – der Rivale in einem entscheidenden Punkt, sonst könnte er meinem Partner nicht derart den Kopf verdrehen. Bin ich diesbezüglich ohnehin unsicher, reißt mich die Affäre in einen Strudel von Selbstzweifeln über meine Attraktivität, meine Potenz, meinen Stolz, meine Selbstachtung.

Ich versuche, mich zu retten, indem ich das Urteilsvermögen meines Partners in Frage stelle oder den Rivalen abwerte oder gleich beides. Aber das hilft nicht wirklich. Im Urteil der Person, die mir zentral wichtig ist, verliere ich im Moment an Status und Attraktivität, bin nicht mehr die Nummer eins, für die ich mich doch bisher gehalten habe.

Die Loyalitätsverletzung: Der Verrat

Paarbeziehungen basieren auf einem Beziehungsvertrag. Dieser kann eine explizite und im Fall der Heirat auch eine justiziable Form haben. Er braucht aber gar keine schriftliche, nicht einmal eine mündliche Form zu haben und ist gleichwohl unausgesprochen gültig. Beziehungsverträge sind der Beliebigkeit des momentanen Empfindens entgegengesetzt. Sie sind für die schlechten, die kritischen Zeiten vorgesehen – die guten Zeiten brauchen keinen Vertrag.

Für die schlechten Zeiten definiert der Vertrag das, was in den guten Zeiten die Liebe von selbst macht: Er legt nicht nur Verlässlichkeit fest, die auf der Besonderheit und damit Ausschließlichkeit der Beziehung gründet. Er fordert und bietet Loyalität, das Einstehen füreinander im Ernstfall. Damit schließt er Zweifel und Kompromisse aus. Der Beziehungsvertrag ist also absolut.

Fast. Eine Einschränkung besteht, und zwar liegt diese in der Dauer seiner Gültigkeit. Er gilt, solange die Liebe gilt. Das ist sein heikelster Punkt. Wenn der Vertrag geschlossen wird, gehen beide Liebenden von unbeschränkter Gültigkeit aus. Liebe will Ewigkeit. Und deshalb wird der Vertrag in der gefühlten Gewissheit der Liebenden eingegangen, dass die Liebe, die ihn ja tragen soll, immer dauern wird.

Dieser heikle Punkt ist plötzlich, wenn einer der Partner fremdgeht, hochaktuell. Wenn die Loyalität noch gilt, wie zeigt sie sich jetzt? Ist sie nicht bereits verraten in dem Moment, in dem mein Partner sich jemand anderem zuwendet? In einem Bündnis sichert Loyalität den Schwächeren ab. Und der im Moment Schwächere ist der betrogene Partner. Deshalb braucht er die Loyalität jetzt mehr und dringender, und deshalb wird er sie auch einfordern. Und der nach außen verliebte Partner wird versuchen, die Loyalität zu relativieren, indem er sich weigert, sich darauf hinweisen und einschränken zu lassen.

Und genau das wird vom betrogenen Partner als Verrat erlebt: Dass die einst große und unumstößliche Liebe durch einen Eindringling desavouiert wird. Dass der Partner einem anderen die Tür geöffnet hat. Verrat ist mehr als bloße Enttäuschung. Enttäuschung reklamiert keine Rechte. Der Verrat schon. Indem der Betrogene den Betrügenden auf seine alte Verbindlichkeit festlegen will, bringt er sich in eine fordernde

Position: Diese Loyalität steht mir zu. Eine äußerst gefährliche und tragische Position: Sie reklamiert zwar moralische Verbindlichkeit und Gerechtigkeit, weil sie sich auf ein verschworenes Bündnis bezieht. Faktisch hat sie aber wenig Macht, weil sie auf die relevanten Gefühle keinen Einfluss nehmen kann. Sie ist legitim, auf der emotionalen Ebene aber wirkungslos.

»Wer liebt, hat recht.« Mit diesem Satz fasst der Literaturwissenschaftler Peter von Matt zusammen, was die Liebesdramen der Weltliteratur[1] eint. Liebe ist immer ein hoher, kein niederer Beweggrund. Gegen Liebe ist kein Kraut gewachsen. Auch kein Argument oder Beziehungsvertrag. Der alte Vertrag wird hinfällig, wenn die neue Liebe das Regime übernimmt.

Der Konflikt zwischen diesen beiden Prinzipien macht die Dramaturgie des Verrats aus. Neue Liebe gegen alte Loyalität. Beides legitime und hohe Güter. Aber wenn die neue gar keine Liebe ist, nur eine Liebelei, ein sexuelles Abenteuer? Das macht die Lage für den Betrogenen kaum besser. Er kann dann zwar davon ausgehen, dass die Loyalität die stärkere Kraft im Geschehen ist. Die Kränkung lindert dieser Umstand nicht. Während die sexuelle Kränkung wieder heilen kann, wenn man die Wunden nicht neu aufreißt, hinterlässt der Verrat einen Riss in der Beziehung, auch wenn die Außenbeziehung beendet ist. Die Illoyalität lauert ab jetzt als bedrohlich-reale Gefahr. Der Verräter verdient – aus Sicht des Verratenen – kein Vertrauen mehr.

Die soziale Verletzung: Die Demütigung

Untreue findet nicht nur heimlich und ungesehen statt. Freunde, Kinder, Kollegen, Nachbarn können etwas mitbekommen. Wenn die Untreue aus dem Schutz der Heimlichkeit heraustritt,

1 von Matt 2004

wenn sie auffliegt und andere den Betrug bemerken, kommt eine neue Dimension der Kränkung hinzu: die Blamage vor den anderen. Der Betrogene sieht sich bloßgestellt, sieht die bewertenden Blicke der Zeugen seiner gefährdeten Ehre.

Ist das denn noch so? Spielt diese Ehre im 21. Jahrhundert noch so eine große Rolle? Wird die Blamage noch als so demütigend erlebt in einer Zeit, in der Affären sichtbarer und weniger zensiert werden? In der die Affären der Reichen und Schönen in jeder Zeitschrift nachzulesen sind und weniger für Empörung als für Unterhaltung sorgen? Ist Fremdgehen nicht normal geworden? Und geht nicht der Betrug in einer Umwelt relativierter Normen und moralischer Beliebigkeit unter, als ein entschuldbares Vergehen unter vielen anderen?

Ganz so spurlos geht der klassische Ehrverlust auch in unserer Gegenwart nicht an uns vorüber. Wobei es auch im Umgang hiermit einen deutlichen Geschlechterunterschied gibt: »Der Gehörnte«, die klassische Figur des betrogenen Mannes, wird der Lächerlichkeit preisgegeben. Und er bleibt es, wenn er sich nicht rächt – am Rivalen, an der untreuen Frau oder an beiden. Er! Der Gehörnte ist ein Mann. Die Frau ist betrogen, aber nicht gehörnt. »Die Gehörnte« gibt es nicht, nur die Betrogene. Und ihr werden auch, wenn denn herauskommt, dass sie hintergangen wurde, andere Reaktionen entgegengebracht, eher Mitgefühl als Häme. Hier haben wir es mit traditionell-klassischen Geschlechterrollen und unseren Reaktionen darauf zu tun. Zwar treten Rollenmuster und Reaktionen darauf in unserem modernen Leben und Erleben abgeschwächt auf, aber überwunden wurden sie noch nicht ganz.

Für den Mann ist das Betrogenwerden eine größere Blamage als für die Frau. Von ihm wird eine Reaktion erwartet, ein männliches Zeichen, dass er sich nicht alles gefallen lässt.[1] Umgekehrt ist die Ehre der betrogenen Frau weniger gefähr-

---

1 In der patriarchalen Welt verliert der Mann durch den Betrug der Frau seine Ehre. Um nicht in der Position des lächerlichen Kastrierten zu

det. Zwar kann das Bekanntwerden des Seitensprungs ihres Partners auch für sie unangenehm sein, ihre Weiblichkeit ist damit aber nicht bedroht oder in Frage gestellt.

Ein besonderer Härtefall von Kränkung ist die Untreue im sozialen Umfeld. Wenn Primärpartner und Affärenpartner aus demselben Freundeskreis kommen oder selbst direkt befreundet sind. Hier sind die Folgen dramatisch. Ganze Cliquen und Bekanntenkreise können in Loyalitätskonflikte kommen oder gar auseinanderbrechen. Besonders kritisch sind auch Affären am Arbeitsplatz. Wenn Arbeitsplatzhierarchien und sexuelle Verbindungen vermengt werden, hat das fast immer Folgen. Meist negative.

Laura und Ralph sind ein Paar und arbeiten beide als Wissenschaftler in benachbarten Abteilungen einer großen Forschungsinstitution. Zwischen den meisten Mitarbeitern der Abteilungen bestehen kollegial freundschaftliche Beziehungen. Man kennt sich, lädt sich gelegentlich zu Feten ein. Laura lässt sich auf ein Techtelmechtel mit ihrem Vorgesetzten Georg ein, der als Star in seinem Fach gilt. Georg, der gerade dabei ist, sich aus seiner unglücklichen Ehe zu lösen, verliebt sich in Laura. Er möchte die Beziehung mit ihr intensivieren und drängt darauf, dass sie sich von Ralph trennt. Laura, die den Affärenkitzel mag, aber Georgs intensive Gefühle nicht erwidern kann, gerät in die Defensive und weiß sich nicht anders zu helfen, als Ralph die Geschichte zu beichten. Ralph ist wie vom Donner gerührt. Er geht direkt zu Georg und fordert ihn auf, die Affäre umgehend zu beenden. Andernfalls werde er ihn wegen Missbrauchs einer dienstlichen Abhängigkeit anzeigen.

Ralphs verändertes Verhalten Laura gegenüber fällt auf, und bald wissen die Kollegen von der Geschichte. Er fühlt

bleiben, muss er die Ehre durch Blut(-Rache) oder durch den Verstoß der Frau wiederherstellen, von Matt 2004, S. 53 ff.

sich gedemütigt und bloßgestellt. Am schlimmsten ist für den sehr ehrgeizigen und karriereorientierten Ralph, dass Laura sich auf einen Mann eingelassen hat, der nicht nur hierarchisch über ihnen beiden steht, sondern den er auch fachlich als überlegen erlebt. Laura möchte die Beziehung zu Ralph retten und beendet die Affäre mit Georg. Doch Ralph kann ihr nicht verzeihen und trennt sich. Ihre Lage wird ungemütlicher, da beide bei einigen Kollegen an Respekt verlieren. Einige Monate später verlässt sie die Institution. Ralph hat zwar die Sympathien seiner Kollegen auf seiner Seite, reagiert aber gereizt darauf, weil er sie als bloßes Mitleid und dieses als demütigend empfindet.

»Never fuck the company« lautet der klare Rat in solchen Fällen. In dem Moment, in dem eine betriebliche Affäre herauskommt, ist nichts mehr wie vorher, insbesondere dann, wenn Macht und Sex vermengt werden. Dass viele gut verlaufende Dauerpartnerschaften ihren Ursprung am Arbeitsplatz haben, hat damit nichts zu tun und widerspricht dem nicht. Aber Dreieckskonstellationen bringen die anderen Beteiligten in Loyalitätskonflikte, die auf die Akteure zurückschlagen. Affären am Arbeitsplatz liefern wunderbares Material für Tratsch, Häme und Mobbing. Und wer erst einmal Gesprächsthema ist, hat nicht mehr in der Hand, wie sein Image gehandelt wird. Affären am Arbeitsplatz kennen meist mehrere Verlierer und selten einen Gewinner.

Die existentielle Verletzung: Die Einsamkeit

Die tiefste Gefühlsebene, die das Fremdgehen berühren kann, ist die Einsamkeit. Mit ihr kann der Betrogene auf eine sehr existentielle Weise in Kontakt kommen. Die Zürcher Daseinsanalytikerin Alice Holzhey Kurz hat das in einer Arbeit dargelegt, in der es um die Frage ging, inwieweit das Thema Liebe Gegenstand von Paartherapie sein kann oder wieweit sich die Liebe der Paartherapie ganz entzieht. Holzhey Kurz bezieht sich auf Jean-Paul Sartre, den sie in Bezug auf die Liebe in einer radikalen Lesart zitiert, die sie in drei Axiomen pointiert zusammenfasst:

1. Der Mensch ist »zur Freiheit verurteilt«: Das heißt, niemand, keine höhere Instanz, auch kein Partner nimmt ihm die Entscheidung und deren Konsequenzen ab. Das macht Angst. Diese Angst ist keine psychologisch zu verstehende Angst, sondern eine Grundtatsache der menschlichen Existenz.

2. Das menschliche Dasein ist zufällig und, wie Sartre das noch einmal schärfer formuliert, überflüssig. Wir sind ohne Sinn auf dieser Welt. Diese Sinnlosigkeit ist nur schwer auszuhalten. Deshalb sehnen sich Menschen nach Sinn-Illusionen, an denen sie sich festhalten können. Sie suchen sich Beziehungen, in denen sie sich gemeint und gesehen fühlen können. Liebesbeziehungen eignen sich besonders gut dafür, weil die Liebenden sich füreinander alles andere als überflüssig, sondern als unersetzlich erleben.

3. Der andere ist frei. Ich bin dem Urteil, der Wahrnehmung, der Entscheidung der anderen, also auch meines Partners, ausgesetzt. Er kann mich finden und erleben, wie er will. Und tut das auch, unabhängig davon, wie ich gern von ihm wahrgenommen werden würde.

Diese Überlegungen führen Holzhey Kurz zu der These, dass Liebesbeziehungen ein großes Ablenkungsmanöver von der Einsamkeit sein können, der jeder Mensch ausgesetzt ist. Mit Einsamkeit meint die Daseinsanalyse nicht vordergründig das Alleinsein, das Single-Dasein oder die Tatsache, dass man gelegentlich Zeit alleine verbringen muss. Gemeint ist das existentielle Verwiesensein auf sich selbst, aus dem einen keine sinnstiftende Instanz erlöst.

Weil diese Einsamkeit so schwer auszuhalten ist, klammern sich Menschen an Beziehungen, besonders an Liebesbeziehungen. Und aus demselben Grund erleben sie sich im Falle von Außenbeziehungen und drohenden Trennungen so existentiell alarmiert. Affären können auf dieser Ebene Sinnfragen aktualisieren, auf die es keine Antwort gibt. Das Bewusstsein, für jemanden da zu sein, zu jemandem zu gehören, eine Geschichte und eine Zukunft mit jemandem zu teilen, ist zerbrochen und weicht einer Leere ohne Resonanz.

Die Liebe als große Illusion muss danach scheitern. Ich bleibe selbst zur Freiheit verurteilt ebenso wie mein Partner frei ist und mich sehen kann, wie er will. »Die beängstigenden Grundbedingungen des eigenen Seins lassen sich auf keine Art und Weise überwinden, sie lassen sich nur für eine kürzere oder längere Zeitspanne verleugnen.«[1]

Und so folgt aus dieser Überlegung eine radikale Rückwendung von der partnerbezogenen Perspektive auf den Liebenden selbst: Das Leiden an der Partnerschaft – und dazu gehört auch das Leiden am Betrug des Partners – ist ein »verdecktes Leiden an der Unerfüllbarkeit der Liebessehnsucht«.

Vor diesem Hintergrund lassen sich viele der quälenden und meist ergebnislosen Diskussionen verstehen, die betrogene Partner führen wollen. Warum jetzt? Was habe ich falsch gemacht? Womit habe ich das verdient? Wie konntest du mir das antun? Solche Fragen sind Versuche, sich das Ergebnis der Freiheit des Partners – nämlich, dass er sich auf jemand anders eingelassen hat – verständlich zu machen. Aber egal welche Antwort der fremdgehende Partner auch gibt, sie wird nicht ausreichen, sie wird den Gequälten nicht zufriedenstellen. Und zwar deshalb nicht, weil das zentral ängstigende Motiv durch keine Antwort eingefangen werden kann, nämlich dass der Partner nichts anderes tut als seine Freiheit – und nicht die Erwartungen des Liebenden – zu realisieren.

1 Holzhey Kurz 2004, S. 112

Scheingefechte

Sich diesen emotional und existentiell herausfordernden Fragen zu stellen erfordert Mut. Von beiden Seiten. Mut vom untreuen Partner, über das zu sprechen, was ihn anzieht, was sein erotisches Fernweh ausmacht. Sich dem anderen zuzumuten, auch wenn es ihm wehtut. Und Mut vom betrogenen Partner, zuzuhören, was der andere ihm zu sagen hat. Das zur Kenntnis zu nehmen, was der andere wirklich meint. Worum es ihm geht, unabhängig von der eigenen Kränkung.

Dazu sind nicht alle Partner bereit und in der Lage. Und auch diejenigen, die dazu bereit und in der Lage wären, sind dies nicht zu jedem Zeitpunkt. Wir sind nicht immer Helden. Und deshalb bieten sich Nebenschauplätze und Scheingefechte an. Auseinandersetzungen um Gesichtspunkte, die irgendwie schon mit dem Thema zu tun haben, die aber den wunden Punkt umgehen und deshalb oft danebenliegen.

Scheingefecht 1: Abwertung des Affärenpartners

Ein simpler Versuch, das eigene angeschlagene Selbstwertgefühl zu stabilisieren, besteht darin, den Affärenpartner abzuwerten. Das tut dem Ego gut, zumindest kurzfristig kann es einem die Illusion der Stärke (zurück-)geben. Diese Strategie verwenden nicht nur betrogene Partner. Auch untreue Partner können den Respekt für ihren Geliebten verraten und ihrem Primärpartner diese Abwertung zur Beschwichtigung anbieten. Aber das ist nicht nur niederträchtig, es ist auch taktisch unklug, denn der betrogene Partner muss sich dann ja fragen, wieso sich der andere auf einen derart oberflächlichen, dummen Menschen eingelassen hat.

Pablo antwortete auf eine Nachfrage seiner Frau, er sei halt auf den Charme der Geliebten reingefallen. Aber da sei ja nicht so viel dahinter, wie er anfangs geglaubt habe.

Scheingefecht 2: Pathologisierung des untreuen Partners

Man kann dem untreuen Partner auch ein irgendwie krankes Verhalten unterstellen, sein Verhalten damit abwerten und nahelegen, er sei nicht ganz bei Trost. Unüberlegt, nicht bindungsfähig, notorisch in Beweisnot seiner Attraktivität, sehr auf Bestätigung angewiesen. Scheinbar tröstlich für den betrogenen Partner, der solche Diagnosen stellt, ist, dass er damit die Interpretationshoheit für sich reklamiert und zumindest auf diese Weise eine Art Kontroll-Illusion wahren kann. Auch diese Bewältigungsstrategie wird von manchem untreuen Partner selbst bemüht. Sie ist attraktiver, als es auf den ersten Blick scheint: Damit wird die eigene Schuld abgeschwächt. Denn wer ein eigenes Defizit eingesteht, zeigt einerseits Einsicht (oder täuscht sie vor) und reklamiert andererseits angesichts seines eingesehenen Fehltritts Nachsicht. Freilich lassen sich nicht alle Betrogenen so aufs Glatteis führen.

Scheingefecht 3: Moralisch aufrechnen

Im Laufe langjähriger Beziehung sammeln sich ganz von selbst ungute Geschichten an, unfaires Verhalten, kleinere Gemeinheiten oder größere Fauxpas. Das eignet sich für den untreuen Partner als argumentative Munition, um zu beweisen, dass der andere ja auch keine weiße Partnerschaftsweste hat. Damit versucht er, die eigene Schuld zu relativieren – nach dem Motto: Haben wir nicht beide unsere Fehler? Mit dieser Strategie versucht er, die Defensive zu verlassen und den betrogenen Partner auf ein anderes Feld zu locken, auf dem die Verhältnisse gleichberechtigter oder zugunsten des untreuen Partners stehen. Wenn diese Fokusverschiebung als taktisches Manöver eingesetzt wird, löst sie Gegenwehr aus. Aber selbst dann kann sie – taktisch gesehen – erfolgreich sein, einfach weil Scharmützel darüber stattfinden, ob diese Perspektive legitim ist, und so dem untreuen Partner aus der Defensive heraus in eine argumentativ gleichwertige Position verhelfen. Mit anderen Vorzeichen – weniger taktisch motiviert – kann eine ruhige Zwischenbilanzierung der Beziehung, die einen Blick auf das aufgelaufene Sündenregister wirft, produktiv und zukunftsweisend sein.

Scheingefecht 4: Selbstbeschuldigung

Ein auf den ersten Blick nachdenkliches und reflektiertes Beziehungsangebot des untreuen Partners besteht darin, nicht nur die Schuld für die konkrete Untreue zuzugeben, sondern sich in größerem Umfang charakterlich und moralisch selbst zu bezichtigen. Der Trick der Selbstbeschuldigung liegt darin, dass dem anklagenden Partner der Wind aus den Segeln genommen wird. Die Darbietung von Zerknirschung bringt den gekränkten Betrogenen in die ungünstige Lage, dem anderen etwas vorzuwerfen, dessen der sich bereits selbst bezichtigt.

All diese Scheingefechte sind im Affärengeschehen allgegenwärtig. Sie sind menschlich und damit verzeihlich. Aber sie können sich auch einer gleichberechtigten Beziehung als unwürdig erweisen. Und sie können eine große Chance zunichte machen, die sich gerade in der aufgewühlten Gefühlslage einer Affäre bietet: Sich zu trauen, dem anderen seine Angst, seine Sehnsucht, seine Verführbarkeit, seine nackte Seele zuzumuten. Die Verletzung durch eine Affäre ist ein lauter Stopp-Ruf für den partnerschaftlichen Alltag, die Möglichkeiten einer Begegnung eröffnet, die der normale Paarbetrieb nicht bietet.

Bindungsambivalenz oder: Warum das Unerreichbare so attraktiv wirkt

Wer kriegt wen? Und wer verliert? Jenseits aller romantischen Anziehung geht es in Dreiecksbeziehungen auch um Sieg und Niederlage. Zwei rivalisieren um einen Dritten. Im Gegensatz zum Wettkampf im Sport oder auch in Kriegen folgt die Rivalität in der Liebe allerdings in einem entscheidenden Punkt einer anderen Regel: In der Liebe ist derjenige stärker, der weniger will.

Wer weniger will, kann warten, hat Zeit, muss nicht initiativ werden, hat mehr Handlungsspielräume. Und das macht ihn für den Partner attraktiver. Wer mehr will, wer den anderen mehr braucht, ist dagegen unter Zugzwang. Wenn er nicht aktiv wird, passiert nichts. Zumindest muss er das befürchten. Und wenn er aktiv wird, muss er schwer aufpassen, dass nicht genau diese Aktivität zum Beweis seiner Schwäche und er damit für den Partner weniger attraktiv wird. Dieses Gefälle kann bei Außenbeziehungen eine Schlüsselrolle spielen. Sowohl für die Gefühle der Beteiligten wie für ihre Strategie. Es ist ein zutiefst ungerechtes, aber hochwirksames Funktionsprinzip. Und führt dazu, dass die Liebenden diese Ungerechtigkeit empört oder verständnislos anklagen. Als ob es in der Liebe um Gerechtigkeit ginge!

Vorausgesetzt, dass wir es nicht mit einer gelassenen ausbalancierten Außenbeziehung zu tun haben, in der beide Partner nicht mehr wollen, als sie haben, gibt es zwei Situationen:

A. Der gebundene Partner liebt den Außenpartner mehr als umgekehrt.

B. Der Außenpartner liebt den gebundenen Partner mehr als umgekehrt.

Im Fall A ist der Außenpartner in der günstigen Situation. Er kann warten, bis der andere sich entschieden hat. Er muss die Entscheidung nicht herbeizwingen und lebt mit dem Status quo ganz gut. Der gebundene Partner dagegen fühlt sich in der Falle: Ändert er nichts, bleibt ihm der Liebeskummer und seine zerrissene Situation. Trennt er sich, kann er nicht einmal sicher davon ausgehen, dass er dann für seinen Affärenpartner noch genauso attraktiv ist. Er riskiert sogar, plötzlich statt zwei gar keinen Partner mehr zu haben.

Im zweiten Fall B ist der gebundene Partner der Umworbene. Er hat, wenn er es richtig anstellt, zwei Partner, die unterschiedliche Bedürfnisse befriedigen. Mit etwas taktischem Geschick kann er die Vorzüge einer inoffiziellen bigamen Situation nutzen. Und wenn er die Unentschiedenheit gut ertragen kann, hat er keinen Grund, daran etwas zu ändern. Der Außenpartner dagegen ist zwar in der strategisch ungünstigen, dafür emotional eindeutigen Situation: Er hat ein Ziel, für das es sich zu kämpfen lohnt. Zugleich ist aber auch er damit in der Falle: Je mehr er kämpft, desto mehr gefährdet er den komfortablen Status quo des umworbenen Partners. Je mehr er seine Wünsche äußert, desto mehr lädt er den Partner zum Rückzug ein. Das war die Erfahrung von Bettina.

Bettina ist 45 Jahre alt. Sie lebt seit ihrer Scheidung allein, ist beruflich erfolgreich, leidet aber darunter, dass sie kei-

nen adäquaten Partner findet. Vor einiger Zeit hat sie den verheirateten Pierre (52) kennengelernt und mit ihm eine Affäre begonnen, die sich anfangs auf niedriger Flamme bewegt. Äußerlich ist das Arrangement unproblematisch. Pierre lebt mit seiner Familie in einer weit entfernten Stadt. Er ist berufsbedingt viel unterwegs, so dass er in seine mehrtägigen Dienstreisen regelmäßige Treffen mit Bettina einflechten kann. Bettina kam das zunächst entgegen. Sie genoss die emotional, sexuell und geistig belebenden Treffen mit Pierre. Bis sie feststellte, dass sie ihre Wünsche nicht auf dem moderaten Niveau einer gepflegten Affäre halten konnte. Sie wollte mehr, sie sehnte sich nach einer langfristigen Zukunft mit Pierre. Er hatte ihr erzählt, dass die besten Zeiten mit seiner Frau vorbei seien. Sie hätten sich als Paar auseinandergelebt, hätten auch schon lange keinen Sex mehr, seien aber in Bezug auf die Kinder und den familiären Alltag immer noch ein »funktionierendes Team«.

Bettina entnimmt dieser Beschreibung, dass die Ehe brüchig sei. Sie kann sich schwer vorstellen, dass Pierre, den sie als zugewandten, sexuell interessierten Mann kennengelernt hat, sich mit diesem Ehe-Kompromiss noch lange zufriedengeben wird. Sie selbst sehnt sich nach einer festen und dauerhaften Beziehung mit ihm. Sie spricht Pierre auf ihre Wünsche an, mit ihm zusammenzuleben. Vorsichtig, ohne ihn zu drängen. Pierre reagiert zurückhaltend. Er vermeidet eine klare Antwort. Nicht nur an diesem Tag, auch in der Zeit danach. Bettina erklärt es sich daraus, dass er eine schwierige Lebensentscheidung zu treffen hat. Sie glaubt zu wissen, dass er mehr zu ihr als zu seiner Frau hingezogen ist. Aber in der folgenden Zeit kommt er seltener, die Treffen werden kürzer. Sie spürt die Gefahr, ihn zu verlieren, sagt ihm deutlich, wie sehr sie ihn liebt. Und gerät in die Falle, sich immer mehr zu bemühen, je mehr Pierre sich zurückzieht. Schließlich beendet Pierre die Beziehung.

In einer ersten Reaktion ist Bettina enttäuscht, auch

wenn sie das Ende kommen sah. Warum kann dieser Mann so wenig Nähe ertragen, fragt sie sich. Sie fühlt sich benutzt, als emotionale Lückenbüßerin, die so lange gut war, wie sie nichts in Frage stellte, wie sie seine Bedingungen akzeptierte. Wieso hat sie das so lange mitgemacht? Hätte sie die Beziehung selbst beenden sollen, früher schon, als ihre Gefühle noch nicht so intensiv waren? Sie ist traurig, aber sie quält sich nicht lange. Vielmehr gesteht sie sich mit der Zeit selbst ein, dass das Ende absehbar war. Sie war sich des Dilemmas und des Attraktivitätsgefälles auch schon bewusst, als die Beziehung mit Pierre noch bestand. »Vielleicht wäre es klüger gewesen, ›hard to get‹ zu spielen. Aber das widerstrebt mir. Ich mag diese Spielchen nicht. Ich sage, was ich will. Dann kann er doch sagen, was er will. Wir sind schließlich beide erwachsen.«

Sie trauert der Beziehung zwar nach, stellt aber ihr Verhalten nicht in Frage. »Lieber verliere ich ihn, als dass ich ihn mit Tricks und unter falschen Vorzeichen aus der Ehe herausgelockt hätte – falls ich es überhaupt gekonnt hätte.«

Falls sie es gekonnt hätte! Sie hätte es nicht gekonnt. Und so war die Entscheidung, die sie getroffen hat, eine kluge Entscheidung.

Das Leidenschaftsparadox

Sie hat sich aus dem Konflikt befreit, den der amerikanische Paartherapeut Dean C. Delis das »passion paradox«, das »Leidenschaftsparadox«[1] genannt hat. Ein Partner investiert emotional mehr in die Beziehung als der andere. Je mehr der Liebende vom anderen will, desto weniger gibt der zurück. Der

1 Delis & Phillips 2003

eine fühlt sich zurückgestoßen, der andere fühlt sich bedrängt. Wie funktioniert das, und warum funktioniert das so?

Verliebtheit und Liebe sind starke Gefühle, zu denen man sich nicht aktiv entscheidet, sondern die einen ergreifen und die sich kaum kontrollieren und steuern lassen. Darin liegt ihre einzigartige Faszination, genau das kann aber auch zum Problem werden. Der damit verbundene Kontrollverlust wird so lange als wunderbare Verschmelzung erlebt, wie er beidseitig ist. Er macht aber Angst, wenn die Verliebtheit einseitig ist. Und nicht nur das. Für den Liebenden ist es auch kränkend: Ich richte meine ganzen Sehnsüchte und Wünsche auf den anderen, schenke ihm mein Herz – und es kommt so wenig zurück. Deshalb versucht der unterlegene Partner (also derjenige, der mehr liebt), emotionale Kontrolle über die geliebte Person zu bekommen, um keine Angst vor Zurückweisung haben zu müssen. Er fragt nach Liebesgeständnissen, fordert Liebesbeweise, klagt Zuwendung ein, ist eifersüchtig, beginnt aufzurechnen.

Aber genau dieser Versuch, ein Geständnis zu erzwingen, wird zu dem Problem, für dessen Lösung er gehalten wird. Der umworbene Partner wehrt sich gegen den Versuch, mit dem seine Liebe erzwungen werden soll. So kommt der mehr Liebende in die ungewollte Lage, die Liebe des anderen – die sich ihm spontan und von selbst offenbaren soll – forcieren zu müssen. Aus der Sicht des Werbenden ist sein Verhalten kein Kontrollversuch. Das ist das Letzte, was er – jedenfalls bewusst – will. Denn dann würde der andere ja nur seinem Drängen nachgeben und gewissermaßen fremdbestimmt lieben – nach dem makabren Motto: »Na gut, dann liebe ich dich halt, wenn du es unbedingt willst.« Genau das aber wäre die Karikatur eines Liebesbekenntnisses. Was zählt, ist Wahrhaftigkeit. Dass sich der Umworbene von sich aus zu ihrer Liebe bekennt und das auch wirklich so meint.

So mündet der Wunsch nach einer wahrhaftigen Antwort in den unglücklichen Versuch, den anderen zu dieser zu drängen, ohne ihn zu drängen. Und je drängender der Wunsch gezeigt wird, desto wahrscheinlicher wird es, dass er nicht erfüllt wird. Eine paradoxe Situation, in der der Werbende auch dann verliert, wenn er gewinnt.

Ambivalente Liebe

Auf den ersten Blick könnte man den Eindruck haben, dass hier der eine Partner liebt und der andere sich lieben lässt. In der Tat gibt es solche komplementären Liebesverhältnisse, die im zugespitzten Fall darauf hinauslaufen, dass der unterlegene Partner um Liebe bettelt, und der überlegene sich gelegentlich dazu herablässt, kleinere Liebesalmosen herzugeben in Form von Zeit, Sex, Worten, Zuwendungsgeschenken. Mit der Folge, dass sich der um Liebesbeweise winselnde unterlegene Partner bestätigt sieht in seiner Hoffnung, da könnte noch mehr drin sein.

Natürlich gehören zwei Akteure zu diesem Spiel. Und oft sind sie sich ähnlicher, als es aussieht. Das wird verständlich, wenn man eine Dynamik berücksichtigt, die ganz besonders bei Affären eine zentrale Rolle spielt: die Bindungsambivalenz. Die gegensätzlichen Wünsche, sich an jemanden zu binden und zugleich autonom zu bleiben, die in jedem Menschen lebendig sind, finden in einer außerpartnerschaftlichen Affäre eine perfekte Bühne. Warum verliebe ich mich ausgerechnet in jemanden, der gebunden ist? Warum lasse ich mich, obwohl ich in meiner Ehe einigermaßen zufrieden bin, auf eine Affäre ein? Warum hänge ich an jemandem, der nicht zu haben ist? Nicht, weil er oder sie so besonders ist, sondern weil seine Lebenssituation es mir ermöglicht, eine Seite meiner Ambivalenz zu leben, die sonst nicht zur Geltung käme: Meine Lust, mich hinzugeben, kann gerade dann zur vollen Blüte kommen, wenn ich mich sowieso nicht in der Person verlieren kann, weil sie nicht oder nicht ganz zu haben ist. Und so wird oft genau das beklagt, was doch gerade Voraussetzung für die hingebungsvollste Sehnsucht ist: die Unerreichbarkeit des gebundenen Partners.

Kollusive Leidenschaft

Der Schweizer Paartherapeut Jürg Willi hat mit seinem Kollusionskonzept[1] eine plausible Erklärung dafür gefunden, warum Partner in ein aufgeladenes und belastendes Konfliktdrama hineingeraten, bei dem sich der Außenstehende fragt, warum sie es nicht besser bleiben lassen. Die beiden Partner scheinen mit ihren Bedürfnissen und Gefühlen weit voneinander entfernt zu sein und nicht zusammenzupassen. Sie will Nähe, er grenzt sich ab. Er will mehr Sex, ihr ist das oft zu viel. Und im Fall von Affären: Der gebundene Partner macht sich rar gegenüber dem Außenpartner, der sich viel mehr Begegnungen und viel mehr Intensität wünscht. Auf den ersten Blick hat man den Eindruck: Dieses Paar passt doch nicht zusammen.

Das Kollusionskonzept sagt: Hinter der scheinbaren Gegensätzlichkeit der Motive steckt eine Gemeinsamkeit, die allerdings den beiden Partnern nicht bewusst ist. Beide haben einen ähnlich ungelösten Konflikt, und diese Ähnlichkeit ist es, die sie füreinander so anziehend macht. Zum Beispiel haben beide in Bezug darauf, wie sie ihre sexuelle Leidenschaft leben, eine ambivalente Motivlage: Sie wollen sie einerseits leben, andererseits haben sie auch Angst davor und vermeiden es. Nun lösen die Partner den Konflikt in der Form, dass sie die beiden ambivalenten Seiten, die jeder individuell hat, so aufteilen, dass jeder der Partner eine Seite der Ambivalenz über-

1 Willi 1977

115

nimmt, sie intensiv erlebt und zum Ausdruck bringt. Sie tun dies, indem ein Liebender jeweils einen Part übernimmt und sich am Gegenpart des anderen abarbeitet. Die andere Seite sieht er beim Partner und erlebt sie dort als bedrohlich.

So lässt sich auch Bettinas Affäre mit Pierre lesen. Bettina erlebt sich als leidenschaftlich und bindungswillig, sucht sich für diesen Wunsch aber ausgerechnet einen Mann, der dafür nicht oder nur begrenzt zur Verfügung steht. Das Kollusionsmodell würde das so erklären, dass Bettina selbst zwiegespaltener ist, als sie sich selbst eingesteht. Und dass sie aufgrund ihrer Ambivalenz die Partnerwahl so angelegt hat, dass ihr Wunsch scheitern muss.

Bindungsambivalenz ist keine Störung, kein Symptom, keine krankheitswertige Funktionsbehinderung. Aber der Stoff, aus dem Beziehungsdramen gemacht sind. Die Dramaturgie der Bindungsambivalenz braucht zwei Komponenten: Leidenschaft und Begrenzung. Und sie werden mit verteilten Rollen gespielt. Einer zeigt die Bindungswünsche, der andere grenzt sich ab. Beide bedingen und beleben sich gegenseitig.

Der gefühlte Marktwert

Damit sind wir bei einem besonders heiklen Thema der Partnerwahl und der Partnerbindung. Anziehung und Bindungswünsche können nicht nur im Binnenverhältnis einer Beziehung ungleich sein. Auch auf dem Partnermarkt der Singles, der Noch-Gebundenen, der Beziehungsstreuner, der Bindungssuchenden, der Flirtenden sind die Erfolgschancen alles andere als gleich verteilt. Hier verbinden sich die Gesetze der Wirtschaft und der Biologie oftmals zu einer ungerechten und unfairen Mischung. Während die einen mehr Möglichkeiten haben, als sie nutzen können, bemühen sich andere nach Kräften und bleiben erfolglos. Der Erfolg geht dorthin, wo er bereits ist. Und er ignoriert die Bedürfnisse derer, die ihn sich sehnlichst erhoffen.

In einer Analyse des Partnersuche-Forums Parship[1] zeigt sich, dass es wenige, nicht besonders überraschende Regeln für den eigenen Marktwert gibt: Attraktiv sind beruflich erfolgreiche Männer, die intelligent sind und Humor haben. Und Frauen sind attraktiv, wenn sie gut aussehen, einen Beruf (oder geerbt) und nicht bereits zu viele Kinder haben. Vom Marktwert zu sprechen mag kalt und inhuman klingen, aber das liegt am Sachverhalt, nicht am Wort: Die Chancen sind ungleich verteilt.

Die Statistiken, die uns soziologische und soziobiologische Studien zu dieser Frage liefern, sind zwar insoweit objektiv, als sie Aussagen machen, die im Durchschnitt gültig sind und individuelle Besonderheiten nicht weiter berücksichtigen. Für den Einzelfall sind sie nur begrenzt brauchbar. Gleichwohl gibt es so etwas wie einen »gefühlten Marktwert«. Und der ist viel bedeutsamer als objektive Kriterien. Insbesondere ist er in einer Dreiecksbeziehung von großer Bedeutung für die Beteiligten, die fürchten, als Verlierer aus dem Geschehen hervorzugehen und allein übrig zu bleiben, und die deshalb besonders um die Beziehung zittern.

Sehnsucht und Macht

Von Adorno stammt das schöne Zitat: »Liebe heißt Schwäche zu zeigen, ohne Stärke zu provozieren.« Das gilt, solange die Liebe lebt, solange die Schwäche liebenswert ist, solange Innigkeit die Grenzen zwischen den Partnern weich und die Interessen gleich macht. Gerät aber die Liebe ins Wanken, wird die Sehnsucht nicht mehr so klar geteilt, sind die Gefühle nicht

1 Single- und Partnerstudie 2005 und 2008. www.parship.de

mehr dieselben, zieht sich einer von den Dreien zurück oder fordert eine Entscheidung – gerät also die Dynamik einer Dreieckskonstellation richtig in Bewegung –, kommen zwischen den Partnern Mechanismen zum Tragen, die alles andere als lustig sind. Machtmechanismen: Wer ist stärker? Wer hat welche Karten? Wer gerät in die Verliererposition? Das ist traurig und tut weh nach Zeiten der Intimität, der Verschmelzung und des Rausches. Es sind kalte Gesetze der Macht, die sich plötzlich und erbarmungslos hinter einer heißen Beziehung zeigen. Aber umso ratsamer ist es, sie sich vor Augen zu führen, um ihnen nicht ganz ausgeliefert zu sein.

Wer Angst vor dem Alleinsein hat, ist schwächer

Wer liebt und sich geliebt weiß, braucht keine Angst vor dem Alleinsein zu haben. Wer aber diese Angst spürt, kann nur schwer souverän handeln. Hat jemand Angst vor dem Verlassenwerden, braucht er den Partner, der ihn zu verlassen droht, umso mehr.

Wer weniger will, ist mächtiger

Das heißt auch: Der Partner, der sich trennen will, ist stärker als der, der bleiben will. Eine besonders ungerechte, aber wirksame Regel. Sie wird dem, der weniger will, häufig zum Vorwurf gemacht. Nutzloserweise. Er kann gar nichts dafür, dass er mächtiger ist. Mit dem emotionalen Rückzug wird er es von selbst, ohne es zu wollen.

Wer Bedürftigkeit zeigt, wirkt unattraktiv –
außer auf Sadisten

»Ich brauche dich« gehört zum Grundvokabular der Liebenden. Nichts ist schöner, als das zu sagen oder zu hören. Im Zustand gleichwertiger Liebe ist das ein wunderbares Gefühl für beide Seiten. Sobald aber die Beziehung in Bewegung gerät, wird die Bedürftigkeit zur unattraktiven Schwäche.

118

Autonomie ist attraktiv

Wer sich auf eigene Ressourcen und ein gutes Selbstwertgefühl stützen kann, ist attraktiv. Und von jemandem umworben und begehrt zu werden, der auch ohne mich gut leben könnte, macht mich auch wertvoll.

Klammern führt zur Distanzierung

Wer dem Partner zu viel Nähe aufzwängen möchte, wen die Sehnsucht dazu bringt, ein Überangebot an Gemeinsamkeit zu machen, kann es leicht erleben, dass dem Partner das zu viel des Guten ist und dass er sich zurückzieht. Die Beziehungswünsche des Partners, der sich zurückzieht, werden dadurch schnell unsichtbar.

Wer sich dem Rivalen unterlegen fühlt, wird verlieren

Manche Fragen sind nicht einvernehmlich zu lösen. Und so geht es in Dreiecksbeziehungen eben darum, wer den Umworbenen kriegt beziehungsweise behält. In der Rivalität fahren beide Seiten schwere Geschütze auf. Wer sich dem Rivalen gewachsen oder überlegen fühlt, gewinnt zwar noch lange nicht den begehrten Partner. Aber er verliert dabei wenigstens nicht seine Selbstachtung.

Reisende kann man nicht aufhalten

Auch Ambivalenzen ändern sich. Wenn im Verlauf einer ambivalenten Bindung Distanzierungswünsche zunehmen, ist der Partner meistens nicht mehr aufzuhalten. Die Beschwörung der guten alten Zeiten und die Trauer darüber, dass es in der Vergangenheit schöne Zeiten gab, haben kaum Einfluss auf die Entscheidungen in der Gegenwart. Wer gehen will, wird gehen. Früher oder später.

Diese Gesetze könnten einen auf den Gedanken bringen, ihnen nicht nur ins Auge zu sehen, sondern sie im eigenen Interesse zu nutzen. Aber solche taktischen Beziehungsspiele können schiefgehen: Wer vorgibt, den Partner nicht zu brauchen, um den Partner in seine Nähe zu locken, könnte ihn schneller brauchen, als ihm lieb ist. Wer »hard to get« spielt, um sich attraktiv zu machen, könnte leicht unattraktiv wirken.

Und: Die Gesetze des Partnermarktes sind ungerecht. Auf dem Markt herrschen die Gesetze von Angebot und Nachfrage. Es werden die Erfolgreichen, die Attraktiven, die Jungen, die Autonomen bevorzugt. Und das kann dazu führen, dass sich jemand trotz – oder wegen – aller Bemühungen als Verlierer auf dem Partnermarkt sieht. So beschrieben viele autonome, kluge, attraktive, finanziell unabhängige Frauen mittleren Alters, die einen neuen Partner suchen, die Lage gerade dann als kritisch, wenn sie nicht unter ihrem Niveau suchen wollen: »Die Guten sind alle gebunden. Und wer frei ist, mit dem stimmt meistens etwas nicht.« Ein solcher Glaubenssatz des Misserfolgs bestätigt sich leicht selbst. Aber das Spiel ist erst zu Ende, wenn man es aufgibt.

Das Leben geht so oder so weiter, ob es einem gefällt oder nicht. Dass wir in einer Zeit häufiger Übergänge leben, in einer Zeit, in der Trennungen und neue Bindungen der Normalfall sind, erhöht nicht nur die Bindungsrisiken, sondern auch die Chancen. Und mutet uns die Zeiten dazwischen zu, in denen Sehnsucht und nicht die Befriedigung das intensivste Gefühl ist.

Wohin, ihr? – Nirgend hin. – Von
wem davon? – Von allen.

Bertolt Brecht

Die Nische – und der offene Ausgang

Die beiden Affärenpartner haben sich ihre Nische eingerichtet. Improvisiert vielleicht nur, aber geschützt durch Geheimhaltung und abgegrenzt von der unwissenden Außenwelt. Vielleicht ist die Affäre auch schon herausgekommen, dann ist die Geheimhaltung noch wichtiger. Was ist das für ein Leben in der Nische? Was tun die beiden Nischenbewohner, die diesen Platz immer nur kurzfristig aufsuchen? Vögeln, kindisch sein, eine gute Zeit miteinander haben. Richtig lachen, richtig ernst sein. Intensiv leben.

Just now! steht über der Tür zur Nische. Das Paradies des Hier-und-Jetzt ist eines auf Zeit – so die einfachste und schönste Nischen-Philosophie. Besonders für diejenigen, die nicht nach der Zukunft gefragt werden wollen. Das Hier-und-Jetzt-Prinzip funktioniert am besten, wenn beide Partner in einer vergleichbaren Situation sind. Am besten geht es, wenn beide verheiratet oder fest liiert sind, sich etwas langweilen, aber die feste Bindung nicht aufgeben wollen. Die Nische ist dann ein wunderbarer Ausgleich, der sogar den jeweiligen Ehen guttun kann. Statt dem Ehepartner die treue Langeweile vorzuwerfen, kommt man gut gelaunt von gelegentlichen Ausflügen zurück. Das ist der entspannte, der symmetrische Fall.

Rolf und Heike leben so etwas. Ihre Familien kennen sich flüchtig, wohnen in derselben Stadt. Irgendwann hat sich aus einer beschwipsten Knutscherei ein sexuelles Techtel-

mechtel ergeben. Sie verabreden sich in Heikes Wochenend-
haus, wenn ihr Mann auf Geschäftsreise ist. Beide, Heike
wie Rolf, gehen davon aus, dass Heikes erfolgreicher und
weltgewandter Mann sich bei seinen Reisen auch Abenteuer
gönnt. Das erleichtert beide. Rolf witzelt sogar: »Ich tue
ihm eigentlich einen Gefallen, ohne dass er es weiß. Er darf
ein gutes Gewissen haben.« Nicht ganz so entspannt ist der
Blick der beiden auf Rolfs Frau, die ihm vermutlich treu ist.
Sie ist bei einer humanitären Organisation aktiv, was Rolf
und Heike bewundern. Mit etwas, aber nur etwas schlech-
tem Gewissen nutzen sie die zeitlichen Lücken, wenn Rolfs
Frau für ihre Organisation auswärts aktiv ist.

Beide haben Respekt vor dem Partner des anderen. Beide
schätzen und schützen die Ehe des anderen. Das zeigt sich
auch darin, dass keiner über den Ehepartner oder familiäre
Probleme klagt. Obwohl beide Familien indirekte Kontakte
über den weiteren Bekanntenkreis haben, meiden Rolf und
Heike, sich zusammen mit ihren Partnern zu begegnen. Als
nach zwei Jahren Rolfs Frau krank wird, sagt er Heike, dass
er sich in dieser Situation bei ihren Treffen nicht mehr wohl
fühle, und zieht sich zurück. Sie telefonieren gelegentlich,
haben aber keinen sexuellen Kontakt mehr.

Respektvoller Betrug. Geht das? Ja, Rolf und Heike sind ein
gelungenes Beispiel dafür. Beide führen gute Ehen mit Partnern, die nie als Grund dafür herhalten mussten, dass Heike
und Rolf sich aufeinander eingelassen haben. Warum dann die
Affäre? Es gibt keinen einzelnen zwingenden Grund. Sie waren nicht brennend verliebt. Sie gefielen einander. Es gab eine
Gelegenheit. Sie hatten gute Zeiten miteinander. Und wenige
Gründe, es nicht zu tun.

Weder die große Leidenschaft noch die Flucht aus einer
defizitären Ehe waren die Basis dieser moderaten und freund-
schaftlichen Affäre. Dadurch kamen die Ehepartner auch nicht
weiter in den Blick der beiden. Es gab keine Klagen über die

Ehen. Dass beide Respekt vor den jeweiligen Ehepartnern hatten, war kein Grund, die Affäre aufzugeben oder erst gar nicht zu beginnen. Es war aber eine wichtige Voraussetzung nicht nur für den loyalen Ablauf, sondern auch dafür, dass Heike die Krankheit von Rolfs Frau als existentieller bewertete als die Fortsetzung der Affäre.

Linda ist nach der lange zurückliegenden Trennung von ihrem Mann mit ihrer Tochter allein geblieben. Sie hat einen sehr befriedigenden Beruf und versteht sich ausgezeichnet mit ihrer Tochter. Vor drei Jahren hat sie sich in einen verheirateten Mann, Jo, verliebt. Ihn trifft sie in größeren Abständen, verbringt mit ihm unterhaltsame Abende mit guten Gesprächen und ebenso gutem Sex. Ihren aufkeimenden Wunsch, ihn für sich zu haben, vielleicht gar mit ihm zusammenzuleben, hat sie aufgegeben, nachdem der Mann ihr deutlich machte, dass er nicht daran denke, seine Familie zu verlassen. Sie ahnt, dass dieser Mann außer ihr noch andere Geliebte hat, vermeidet aber, ihn danach zu fragen, und will es auch nicht wissen. Seine Frau kennt sie nicht. Jo spricht nicht über sie, und Linda fragt nicht nach ihr.

Eine besorgte Freundin, die sie gerne wieder in festen Händen sähe, bemüht sich, sie mit einem alleinstehenden Bekannten zu vermitteln, den Linda zwar sympathisch, aber wenig interessant findet. Sie sagt ihr: »Ich bin lieber die Zweitfrau eines interessanten Mannes als die Erstfrau eines Durchschnittsmannes.« Die Freundin wirft ihr Arroganz vor und meint, Partnerschaften seien eben unvollkommen. Das müsse man akzeptieren. Linda widerspricht nicht, wendet aber ein: »Ich brauche keinen Partner um jeden Preis. Warum soll ich mich in eine unvollkommene Partnerschaft begeben, wenn ich eine perfekte heimliche Affäre habe.«

Auch Linda zeigt Respekt vor der Frau ihres Geliebten. Der Respekt ist abstrakt, weil sie die Frau nicht kennt. Trotzdem lässt sie ihr den ersten Platz, lässt gelten, dass sie keinen Anspruch – und keine Chance – auf diesen Platz hat, und bejaht diese Position. Nicht frustriert. Akzeptierend. Sie empfindet nicht einmal Neid. Nach zwei Ehejahrzehnten weiß sie, wie wenig entzückend der Alltag einer Ehe sein kann. Sie genießt die Vorzüge der Sonderposition, von der nur sie selbst weiß. Sie ist sich der Begrenztheit ihres Platzes bewusst. Würde sie einmal in Not kommen, krank oder pflegebedürftig werden, könnte sie von Jo nur mit sehr begrenzter Unterstützung rechnen. Ansprüche hätte sie keine.

Linda hat, ebenso wie Heike und Rolf, etwas beachtet, das aus der Geliebten-Sicht maßgeblich ist für den »Erfolg« einer außerehelichen Affäre: Linda und Jo sind zwar Komplizen des Ehebruchs, sie stellen aber die Ehe nicht in Frage, sondern respektieren sie sogar ausdrücklich. Linda, Heike und Rolf sehen sich nicht in der Position des eigentlich besseren Partners, mit dem der andere eine glücklichere Ehe führen könnte. Sie erstreben diese Position auch gar nicht.

Heike und Rolf nicht, weil sie selbst verheiratet sind und wissen, was ihre eigene Ehe ihnen auch wert ist. Sie mag unvollkommen sein, aber gut genug, um sie fortzuführen. Und auch Linda nicht, dazu kennt sie die Position der Ehefrau zu gut aus eigener Erfahrung. Zwar ist sie geschieden, trotzdem schätzt sie Jos Entscheidung, bei seiner Frau zu bleiben. Sie konkurriert nicht mit der Ehefrau, auch wenn sie weiß, dass sie selbst mit Jo intime Momente teilt, die er mit seiner Frau nicht kennt. Aber sie ist selbst eheerfahren genug zu wissen, dass dieser kleine Triumph nicht das große Territorium aufwiegt, das Jo mit seiner Frau teilt.

Grenz-Deklarationen

Sandra ist alleinstehend, »eine freie Frau«, wie sie betont. Ihre Freiheit lebt sie, indem sie sich auf interessante Männer einlässt. Um sich vor Enttäuschungen zu schützen, hat sie sich eine beobachtende, freundlich-ironische Haltung den Männern gegenüber zugelegt. Mit dieser Einstellung kommentiert sie in unserem Gespräch die Männer aus einer distanzierten, aber herzlichen Sicht. Sie erzählt mir, dass die Männer ihr immer erklärt hätten, warum sie fremdgingen. Auch wenn sie danach gar nicht gefragt habe. Aber meist hätten die Männer das schon früh von sich aus zur Sprache gebracht. »Weißt du, in meiner Ehe ist das so …« Sie sei immer daran interessiert gewesen, was ihr die Männer zu erzählen hatten, deshalb habe sie sich auch ihre Legitimationen gern angehört. »Ich brauche das nicht. Aber warum fangen die Männer damit an?«

Offenbar, meint sie, gebe es da so etwas wie einen Rechtfertigungsbedarf, einen unaufgeforderten Impuls, nicht nur eine sexuelle Gelegenheit zu nutzen, sondern die Grenzen zu definieren und den Unterschied zu formulieren.

Nicht immer gelingt das. *Ein paar Wochen später schreibt mir Sandra und bittet mich um Rat: »Ein Adonis gehört zu meinen Liebhabern. Er ist verheiratet und hat zwei Kinder. Er bekommt zu Hause nicht das, was er möchte. Er möchte abenteuerliches ›Bettgeschehen‹… Sie nicht. Wir haben uns vor zwei Jahren kennengelernt und vor einiger Zeit hat es gefunkt. Er lebt weit weg, hat aber immer wieder hier in der Stadt zu tun. Wir gehen dann essen, quatschen usw. Ich bei ihm im Hotel und dann ich nach Hause, das funktioniert. Wir gemeinsam auf zwei bis drei Stunden wohin, geht auch.*

Aber – obwohl er sich beide Male bewusst darauf eingelassen hat – wenn er bei mir bleibt, und wir die ganze Nacht

125

miteinander verbringen, geht es ihm danach gar nicht gut. Seine Erklärung: Wenn ich nachts aufwache, und es liegt nicht meine Frau neben mir, dann ist es verkehrt. Wir – er und ich – sind uns dann zu nahe ... Und er hat eine starke emotionale Bindung zu ihr.

Meine ›Analyse/Hypothese‹: Ich darf die Rolle seiner Frau nicht übernehmen, denn als emotionale Partnerin, Mutter seiner Kinder und Wegbegleiterin will er keine andere Frau als sie. Das ist für ihn der eigentliche Betrug. Das andere ist kein Betrug. Denn das andere gibt sie ihm nicht. Somit ist es gerechtfertigt, wenn er sich das woanders holt ... Tja, was sagst du dazu? Denkst du, ich liege richtig?«

Ich antworte ihr: »*Das ist ein schöner ›Fall‹. Männer machen das manchmal so. Da ist der Adonis nicht so speziell. Sie vertragen die Intimität nicht so gut, nicht so lange. Dann halbieren sie es eben: Bindung hier und Leidenschaft da. So halbiert halten sie das schon besser aus und finden es sogar schön. Für eine Frauenseele, auch eine liebhabererfahrene wie deine, ist das schwer zu verstehen. Und selbst wenn sie es versteht, kann er es kaum glauben, dass sie es versteht, und er schaut betrübt oder abgegrenzt, was in dem Fall sogar dasselbe ist. So etwa erkläre ich mir das. Und so geht das, vermute ich, noch ein paar hundert Jahre.«*

Kurz darauf schreibt Sandra wieder: »*danke dir für deine erklärenden worte. hilft mir, es lockerer und globaler zu sehen. macht die dinge dann etwas leichter!*

ich verstehe es schon (habe ihm sogar – in diesem konkreten fall – vorgeschlagen, dass er nicht bei mir schläft bzw. geht oder ich zu ihm ins hotel komme und dann wieder fahre ...). das was ich nicht verstehe ist, warum für A entscheiden, es durchziehen und dann im nachhinein damit nicht umgehen können? warum dann nicht gleich für B entscheiden? oder ist das vielleicht die noch fehlende erfahrung?

ich versuche die männer zu verstehen, damit umzugehen, wie sie sind, einzugehen auf die bedürfnisse, die sie haben

126

(ich glaube, diese kür habe ich schon raus bzw. wenn nicht, bitte um tipps, bin sehr ehrgeizig, und es macht mir auch sehr viel spass zu verwöhnen ...)

frage dazu allerdings, die mich schon seit geraumer zeit beschäftigt: wie sieht es andersrum aus? versuchen männer uns zu verstehen, können sie auch mit unseren agenden umgehen und leben und auf uns zugehen und kompromisse eingehen, oder sollen wir frauen da den größeren schritt machen? oder merken wir frauen es nicht ... woran würde unsereins es erkennen?«

Meine Antwort: »*Dazu gibt es eine ganz lange oder eine ganz kurze Antwort. Ich versuche die kurze und würde es nüchtern sehen: Wenn sich die Tour eines Mannes für dich nicht lohnt, dann lass fahren dahin. Du bist ja Gott sei Dank nicht aus der Männerumerziehungsfraktion.*

Ich verstehe, dass es eine Lust ist, die unverstehbaren Männer verstehen zu wollen. Sportlich gesehen. Aber warum sollst du dich plagen, wenn's nicht lustig ist ...

Sie schließt die Frage vorläufig ab: »*danke für deine bestätigung. bin selbst auch zu dieser erkenntnis gekommen. ich lasse fahren dahin. gedanke tut gut. lust ist nicht so groß, dass sich die versteh-geschichte lohnt! und du hast recht, es ist nicht witzig.«*

Sandras Affäre mit dem Adonis ist insofern interessant, als sie sich nicht in die Position der klammernden Geliebten begibt, gegen die sich der verheiratete Partner abgrenzen muss. Vielmehr tut dieser sich mit der Abgrenzung schwer, und sie fühlt sich stellvertretend zuständig für das Grenzmanagement. Zuerst, indem sie ihm organisatorische Vorschläge macht, und schließlich, indem sie ihn ziehen lässt.

Und weiter?

Affären kommen irgendwann an den Punkt, an dem sich die Frage stellt, ob alles so bleiben soll, ob es besser ist, Schluss zu machen, oder wie es anders weitergehen soll? Hat die Affäre eine Entwicklungschance, indem es einen qualitativen Sprung gibt zu etwas anderem, etwas Neuem? Oder soll alles so bleiben, wie es ist? Gut ausgelotet auf einem Plateau, mit dem sich leben lässt, dem kein weiterer Höhepunkt mehr folgt. Der Status quo als Dauerzustand. Es gibt solche Konstellationen. Jahre-, jahrzehntelange Dreiecksbeziehungen, die haltbar sind, weil alle Beteiligten etwas davon haben. Dem muss keine Entscheidung vorausgegangen sein. Es hat sich einfach so entwickelt. Wie bei Ernesto, Kristina und Sandor.

Ernesto und Kristina sind ein kinderloses Ehepaar, die beide in anspruchsvollen Berufen in unterschiedlichen Städten arbeiten. In aller Regel sehen sie sich nur am Wochenende, das sie dann meist in ihrem sehr sozial aktiven Freundeskreis gestalten. Kristina hat seit sieben Jahren eine Beziehung mit Sandor, einem geschiedenen Kollegen aus einer benachbarten Abteilung. Ihr Liebesleben hat eine klare zeitliche Ordnung: Am Wochenende ist sie nur mit ihrem Ehemann Ernesto zusammen, während der Woche trifft sie an einem, gelegentlich auch an zwei Tagen Sandor.

Ernesto weiß von dieser Beziehung und duldet sie, will aber nichts Näheres darüber erfahren. Er kennt Sandor, der nicht zum Freundeskreis des Paares gehört, nur flüchtig. Auch Ernesto pflegt an seinem Arbeitsort ein außereheliches Liebesleben. In den sieben Jahren, in denen Kristina mit Sandor zusammen ist, hatte er zwei kürzere Beziehungen, die ihn emotional aber weniger berührten.

Aus der anfänglich mehr verspielt-verliebten Anziehung zwischen Kristina und Sandor hat sich mit der Zeit eine

Beziehung entwickelt, die sich nicht mehr nur als Affäre bezeichnen lässt. Sie sind freundschaftlich verbunden, haben regelmäßig Sex miteinander, besprechen berufliche und politische Fragen intensiv und haben auch Freunde, die von der Beziehung wissen und mit denen sie hin und wieder gemeinsam zu kulturellen Veranstaltungen gehen. Was unterscheidet diese Beziehung von einer »offiziellen« Beziehung? Im inneren, emotionalen Verhältnis zwischen Sandor und Kristina – nichts. Im Vergleich zur Ehe mit Ernesto? Kristina hat eine lange Geschichte mit ihm, sie kennt ihn seit dreißig Jahren, fühlt sich ihm sehr verbunden. Sie hat nie an eine Trennung gedacht. Und sie empfindet auch keine Notwendigkeit, sich für einen der beiden Männer und gegen den anderen zu entscheiden.

Auch für Sandor ist die Dreieckskonstellation ideal. Er selbst grenzt sich lieber ab, braucht viel Zeit für sich allein, die Wochenenden – wenn Kristina mit Ernesto zusammen ist – verbringt er mit seinen Kindern. Und so hat die Beziehung mit Kristina gerade die richtige Dosierung für ihn.

So geht das jahrelang. Nicht ganz ohne Belastung. Obwohl – oder weil – Kristina von sich sagt, sie liebe beide Männer, ist doch die Gesamtsituation für sie auch kräfteraubend. Und bei Sandor kommt immer wieder das Gefühl auf, dass ihm das Ganze zu wenig ist. Er verdrängt dies mit dem Gedanken, dass ihm Kristinas Vitalität, wenn er sie ganz hätte, auch zu viel sein könnte. Aber für beide ist die Beziehung lebbar. Was daran anstrengend ist, nehmen sie eben in Kauf.

Bis Sandor eine Affäre mit Katja, einer jüngeren Frau, beginnt, von der er Kristina auch gleich in Kenntnis setzt. Er hat nicht das Gefühl, Kristina damit zu betrügen – sie hat ja auch zwei Männer. Er fühlt sich sogar erleichtert, weil er nicht mehr all seine Erwartungen auf sie konzentriert. Zu seiner Überraschung reagiert Kristina sehr stark. Für sie wird mit einem Mal die Belastung ihrer Doppelbeziehung, die sie lange gut kompensieren konnte, spürbarer. Sie ent-schließt sich zur Trennung. Sandor, der von der Intensität seiner Affäre mit Katja absorbiert ist, willigt ein. So wird es eine Trennung »im Guten«, auch wenn Kristina noch lange ihrer Liebe Sandor nachtrauert.

Die Vorteile des Status quo ...

Wie geht es weiter? Bleibt das jetzt immer so? Oder kommt noch was? Diese Frage stellt sich meistens für die Geliebte oder den Liebhaber, die – anders als der untreue Partner – nicht zwischen zwei Welten pendeln müssen und es vielleicht auch nicht mehr wollen. Der untreue Partner, der sich nicht entscheiden möchte oder der sich – besser gesagt – entschieden hat, sowohl die eine als auch die andere Beziehung fortzuführen, kann vielleicht ganz gut mit einer ausbalancierten Situation leben. Er hat beides, Ehepartner und Geliebten, nimmt dafür ein paar organisatorische Unpässlichkeiten in Kauf. Das anfangs schlechte Gewissen pendelt sich auf ein alltagsgängiges Niveau ein. Es geht so. Und kann gern so weitergehen. Auch wenn er leidet, auch wenn er hin- und hergerissen ist, auch wenn das aufwendige Oszillieren zwischen zwei Partnern, zwei Orten, zwei Welten energiezehrend ist – der Status quo hat einen großen Vorteil: Alles bleibt offen, keine Möglichkeit wird verworfen. Der untreue Partner muss sich nicht entscheiden. Der Rückweg in die primäre Beziehung ist nicht verschlossen, er hält sich sowohl das familiäre Nest als auch das ehebrecherische Lotterbett warm. Er macht sich nicht der Trennung und ihrer Folgen schuldig. Alles ist noch drin.

Und auch für den Außenpartner kann der Status quo durchaus eine günstige Konstellation darstellen: Er hat keine Abgrenzungsprobleme, weil die durch die äußere Begrenzung erst gar nicht entstehen. Und – das ist angesichts der Kränkung vielleicht am wenigsten offensichtlich – auch für den betrogenen Partner kann die unentschiedene Dreieckssituation von Vorteil sein. Sandors Beziehung mit Kristina ist ein Beispiel dafür. Sehr autonome Geliebte wie Sandor können damit gut und lange leben. Wenn auch nicht für immer. Dass er sich auf Katja eingelassen hat, hat auch damit zu tun, dass er das Ende einer Epoche provozieren wollte, dass auch für ihn der Sprung in eine neue Phase seines Liebeslebens fällig war.

... und der Wendepunkt

Die Sehnsucht will mehr, möchte irgendwann eine Entwicklung feststellen, möchte aus der Schönheit des Hier und Jetzt in eine Zukunft sehen, die eine andere, umfassendere Qualität hat als das Dauerabonnement in der Nische. Und das »irgendwann« kann schnell kommen. So wie bei Eliane.

Sie lernt Rick über eine Internet-Partnerbörse kennen. Eliane ist 51, kinderlos, lebt nach zwei Ehen alleine. Ihre letzte Liebesgeschichte endete in einer unglücklichen Trennung von einem Mann, mit dem sie auch Pläne geschmiedet hatte, neben der Liebes- eine Geschäftspartnerschaft aufzubauen. Rick lebt in einer anderen Stadt, ist drei Jahre älter als sie und unglücklich verheiratet, nachdem seine Frau eine intensive Affäre mit einem anderen Mann begonnen hat. Er will sich aber wegen der Kinder nicht von seiner Frau trennen.

Eliane und Rick verlieben sich. Da er seiner Frau gegenüber nichts verheimlichen muss, können sie sich ohne große Geheimhaltungstricks treffen. Umwege bei Geschäftsreisen und gelegentliche Wochenenden ermöglichen beiden, sich zwar nicht regelmäßig, aber oft genug zu sehen.

Rick ist fasziniert von Eliane. Für ihn ist sie nicht nur die ideale Geliebte, es kommt ihm auch gelegen, dass sie in einer anderen Stadt lebt. So kann er die Liebe vor den Kindern verbergen und muss sich auch Freunden und Arbeitskollegen gegenüber nicht erklären. Für Eliane sieht die Beziehung anders aus. Sie nimmt Ricks Entscheidung, weiter mit seiner Familie zu leben, in Kauf. Aber sie denkt nüchtern an die Zukunft. Und so sucht sie nach drei Monaten das Gespräch: »Du liebst mich. Ich liebe dich. Gut. Was folgt daraus?«

»Das ist doch ein Wert an sich. Für mich muss daraus zunächst noch nichts folgen«, antwortet Rick.

»Für dich nicht. Für mich schon. Deine Kinder sind frühestens in sechs, sieben Jahren aus dem Haus. So lange sollen wir diese vorläufige Situation haben?«

»Warum nicht? Ich will dich. Ich finde, wir haben angesichts der Verhältnisse eine ganz gute Lösung. Ich habe hier in der Nähe oft genug beruflich zu tun. Das ist doch entwicklungsfähig. Und die Kinder brauchen mich mit zunehmendem Alter auch weniger. Das kann sich doch schon vorher mehr entwickeln.«

»Das ist für mich anders. Je älter ich werde, desto mehr ist mir nicht nur emotionale Verlässlichkeit wichtig, sondern auch eine existentielle Verbindlichkeit. Wer ist da, wenn ich krank bin? Auf wen kann ich mich beziehen, wenn ich eine Auftragsflaute habe, wenn ich in Not bin?«

»Aber ich kann dir keine finanzielle Sicherheit anbieten. Da gelten die älteren Verbindlichkeiten meiner Familie gegenüber.«

»Genauso ist es. Und es ist ja auch richtig so. Ich will ja keinen Mann, der mich ernährt oder aushält – eine fürchterliche Vorstellung. Es geht mir um die Frage, wenn es ernst wird, was dann ist.«

Rick versteht. Und verstummt.

Dieses Gespräch ist der Anfang vom Ende dieser Beziehung. Beide vermeiden es, laut auszusprechen, was die Konsequenz ihrer unterschiedlichen Vorstellungen bedeutet. Aber Eliane zieht sich emotional und sexuell zurück. Rick versucht, sie zu halten, muss aber erkennen, dass er ihr genau das nicht anbieten kann, was sie braucht.

Die Beziehung zwischen Rick und Eliane ist insofern typisch, als die beiden sich über eine Frage auseinandersetzen, die häufig den Wendepunkt einer Affäre markiert: Wird es ernst oder bleibt sie in der chronischen Vorläufigkeit? Und der Ernst ist nicht nur ein Ernst der Gefühle. Rick ist es emotional ernst. Er liebt und begehrt Eliane. Aber die Software seiner Gefühle ist nicht mit der Hardware seiner materiellen, faktischen, finanziellen und auch rechtlichen Lage verbunden. Und er möchte beides getrennt lassen. Er bietet Eliane die Software seiner Liebe, seiner Präsenz, seiner Zuwendung. Das genießt und schätzt sie. Sie erwidert es auch. Es reicht ihr aber nicht. Sie will auch die Hardware. Und das nicht irgendwann in ungewisser Zukunft. Das ist dann auch die Bruchstelle ihrer Beziehung.

Ehekontrakt und Geliebtenkontrakt

Den zweiten Platz auf der Rangliste einzunehmen, das ist für viele Außenpartner nur schwer zu akzeptieren. Sie haben keine Rechte, keine Ansprüche. Und das angesichts der gelebten und gefühlten Intimität und Intensität gegenüber dem Geliebten. Im Ernstfall ist der gebundene Geliebte nicht oder nur sehr begrenzt für sie da.

Diese rechtlose Position ist nicht gleich zu erkennen. Der Reiz des Geheimnisses, der erotische Kitzel, die Sonntagsstimmung, der Glanz, der die Nische ausfüllt, der ganze prickelnde Hype lässt die Tatsache in den Hintergrund treten, dass hier zwei ganz unterschiedliche Kontrakte gültig sind. Der Ehekontrakt verpflichtet beide Partner aufeinander, unabhängig von ihren Empfindungen und Launen. Sie bleiben – in guten wie in schlechten Tagen – aneinander gebunden. Der Kontrakt beinhaltet keine Gefühle. Auch wenn die Partner sich nicht mögen, wenn sie sich zerstritten haben, ja, wenn sie sich von Herzen hassen – der Vertrag gilt.

Es ist sogar der eigentliche Sinn des Vertrags, genau dann wirksam und gültig zu sein. Für die guten Zeiten braucht es keinen Vertrag. Dann funktioniert die Unterstützung von selbst. Verträge werden für die schlechten Zeiten gemacht. Rechte muss man nur im Streitfall beanspruchen. Im Einigungsfall braucht man nicht auf sie zu pochen. Man kriegt sie von selbst. Geschenkt. Für verheiratete Partner hat das Ganze eine juristische Form. Für unverheiratet zusammenlebende, öffentlich gebundene Partner gilt der emotionale Vertrag genauso.

Nicht beim heimlichen Paar. Die Nische ist gesetzesfreier Raum. Geliebte haben keine Rechte. Und keine Pflichten. Das hat Vor- und Nachteile. Die Vorteile sind offensichtlich. Dass die Liebe ein Kind der Freiheit ist, spüren frisch Verliebte sowieso. Und wenn der Kontrast der unfreien Ehe dagegen steht, spüren sie es noch viel mehr. Sie können tun und lassen, was sie wollen. Keiner hat Ansprüche. Nichts kann gefordert oder eingeklagt werden. Alles Gegebene ist geschenkt. Das macht die Herzen weit und die Liebe groß. Im Zustand der Freiheit von allen Pflichten zu lieben, ist wundervoll. Aber es ist auch keine Kunst. Es liebt sich von selbst. Und wenn es dann – wie es so schön bedrohlich heißt – ernst wird?

Erliebte Rechte?

Das ist die Bruchstelle vieler Außenbeziehungen. Die Schwelle von der Liebe zum festen Bündnis, die einer der Partner überschreiten möchte und der andere aber nicht. Vom Gesetz der Liebe, der Wahrhaftigkeit im Hier und Jetzt, zum Gesetz des

Bündnisses, das Regeln folgt, die unabhängig vom Hier und Jetzt sind.

Was meint »fest«? Klassischerweise geht es um die Frage: Heiratest du mich? Der Übergang von der Verliebtheit zur Ehe ist die kulturell etablierte Form der Verfestigung des Flüssigen, der Übergang vom Gefühlten, das sich jederzeit wieder ändern kann, zum Einklagbaren, das gilt, auch wenn die Umstände sich ändern. Dabei ist »Heirat« nicht wörtlich, sondern als der Prototyp des Übergangs von der Unverbindlichkeit in die Verbindlichkeit zu verstehen. Das Ja-Wort ist bedingungslos. Es ist das Ende der Unentschiedenheit. Das Ende des Sowohl-als-Auch. Das Ende des Status quo.

Bigamie ist nicht vorgesehen. Nicht nur juristisch, sondern auch kulturell gibt es kein Skript der Dreipersonen-Ehe. Es wird immer eine Haupt- und eine Nebenperson identifiziert. Zwei haben sich gekriegt und einer zieht den Kürzeren. Das Drama der Untreue treibt auf seinen Höhepunkt und damit auf sein Ende zu. Und das kann bitter sein.

Ausgesprochen war es nicht. Aber offensichtlich. Birgit war Achim nicht treu. Achim wusste es, aber da seine Gefühle für Birgit im Lauf der Jahre nachgelassen hatten, war es ihm auch nicht ganz unrecht, dass er sich weniger in der Pflicht fühlen musste. Und Birgit fühlte sich ein bisschen berechtigt, gelegentlich etwas später nach Hause zu kommen. Eine in die Jahre gekommene Ehe also, die die Partner nicht auflösten. Warum auch? Ganz so schlecht war es auch wieder nicht. Bis Achim sich in Doris verliebte, eine aktive und erfolgreiche Frau. Richtig verliebte. So sehr, dass er sich nun doch überlegte, sich von Birgit zu trennen. Für Doris war Achim der Mann ihres Lebens. Mit ihm wollte sie leben. Birgit war alarmiert. So hatte sie sich das nicht vorgestellt. Sie begann, um ihre Ehe zu kämpfen. Mitten in den Konflikt hinein kam die Diagnose. Achim hatte Darmkrebs in einem bereits fortgeschrittenen Stadium.

Für Birgit war der Spaß mit ihren Männergeschichten vorbei. Jetzt war Ernstfall. Ihr war klar, dass sie sich jetzt um Achim kümmern musste. Doris sah das allerdings ähnlich. Jetzt wurde ihre Liebe zu Achim geprüft. Sie würde sich nicht von dem geliebten Mann zurückziehen. Jetzt, wo er sie mehr als je brauchte. Sie sorgte dafür, dass er in ein Krankenhaus ihrer Wahl kam, erkundigte sich nach den besten Behandlungsmöglichkeiten.

Birgit war außer sich. Was erlaubte sich diese Frau? Aber was sollte sie sagen? Hatte sie sich nicht auch selbst zuzuschreiben, dass Achim sich von ihr wegbewegt hatte? Aber das war doch Schnee von gestern. Achim war ihr Mann. Doch der Ansicht war Doris auch. Und sie ließ sich nicht beeindrucken. Schon gar nicht, weil Birgit den direkten Kontakt zu ihr vermied und den schwerkranken Achim drängte, Klarheit zu schaffen. Achim, der schon als gesunder Mann konfliktscheu war, verweigerte die Entscheidung.

Über eine verschwörerische indirekte Kommunikation über Achims loyale Schwester wurde abgesprochen, wer wann am Krankenbett sein konnte. Bis zum Tod von Achim sahen sich Birgit und Doris nicht. Birgit ließ Doris überbringen, dass sie ihr verbot, zur Beerdigung zu kommen. Doris kam nicht. Aber worauf Birgit nicht vorbereitet war und was sie nicht mehr verhindern konnte: Der größte Kranz am Sarg kam von Doris. »Meiner großen Liebe«. Sichtbar für alle Trauergäste.

Wer liebt, hat recht – Wer verheiratet ist, hat Rechte

Der rituelle Abschied ging für beide Frauen kränkend aus. Doris war ausgeschlossen. Birgit musste die für sie beschämende Präsenz des großen Kranzes ertragen. Zwei Verliererinnen. Bei dem traurigen Showdown an Achims Krankenbett und beim Finale auf der Beerdigung trafen zwei Prinzipien aufeinander: die Legitimität der Liebe und die Legalität der Ehe.

Wer liebt, hat recht. Das war die tief empfundene Rechtfertigung von Doris, die sie umso stärker fühlte, als sie wusste, dass diese Liebe gegenseitig war. Auf seinem Totenbett hatte ihr Achim noch gesagt, sie sei die Liebe seines Lebens. Und er meinte es auch. Und was zählte, war doch die Stimme des Herzens, nicht des Gesetzes. Achim war ihr Mann ...

Birgit hatte das Recht auf ihrer Seite. Auch wenn sie Achim nicht treu war, sie dachte nicht daran, die Ehe aufzulösen. Die Verbindlichkeit galt, auch unabhängig von der Treue. War sie nicht bei ihm geblieben, hatten sie nicht die Kinder, hatten sie nicht ihr Haus zusammen? Das es nicht so einfach lief zwischen den beiden, war schließlich nicht nur ihre Schuld. Auch eine unglückliche Ehe ist eine Ehe. Achim war ihr Mann ...

Die Bruchstelle

Worum geht es in diesen kritischen Schwellensituationen, in denen ein Partner den Schritt vom Geliebtenkontrakt zum Partnerkontrakt machen will? Mindestens drei Themen spielen eine zentrale Rolle: Rang, Territorialität und Rechte.

Rang: Vom zweiten Platz zum ersten

»Man kann ja mal als Geliebte anfangen und sich dann zur Ehefrau hocharbeiten«, sagte mir eine Frau in einem Gespräch. Was also als Affäre beginnt, soll nicht unbedingt als Affäre weitergehen. Es ist die Startposition in einem Geschehen, das sich erst später als Wettbewerb herausstellt, bei dem es um Sieg und Niederlage, Gewinn und Verlust geht. So ist es durchaus reizvoll, die Beziehung zu einem gebundenen

Partner zu beginnen. Der kurzfristige Triumph liegt immer bei der Geliebten oder beim Liebhaber. Aber auch der beste Liebhaber und die wildeste Geliebte entkommen der Schwerkraft der Gewohnheit nicht. Und der Sex – der fast immer in der Affärenbeziehung besser ist – verliert seine Schlüsselposition. Die Zeit arbeitet nicht zwangsläufig für die Primärbeziehung. Aber gegen die Affäre.

Eine beeindruckend lapidare Bemerkung hörte ich von einer Interviewpartnerin, einer älteren Frau, die schon lange mit den wechselnden Affären ihres Mannes lebt. »Ich kämpfe nicht mehr. Ich warte. Bisher ist er immer wiedergekommen.«

Diese Frau weiß um die Stärke derjenigen, die warten kann. Sie bleibt die stille Siegerin.

Territorialität: »Liebe vergeht – Hektar besteht«

Diese alte Bauernregel drückt das aus, was die Geliebten ahnen, wenn sie den Kontrakt wechseln wollen: Auf die Liebe allein, selbst wenn sie einzigartig, groß und schön ist, ist kein Verlass. Vor allem ist sie nicht einklagbar, wenn sie sich verflüchtigt. Sie hinterlässt keine Spur außer der Erinnerung. Immerhin. Aber sie materialisiert sich nicht.

Die Hardware – »Hektar« – ist sichtbar, materiell. Kinder, Geld, Vermögen, Rechte, Verpflichtungen leben und bestehen unabhängig davon, ob die Liebe noch da ist oder sich verabschiedet hat. Hardware kann Paare quälen und unfrei machen, kann das bedrückende Gefühl entstehen lassen, dass die Beziehung hohl geworden ist und nur äußerlich zusammengehalten wird. Aber genau das kann sie auch durch Krisen retten. Sie kann ein starkes Argument in schwachen Zeiten sein, kann äußere Stabilität bieten, wenn die innere Stabilität wankt oder verloren gegangen ist.

Das spüren manche Paare. Und versuchen, die emotionale

Krise dadurch zu lösen, dass sie neue Verbindlichkeiten schaffen. Kinder zeugen. Ein Haus bauen. Oder ein Feriendomizil im Süden kaufen. Das bindet Aufmerksamkeit und Kräfte und lenkt den Schwerpunkt der Beziehung auf andere Themen. Dass durch diese Verbindlichkeiten neue Probleme entstehen können, ist eine Seite. Aber sie schaffen auch eine neue Gravitation, die die Trennung schwerer macht – und teurer. Wenn die kriselnde Beziehung schon nicht mehr durch die Liebe zusammengehalten wird, so doch wenigstens dadurch, dass der Preis der Trennung höher wird. Und auch das kann eine Beziehung festigen. Schön ist das nicht, aber es kann funktionieren, wenn auch oft zu einem hohen emotionalen Preis.

Rechte

Die Liebesbeziehung regelt sich über freiwillige Gegenseitigkeit. Sie beruht auf der Wahrhaftigkeit der Gefühle. Liebe wird nur als Liebe empfunden, wenn sie »wahr« ist, wenn sie nicht geplant, nicht taktisch, nicht durch andere Motive als sie selbst getragen ist. Das ist ihre Stärke und ihre Schwäche. Da die Liebe sich nur aus sich selbst begründet, lassen sich aus ihr auch keine Rechte ableiten. Weder ist Liebe einklagbar noch ist etwas einklagbar, was aus ihr folgt. Das zeigt sich in der bittersten Weise bei Erbstreitigkeiten. Der verstorbene Mann mag seine Geliebte jahrelang von Herzen und innig geliebt haben, und er mag seiner Ehefrau noch so fremd geworden sein. Das Recht auf das Erbe hat die Ehefrau, nicht die Geliebte. Nicht 50:50, sondern 100:0. Das sind die harten Regeln des Übergangs. Im Indikativ. Aber es gibt auch sanftere Ausklänge – im Konjunktiv.

Die Romantik des Konjunktivs

Jan und Barbara hatten eine über zwei Jahre dauernde Affäre miteinander. Beide leben weiter mit ihren jeweiligen Ehepartnern zusammen. Einige Zeit nach dem Ende ihrer außerehelichen Beziehung, die von gegenseitiger Verliebtheit getragen war, treffen sie sich auf ein Glas Wein und sprechen lange und mit viel Detailverliebtheit über Momente und Erlebnisse ihrer Beziehung. Jan bringt eine Szene ins Gespräch, die ihn beschäftigt hat und über die sie nie zuvor gesprochen hatten.

»Du hast mir mal gesagt, wir könnten genauso gut verheiratet sein, wie du es mit Eric bist. Also wir beide könnten das Paar sein. Und es würde gut gehen. Ich habe damals gedacht, das stimmt. Aber es nicht gesagt, weil ich dachte, wenn wir das beide finden, müssten wir uns eigentlich von unseren Ehepartnern trennen und müssten uns richtig zusammentun.«

»Ich erinnere mich sehr gut. Ich habe das nicht so beiläufig gesagt, sondern es ganz ernst gemeint. Ich hätte nämlich gern mit dir darüber gesponnen, wie das wäre. Es war ja kein Vorschlag, nur eine schöne Idee. Aber als du nicht reagiert hast, dachte ich, du siehst das anders, und war im ersten Moment gekränkt. Dann dachte ich aber, es ist dann auch besser so, dass ich bei Eric bleibe. Und ich glaube, dass du nicht reagiert hast, war dann auch der Anfang vom Ende unserer Geschichte.«

Auch wenn es anders gekommen ist – es hätte auch mit uns wahr werden können. Das schönste, was sich zwei Geliebte zum Abschied sagen können.

Sexuelle Freundschaften

Affären können zu einem Ende kommen, sie können in feste Partnerschaften übergehen – oder sie können zu etwas ganz anderem werden. Zu einer dritten Möglichkeit zwischen allem oder nichts. Die Geschichte zwischen Mara und Alain verlief so.

Alain lebt mit seiner Frau und seinen Kindern zusammen, als er die alleinerziehende Mara kennenlernt und sich in sie verliebt. Zwischen den beiden beginnt eine heiße Affäre, die allerdings von Beginn an ungleiche Voraussetzungen hat. Alain hat viel zu verlieren, seine Frau hätte ihm eine Affäre nicht verziehen. Die Treffen mit Mara sind daher immer limitiert. Es bleiben zeitlich begrenzte Begegnungen. Mara ist frei genug, sich zu verlieben, und tut das auch. Sie nimmt die Begrenzung der Beziehung in Kauf. Allerdings achtet sie darauf, dass ihr Sohn Alain nicht zu Gesicht bekommt, um Nachfragen zu vermeiden.

Mit der Zeit belastet es Mara, dass sich die Beziehung nicht weiterentwickeln kann. Alain lässt keinen Zweifel daran, dass er mit seiner Frau und seiner Familie zusammenbleiben will. Mara ist das auf Dauer zu wenig. Ihr fehlt der tägliche Austausch über ihre Probleme am Arbeitsplatz und über den verhaltensauffälligen Sohn. »Ich brauche einen Mann, der für mich da ist«, bringt sie es Alain gegenüber auf den Punkt. Und wenig später lässt sie dem Bedürfnis auch schon die Tat folgen, indem sie eine Beziehung mit Roger beginnt, einem ganz und gar anderen Typ als Alain. Nicht nur ungebunden, auch bereit, ihr zuzuhören, ihr Arbeit abzunehmen. Der erheblich besser zu ihren Bedürfnissen passende Mann also. Eine parallele Fortsetzung der Affäre mit Alain kommt für sie nicht in Frage. Alain akzeptiert, was sollte er auch tun?

Fünf Jahre später. Alain ist von einem mehrjährigen Aus-landsaufenthalt zurück, hat sich mit seiner Frau auseinan-dergelebt, will die Ehe aber aufrechterhalten. Roger hat sich mittlerweile von Mara getrennt, und sie hat eine Beziehung mit Frank begonnen. Gelegentlich treffen sich Mara und Alain, freundschaftlich, ohne miteinander zu schlafen. Sie zieht aber Alain ins Vertrauen über Schwierigkeiten in ih-rem Verhältnis zu Frank.

Als sie sich von Frank trennt, beginnen Alain und Mara erneut, miteinander zu schlafen, nach sieben Jahren Unter-brechung. Aber diesmal auf der Basis einer ganz anderen Beziehung. Es ist nicht mehr die Leidenschaft wie vor Jah-ren, mehr freundschaftlich, sehr vertraut, aber mit einem Gefühl von Besonderheit. Vor allem die gegenseitigen Er-wartungen haben angenehmen Bodenkontakt. Mehr als je empfindet Mara etwas wie »sexuellen Humor«. Sie kennen ihre jeweiligen Vorlieben und Abneigungen, die sie in expli-ziten SMS-Nachrichten kultivieren. Beide wissen, dass sie ihre sexuelle Beziehung suspendieren würden, sobald Mara sich wieder in eine feste Partnerschaft begeben würde.

Als Alain ihr einmal beim Liebesspiel zuflüstert: »Aber im Altersheim machen wir dann weiter«, kichert Mara zu-stimmend. »Wenn ich dann grade frei bin.« Und sie hat das sichere Gefühl, dass diese Beziehung alle Partnerschaften ihrer Zukunft überdauern wird.

Alain und Mara sind das, was im Englischen »Sex Buddies« genannt wird. Das klingt vordergründig kumpelhafter, als es in dieser Beziehung zugeht. Diese Beziehung als sexuelle Freundschaft zu bezeichnen, trifft es besser. Sie ist verlässlich, lässt dem anderen von Herzen alle Freiheit und Autonomie, fordert nichts, gibt aber viel. Die Bindung besteht in dem ge-meinsamen Zugeständnis von Freiheit.

Mara und Alain haben sich wieder in einer Nische einge-richtet. Aber anders als damals. Mit weniger herzklopfender

Leidenschaft, dafür mit mehr Vertrauen und mit einer großen Gelassenheit, was die Zukunft betrifft. Das unsichere Wissen hat sich mit einem sicheren Gefühl verbunden. Ein Schlüssel zu dieser Freundschaft liegt darin, dass keiner der beiden im Leben des anderen eine Position beansprucht, die jemand anders besetzt. Und auch keiner den anderen in eine solche Position drängt. Für beide ist alles gut so, wie es ist.

Die erfolgreiche Lüge gebiert eine
beunruhigende Freiheit ... Angst vor
Untreue ist Angst vor Sprache.
Adam Phillips

Offenheit und die Moral der Konsequenzen

»Das Fremdgehen ist schon schlimm genug, aber am schlimmsten sind diese ewigen Lügen!« Dieser Satz gehört zu den häu-
figsten Vorwürfen in der Auseinandersetzung mit Außenbeziehungen. Es stimmt: Bei Affären wird gelogen. Und auf der
anderen Seite: Bei Affärenverdacht wird kontrolliert und spio-
niert. Lügen und übergriffige Kontrollen gehören zum Normal-
betrieb im Affärengeschehen.

Privatheit und Vertrauen

Warum wird das Lügen schlimmer erlebt als die sexuelle Untreue? Lügen stellt die Loyalität in Frage. Loyalität setzt auf
Vertrauen, also auf die gefühlte Gewissheit, dass der andere
nicht die Gemeinsamkeit verlässt, nichts gegen meine Interessen unternimmt und zu mir hält. Dieser – meist unausgesprochen gültige – Kontrakt beruht auf Gegenseitigkeit.
Was ich biete, erwarte ich auch vom Partner. Wenn ich ihm
vertraue, unterstelle ich ihm – ohne alles zu wissen –, dass er
im Sinne des Vertrages handelt. Ich kontrolliere ihn aber nicht.
Ich glaube ihm, auch wenn ich nicht alles weiß. Vertrauen er-
übrigt Kontrolle. Sie unterstellt dem Partner gute Motive und

Vertragstreue auch und gerade in Situationen, von denen ich nichts weiß. Vertrauen ist also eine Haltung, mit begrenztem Wissen umzugehen. Und wer vertraut, nimmt die Möglichkeit in Kauf, nicht alle Facetten des Privatlebens des Partners zu kennen. Vertrauen respektiert Privatheit und ist von der Haltung getragen, dass der andere nicht nur mein Partner, sondern auch Individuum mit eigenen Lebensräumen ist. Dieses Akzeptieren von Privatheit ist ein funktionaler Schutz des Partners vor Übergriffen. Es setzt freilich ein Mindestmaß von Autonomie und Angstfreiheit bei beiden Partnern voraus.

Wissen und Kontrolle

Wenn ich dem Partner nicht vertraue, kann ich mich auf begrenztes Wissen nicht verlassen, sondern muss alles wissen. Ich kontrolliere, spioniere, befrage den Partner nicht freundlich interessiert, sondern mit investigativer Strategie. Diese misstrauische Haltung, von einem Partner alles wissen zu wollen, kann nie zur Ruhe kommen. Es könnte ja immer noch ein unbekanntes Detail geben, das sich mir entzieht. Dieses Alles-voneinander-wissen-Wollen kann destruktive Züge annehmen. Wie bei Karla und Jochen.

Beide sind verheiratet, haben aber seit Jahren mit verschiedenen Partnern außereheliche Beziehungen. Sie verlieben sich intensiv ineinander, haben rauschhaften Sex, dessen Intensität sie oft mit Drogen unterstützen. Sie rufen sich bei jeder Gelegenheit an, an manchen Tagen werden hundert SMS gesendet. Und obwohl beide in stundenweisen, manchmal minutenweisen Abständen Kontakt haben, läuft in vielen Anrufen (»Wo bist du grade?«) das Misstrauen mit, der andere könnte sich anderweitig verabreden. Jochen, der die technischen Möglichkeiten kennt, verfolgt ihre E-Mails

und SMS. Karla kontert, indem sie seine Tagesabläufe mi-
nutiös kontrolliert. Als erfahrene Ehebrecher wissen beide,
dass überall Gelegenheiten lauern, und fürchten, der andere
werde sie nutzen, sobald sich eine Möglichkeit bietet. Die
Kombination ihrer partnerintensiven Vorgeschichte und
ihrer ungetrennten Verschmelzungsbeziehung bildet ein ex-
plosives Gemisch. Es explodiert, als Karla herausbekommt,
dass Jochen bei einem Auswärtstermin mit einer Ex-Freun-
din Sex hatte. Sie fällt fluchend und voller Wut über ihn her,
schlägt ihn und beginnt, seine Wohnung zu verwüsten.

Hier wird Offenheit nicht freundlich gegeben, sondern aggressiv gefordert. Dahinter steckt ein ganz archaischer Anspruch:
Ich habe ein Recht auf dich, auf deinen Körper. Du gehörst mir.
Ich darf deine Geheimnisse brechen. Dieser Anspruch kennt
nur noch ein undifferenziertes Wir, keine Grenzen zwischen
Ich und Du, kennt keinen Respekt vor der Individualität und
akzeptiert kein Recht auf Privatheit. Jochen hat bei der Kontrolle von Karlas E-Mails subjektiv noch nicht einmal ein Un-
rechtsbewusstsein. Im Wahnsinn der gefühlten Wir-Einheit, die
nicht mehr Mein und Dein unterscheidet, bewegt er sich sogar
auf heimischem Territorium. Ihr Sexualleben gehört ihm.

Was die beiden als uneingeschränkte Nähe erleben wollen – immer beim andern sein, alles wissen wollen –, wendet
sich zum Negativen. Wenn diese Wünsche den andern völlig
durchsichtig machen wollen, geht das Gefühl für Grenzverlet-
zungen und Übergriffe verloren. Die Idee der vollkommenen
Transparenz kann terroristische Folgen haben. Sie stellt die
Beziehung in ein ständiges Kontroll-Licht und installiert Misstrauen als zentrales Element der Beziehung. So schafft sie das
Problem, das sie beheben möchte: Wer sich derart kontrolliert
fühlt, wehrt sich gegen die Einschränkung seiner Autonomie
und schafft erst recht Geheimnisse, um noch Luft zum Atmen
zu haben.

Sexuelle Untreue und Verrat

Warum werden die Lügen als schlimmer empfunden als das Fremdgehen selbst? In einer Therapiesitzung bringt es Petra so auf den Punkt.

»*Ich hätte es als Schwäche oder als Ausrutscher verstehen können. Und sicher irgendwann auch akzeptieren können, dass es passiert ist. Aber durch das dauernde Lügen hat er eine Mauer um diese Affäre gebaut. Drin war er mit ihr, und draußen war ich. Damit ist er irgendwie ihr treu gewesen. Mit ihr – gegen mich.*

Mit dem Sex hat er mich betrogen. Aber durch das Lügen hat er mich verraten. Eine einzelne Notlüge hätte ich ja noch ertragen. Aber das wurde mit der Zeit ein ganzes Lügengebäude, das er da gezimmert hat. Das ist es, was ich ihm nicht verzeihe.«

Die sexuelle Untreue hat Petra als kränkend erlebt. Aber sie hat sich eine Bewertung zugelegt, mit der sie hätte leben können. Sie hätte die Affäre nachsichtig als Charakterschwäche des Mannes genommen, die nicht unbedingt gegen sie gerichtet sein müsste. Eine Bewertung, mit der sie ihren Stolz gewahrt hätte und mit der sie sich – für sie durchaus heilsam – über ihren Mann Ronald gesetzt hätte.

Anders die Lügen. Sie hat sie als feindselig empfunden, als Schutzwall für die Affäre, für die andere Frau. Indem er ihn aufbaut, verbündet sich Ronald mit der anderen Frau gegen sie. Beide haben ein Geheimnis, das sie, die Ehefrau, ausschließt. Nicht durch die sexuelle Begegnung, sondern erst durch das geteilte Geheimnis wird für Petra die Untreue zum Verrat, zum Bruch der Loyalität.

Petra ist eine reflektierte Frau. Für sie ist die sexuelle Untreue ihres Mannes noch nicht zwingend ein Verrat, noch kein Bruch der emotionalen Loyalität und des Zusammen-

haltens der Partner durch alle Krisen hindurch. Die sieht sie erst durch das Lügen in Frage gestellt.

Warum lügt Ronald trotzdem? Könnte er es sich nicht einfacher machen und gleich die Wahrheit sagen? Er könnte die Affäre gestehen und damit seiner Frau seine Loyalität bestätigen.

Wenn das so einfach wäre! Aber die drei Beteiligten haben unterschiedliche Interessen, die auch das Lügen in ein ganz unterschiedliches Licht setzen. Aus Petras Sicht wäre es in der Tat eine gute Lösung, die Affäre frühzeitig offenzulegen. Sie wäre zwar verletzt, aber nicht verraten. So könnte sie sich zu der Außenbeziehung verhalten und könnte Konsequenzen ziehen.

Aus Sicht der Geliebten Alina ist das nicht so klar. Solange sie Ronald nicht als eine große Liebe erlebt, solange sie nicht darauf drängt, die bessere Alternative zu sein und Ronald seiner Frau auszuspannen, fährt sie mit dem Geheimnis besser. Sie braucht keine Angriffe der Ehefrau zu befürchten. Ihr Privatleben und insbesondere ihr Sexualleben mit Ronald sind geschützt und unbeobachtet. Damit ist sie nicht nur sicher, sie kann zudem den Triumph genießen, dass Ronald sich mit seinem Lügengebäude aus Ausreden und Verleugnungen darum kümmert, ihr Liebesnest unsichtbar zu machen. Aus Alinas Sicht sind seine Lügen Investitionen und Geschenke an ihr gemeinsames Geheimnis. Liebesbeweise, was sie ihm wert ist.

Ronald als der entscheidende Dritte im Spiel muss sich auf diese beiden Interessenlagen beziehen. Beide Frauen, Ehefrau Petra und Geliebte Alina, erwarten auf ihre Weise ein Bekenntnis. Und damit steckt er in einem massiven moralischen Dilemma. Jenseits der sexuellen Treue, die in diesem Fall nicht im Vordergrund ist, stehen sich zwei Loyalitäts- und Schutzerwartungen gegenüber, die nur schwer unter einen Hut zu bringen sind.

Petra beansprucht, dass er – wenn er sich schon sexuell

149

auf eine andere Frau einlässt – keinen Zweifel aufkommen lässt, dass sie die Nummer eins in seinem Leben ist. Alina erwartet von Ronald, sich so zu verhalten, dass die Besonderheit ihrer Liebesnische geschützt ist. Und das würde er beweisen, indem er – um die gemeinsamen Nische zu sichern – lügt.

Ronald lügt, weil er – wie jeder Lügner – davon ausgeht, dass es nicht herauskommt und dass die Wirklichkeitskonstruktion, die mit den Lügen aufgebaut wird, den Status quo sichert, mit dem er gut leben kann.

Varianten der Geheimhaltung

Bisher haben wir zwischen verschiedenen Geheimhaltungsstrategien nicht weiter differenziert. Ob wir es dabei mit dem – gegenseitig akzeptierten – Schutz von Privatheit zu tun haben, oder mit der einseitig aufgebauten Mauer eines Geheimnisses, macht moralisch durchaus einen Unterschied. Welches Verständnis haben die beiden Partner davon, wie vollständig sie sich über ihr jeweiliges Leben informieren? Darf es ein »Privatleben neben der Ehe« geben? Habe ich ein Recht darauf, alles von meinem Partner zu erfahren? Und habe ich die Pflicht, alles mitzuteilen?

Dabei ist es nicht ohne Bedeutung, wie das Geheimnis geschützt wird, durch Verschweigen, durch Leugnen oder durch aktives Lügen.

Verschweigen

Es wahrt das Geheimnis, indem so getan wird, als gebe es nichts zu berichten. Verschweigen erfordert Stil, Diskretion und Respekt. In Partnerschaften, die Privatheit gelten lassen, die eine Kultur des vertrauensvollen Nichtwissens entwickelt haben, wird das Verschweigen von beiden Partnern getragen.

Das ist freilich anspruchsvoll. Es erfordert nicht nur die Diskretion des Verschweigenden, sondern auch die Größe des andern Partners, auf das Nachfragen zu verzichten.

In einem Seminar für Paartherapeuten befragte ich die Teilnehmer, welche Moral sie in Bezug auf die Frage vertreten, ob und wann Seitensprünge dem Partner mitgeteilt werden sollten. Die große Mehrheit lehnte eine Moral der generellen Offenheit ab. Offenheit sahen die meisten nur als relativen Wert. Erst wenn die Affäre die Beziehung gefährde, müsse man sie dem Partner mitteilen. Das sei man ihm schuldig, damit er sich auf die drohende Gefahr einstellen könne. Ansonsten sei es die Verantwortung des untreuen Partners, mit seinen Gefühlen umzugehen.

Leugnen

Wer etwas Zutreffendes bestreitet, verschweigt nicht nur, er lügt auf eine passive Weise. Er behauptet nicht aktiv etwas falsches, sondern streitet etwas Richtiges ab. Im Affärengeschehen spielt das Leugnen eine zentrale Rolle, strategisch wie moralisch. Das Leugnen gehört zur Grundausrüstung des untreuen Partners. Nur bei ganz gutgläubigen oder unaufmerksamen Primärpartnern ist das Leugnen überflüssig. Es bezieht sich nicht nur auf das Abstreiten von Sachverhalten, sondern auch von Gefühlen und Bedeutungen.

So spürt der Partner bei länger andauernden Außenbeziehungen, die einen untreuen Partner nicht nur zeitlich, sondern auch emotional beschäftigen, dass der andere absorbiert ist. Er ist mit seinen Gedanken woanders, er hört nicht zu, zieht sich zurück. Es liegt mehr als nahe zu fragen: »Was hast du? Was ist los?« Und die einfache Leugnung liegt auf der Hand: »Nichts.« Oder: »Ich mag jetzt nicht reden.«

Das Bagatellisieren oder Ablenken auf andere, zum Beispiel berufliche Probleme, sind zusätzliche Strategien, um einem genaueren Nachfragen zu entkommen. Erfahrene Leugner geben sogar zu, dass sie etwas beschäftigt, und bieten ein plausibles nahe liegendes Problem an. Damit bestätigen sie die Wahrnehmung des Partners, legen aber für den weiteren Gesprächsverlauf eine ihnen genehmere Spur, die weglenkt von der heiklen Fährte, die der andere gerade aufgenommen hat.

Verschweigen reicht meist nicht. Und Leugnen ist insofern eine einseitige Strategie der Wirklichkeitskonstruktion, als sie dem zweifelnden, misstrauischen oder auch unwissend anteilnehmenden Partner die Initiative überlässt und sich immer in der Warteposition versteckt. Wer sich auf das Leugnen beschränkt, bleibt in der Defensive und nährt eher einen keimenden Verdacht.

Aktiv Lügen

Deshalb kann das aktive Lügen für den untreuen Partner eine interessante Alternative darstellen. Auch wenn es aufwendiger ist als das Leugnen, ist es damit noch keine unmoralischere oder schlimmere Form des Lügens. Sie unterscheidet sich allerdings in einem wesentlichen Punkt vom Leugnen. Sie erfordert mehr Intelligenz und Raffinesse vom Lügner. Wer sich Lügengeschichten konstruiert und dem Partner aufbindet, muss einem Minimum von Qualitätsregeln folgen, ohne die erfundene Wirklichkeiten keine Chance haben:

• Lügengeschichten müssen plausibel sein. Das heißt, sie müssen nachvollziehbar und nicht völlig unwahrscheinlich sein. Allzu viel Kreativität kann der Glaubwürdigkeit schaden.
• Sie müssen erinnert werden. Wer sich auf eine Lüge festgelegt hat, muss dabei bleiben. Auch kleinere Abweichungen von einer Lügengeschichte, die vor drei Monaten glaubhaft erzählt wurde, können den aufmerksamen Zuhörer mehr als wach und misstrauisch machen. Für vergessliche Seitenspringer ist das aktive Lügen ungeeignet. Eine besonders einfältige Version des Lügens versuchte der Mann, der von seiner Freundin auf einen offensichtlichen Widerspruch hin-

gewiesen wurde und ihr antwortete: »Egal, ich bleibe bei meiner Version.«

- Lügengeschichten müssen die Klugheit des Partners mit bedenken. Zu den folgenreichsten Fehlern beim Lügen gehört es, den Partner zu unterschätzen. Das gilt noch viel mehr, wenn dieser bereits Verdacht geschöpft hat. Wenn der Einwand »Hältst du mich für blöd, dir das zu glauben?« kommt, ist es meist schon zu spät.
- Einfache Lügen sind besser als komplizierte. Sie sind besser zu erinnern, wirken nicht verdächtig und fliegen leichter unter dem Radar des kritischen Partners durch.

Die Strategie und auch die Moral des Lügens können sich abrupt ändern, sobald die Affäre auffliegt. Was sich vorher noch als Schutz rechtfertigen und mit improvisiertem Lügen gestalten ließ, muss jetzt neu bewertet werden. Die Flucht nach vorn ins Geständnis kann dann zu einer Erleichterung für alle Beteiligten führen. Lügen, die nicht mehr haltbar sind, wirken peinlich. Für den Lügner, weil er dann nur noch erbärmlich aussieht. Und für den Belogenen, weil er sich jetzt erst recht für dumm verkauft vorkommen muss. Jetzt kann die Offenheit richtig sein, die bei einem andern Wissensstand noch mehr Nach- als Vorteile hatte.

Moralisches Verschweigen und unmoralisches Offenlegen

»Wenn du die Wahrheit nicht aushalten kannst, frage mich lieber nicht. Weil ich es dir sagen würde.«

Diesen Satz sagt Silvie in einer Therapiesitzung, als es um die strittige Frage geht, wie viele Details ihrer außerehelichen Beziehung sie ihrem Mann Hanno sagen soll oder will. Es ist bereits ausgesprochen, dass die Affäre sexuell sehr intensiv war. Hanno quält sich mit Vorstellungen über sexuelle Details und ist hin- und hergerissen zwischen der Hoffnung, er könne sich besser damit auseinandersetzen, wenn er »alles« wisse, und der Angst davor, genau dieses Wissen nicht ertragen zu können.

In der Tat ist der genervte Satz von Silvie ein Versprechen und eine Drohung gleichzeitig. Er bringt eine Güterabwägung auf den Punkt, die in jeder Affäre zu treffen ist, von allen Beteiligten. Diese Güterabwägung stellt dem Gut der Offenheit das Gut des Schutzes gegenüber. Nicht die Wahrheit ist das moralische Kriterium, sondern der Preis der Offenheit.

Das ungefragte Mitteilen einer Affäre, die keine weiteren Konsequenzen für die Primärbeziehung hat, folgt einer fragwürdigen Überlegung. Sie erhebt die unzensierte Offenheit zu einem Gut, das über allen anderen Erwägungen steht. Ein untreuer Partner, der einen für ihn belanglosen Seitensprung beichtet, erzeugt Verwirrung – wie nun mit dem Geständnis umgehen?

Gerald kommt bedrückt von einer Tagung zurück. Auf die Nachfrage seiner Frau Sabine, was mit ihm los sei, sagt er ihr, dass er die letzte Nacht mit einer Kollegin verbracht habe. Es tue ihm leid, er habe auch ein schlechtes Gewissen, aber er wolle wenigstens ehrlich sein. Auf die gekränkte wütende Reaktion von Sabine folgen stundenlange, sich bis in die Nacht hineinziehende Gespräche, wie das passieren konnte und was die Geschichte für ihre Ehe zu bedeuten habe. Ergebnislos. Gerald wiederholt, wie leid es ihm tue und dass er diese weit weg lebende Kollegin nicht mehr sehen werde, Sabine wiederholt, wie verletzt sie ist. Nach einiger Zeit tritt die Geschichte wieder in den Hintergrund. Außer quälenden Diskussionen hat das Geständnis nichts gebracht.

Warum gesteht Gerald überhaupt? Statt Verantwortung für seinen Seitensprung zu übernehmen, spielt er indirekt Sabine eine Mitverantwortung zu. Sie gerät durch sein Geständnis in die Lage, entscheiden zu müssen, ob sie ihm verzeiht, ob sie seine Begründung akzeptiert. Ungewollt bekommt sie den Part zugespielt, ihn von seinem schlechten Gewissen zu befreien. Alles ohne Not. Ein Geständnis wie das von Gerald ist ein Wolf im Schafspelz. Es wird begründet mit der scheinbar harmlos »guten« Intention, offen zu sein. Aber es fügt unter dieser Verkleidung der Partnerin Kränkungen zu, die nicht sein müssen.

Mit der Haltung einer »selektiven Authentizität« hat die Psychotherapeutin Ruth Cohn[1] eine einfache und alltagstaugliche Moral der Offenheit formuliert. Ihr zufolge soll das wahr sein, was ich sage. Es muss aber umgekehrt nicht alles gesagt werden, was wahr ist. Damit lässt sich eine Haltung des selektiven Verschweigens gut begründen.

Was hier für den Primärpartner zutrifft, gilt auch dem oder der Geliebten gegenüber, vielleicht sogar noch mehr. Er muss nicht alles wissen. Er hat ohnehin – solange die Affäre noch geheim ist – einen Wissensvorteil. Wer mehr weiß, ist in der besseren Position. Und gerade deshalb ist es eine Frage des Respektes, dem Affärenpartner nicht noch die Schwächen und Probleme des betrogenen Ehepartners zu erzählen. Es gehört zur hohen Schule des Fremdgehens, den ausgeschlossenen Dritten zu schützen und zu respektieren, gerade angesichts seines Nichtwissens.

Moral der Konsequenz statt Moral der Wahrheit

Die Entscheidung, ein Geheimnis zu wahren, ist nicht nur die Entscheidung des untreuen Partners. Im Wissen darum, dass man sich der Treue des anderen nie ganz sicher sein kann, kön-

---

1 Ruth Cohn ist die Begründerin der themenzentrierten interaktionellen Methode TZI.

155

nen sich Partner eine Einstellung zulegen, die ohne Kontroll-
ideen auskommt und ein gewisses Maß an Nichtwissen tole-
riert. Die Moral der Konsequenzen fragt nach dem möglichen
Schaden, den ein Geständnis gegenüber der Geheimhaltung
anrichten kann.

Das respektvolle Wegsehen

*» Und was wäre, wenn dein Mann es herausfände?« Tom
fragt Britta eher beiläufig, als sie bei einem postkoitalen
Abendessen über das Leben, den Sex und ihre Zukunft
sprechen.*

*Britta zuckt mit den Schultern. »Er würde fragen, was ich
an dir finde, und dann wäre es okay.«*

»Sicher?« Tom ist verwundert.

*»Er will es auch nicht so genau wissen. Er hätte ja auch
jetzt fragen können, wieso ich nach dem Kongress noch eine
Nacht länger wegbleibe. Hat er aber nicht. Und er wird es
auch nicht tun, wenn wir uns morgen Abend sehen.«*

»Und was denkt er sich, wenn er schon nicht fragt?«

*»Ich weiß nicht. Ich glaube, er denkt sich lieber nichts. Er
merkt ja, dass ich da bin, die Kinder nichts vermissen und
ich mich freue, ihn wiederzusehen.«*

*Tom lacht. »Also du freust dich jetzt, dass du mit mir
bist, und morgen, dass du mit ihm bist? Finde ich irgendwie
gut.«*

*»Ja. Ich auch. Das sind doch zwei ganz verschiedene
Sachen. Für unsere Begegnungen stimmt das so. Und was
meinen Mann betrifft, will ich doch auch nicht so genau
wissen, was er im Einzelnen macht. Es gibt da so ein respektvolles Wegsehen.«*

*Tom staunt. »Respektvolles Wegsehen? Also nicht aus
mangelndem Interesse für dich, sondern aus Respekt will er
es nicht wissen ...?«*

*»Genau. Du sagst es. Weißt du, für ihn ist es die zweite
Ehe, für mich auch. Wir wissen, was man falsch machen*

kann. Und wir sind beide sehr auf Autonomie bedacht, brauchen beide viele Freiräume. Und so ersparen wir uns das genaue Nachfragen. Es ist für beide besser so.«

Was Britta als respektvolles Wegsehen bezeichnet, folgt einer Moral der Konsequenzen. Es ist eine kluge Haltung, die ohne kontrollierendes Verhalten auskommt. Sie hat mit ihrem Mann ein unausgesprochenes Bündnis, das die Möglichkeit in Kauf nimmt, dass beide Partner sich auf erotische Begegnungen außerhalb der Ehe einlassen. Ihr – ebenfalls unausgesprochenes – Verständnis ist, dass diese Großzügigkeit ihrer Beziehung besser tut als die sexuelle Treue. Das Bündnis zwischen ihr und ihrem Mann ist durch die Tolerierung der sexuellen Untreue – das respektvolle Wegsehen – stärker, als wenn es sich auf sexuelle Treue festlegen würde.

Aber warum wird das nicht ausgesprochen? Britta führt mit ihrem Mann keine als solche deklarierte »offene Ehe«. Sie hätten es ja verabreden können. Das wollten beide nicht. Und brauchten es auch nicht. Die Deklaration einer offenen Ehe bringt ein vorsätzliches Moment ins Spiel, das beide so nicht wollen und auch nicht brauchen. Weil sie auch so tolerant genug sind.

Lob der Unsicherheitstoleranz

Britta und ihr Mann haben einen brillanten Ausweg gefunden aus dem Dilemma zwischen blindem Vertrauen und dem Terror der Kontrolle. Sie nehmen in Kauf, nicht alles zu wissen. Aber sie schlucken das nicht bitter, dass der Partner ein Privatleben neben der Ehe hat, und werfen es ihm auch nicht vor. Vielmehr schenken sie dem Partner die Generosität, ihm Spielräume zuzugestehen, die dann auch kein Betrug mehr sein können. Das Geheimnis, das Britta wahrt, ist nicht gegen ihren Mann gerichtet. Es schließt ihn nicht aus – weil er es mitträgt.

Die Kunst des richtigen Geständnisses

Soweit zur Kunst der richtigen Geheimhaltung. Sie ist die eine Seite des Geschehens. Die andere ist die Kunst des richtigen Geständnisses. Und dazu gehört das Gespür zu wissen, wann die eine und wann die andere Kunst anzuwenden ist.

Warum offenlegen?

Gegenüber der Geheimhaltung scheint das Offenlegen einer Außenbeziehung auf den ersten Blick besser, ehrlicher, aufrichtiger zu sein. Folgt man einer Moral der Wahrheit, muss man das auch so sehen. Folgt man dagegen einer Moral der Konsequenzen, so ist das nicht von vornherein klar. Offenheit kann mehr Schaden anrichten als Nutzen bringen. Nur Offenheits-Fundamentalisten werden dafür sein, dem Partner unter allen Umständen alles mitzuteilen. Zudem können sich unter der Überschrift »Ehrlichkeit« Motive verbergen, die nicht nur im Dienst der partnerschaftlichen Aufrichtigkeit stehen. Der untreue Partner kann seine Affäre auch mitteilen, um sich zu rächen oder um sein schlechtes Gewissen zu entlasten, ohne Rücksicht darauf, ob der Partner es überhaupt wissen möchte.

Deshalb setzt die Entscheidung, eine Affäre offenzulegen, zunächst eine Aufrichtigkeit gegenüber den eigenen Motiven voraus. Welche Motive können hier eine Rolle spielen?

Das eigene Gewissen entlasten

Wer eine Affäre gesteht, um das eigene schlechte Gewissen zu entlasten, definiert sich als Sünder. Er stellt sich unter die Moral der sexuellen Treue und zeigt sich dementsprechend schuldig. In der Logik der Sünde ist eine Strafe oder Buße fällig. Dem betrogenen Partner gegenüber ist dieses Schuldgeständnis ein zwiespältiges Beziehungsangebot, das meist mit dem Satz »Es tut mir leid« begleitet wird. »Es tut mir leid« heißt: Verzeih mir! Diese Bitte um Verzeihen kann aber eine massive Zumutung darstellen. Der betrogene Partner muss sich nicht nur mit seiner Kränkung auseinandersetzen. Er soll außerdem noch dem geständigen Sünder die Last seines schlechten Gewissens abnehmen. Der untreue Partner will die Schuld loswerden und unterwirft sich mit der Bitte um Verzeihung der Person, die sie annehmen und ihm versichern soll, dass dann alles wieder gut ist. Das ist vom betrogenen Partner ziemlich viel verlangt. Meist zu viel.

Roland und Maria kommen aus der Krise nicht heraus. Maria hatte schon länger einen Verdacht. Roland gestand ihr schließlich, dass er ein über mehrere Wochen gehendes Verhältnis mit einer Kollegin hatte, und beendete unmittelbar die Beziehung. Die Geschichte ist dadurch erschwert, dass das Ehepaar in zwei verschiedenen Standorten desselben Betriebs arbeitet. Die Kollegin arbeitet am Standort des Mannes, und es ist unvermeidbar, dass er sie bei der Arbeit immer wieder sieht. Er beschwört, dass es bei den arbeitsbezogenen Kontakten bleibt. Sie glaubt ihm, quält sich aber mit der Vorstellung, dass er ihr weiter schöne Augen macht. »Und ich soll ihm verzeihen! Es fällt mir sowieso schwer. Aber wenn ich das tue, habe ich die Schmerzen allein, ich habe den Schuldschein zerrissen – und er ist fröhlich entlastet.«

Ausgleich

Dem Partner ohne Not mitzuteilen, dass man eine Affäre hatte oder noch hat, kann einem Bedürfnis folgen, dem Partner etwas heimzuzahlen. Das kann die Rache für eine Affäre des Partners sein: »Wie du mir, so ich dir.« Es kann aber auch der Versuch sein, ein Gefühl der Unterlegenheit, der Ungerechtigkeit zu kompensieren. Gerechtigkeitsbedürfnisse, das Gefühl, der andere sei einem etwas schuldig und maße sich etwas an. Das Bedürfnis, nicht unterlegen, nicht im Nachteil, nicht abgewertet zu sein, ist ein starkes Motiv in einer Partnerschaft. Und sie können sich in einem triumphierenden »Geständnis« Bahn brechen, das dem Partner um die Ohren gehauen wird.

Versuch, die eigenen Zweifel zu beenden

In dem Moment, wo der Partner von einer Affäre weiß, ist diese nur noch mit weitaus höheren emotionalen Kosten fortzusetzen. Ein untreuer Partner, der hin- und hergerissen ist, der sich mit Entscheidungsschwierigkeiten quält, kann mit einem Geständnis seine eigene Entscheidungsnot beenden. Es verändert massiv die Koordinaten der Dreiecksbeziehung. Die Macht des Geheimnisses ist geschwächt, die Ausgrenzung des betrogenen Partners beendet. Und die Möglichkeit, gerade so weiterzumachen, ist mit dem Ende der Geheimhaltung erschwert. Für manchen untreuen Partner beginnt mit dem Offenlegen der Affäre ihr Ende.

Fairness

Der untreue Partner kann sich an einen Beziehungsvertrag gebunden fühlen, wonach er dem anderen die Information schuldig ist. Nicht unbedingt als Eingeständnis einer Schuld, sondern um dem Partner die Möglichkeit zu geben, auf die Affäre zu reagieren und Entscheidungen zu treffen. In diesem Verständnis bezieht sich Vertragstreue gar nicht unbedingt auf die sexuelle Treue, die ohnehin bereits gebrochen ist, sondern auf die Verpflichtung, den Partner in die Lage zu versetzen, sich dazu zu verhalten. Ist eine so verstandene Fairness das primäre Motiv für das Offenlegen, geht der untreue Partner nicht davon aus, dass daraus jetzt das Ende der Beziehung resultiert, sondern er versteht seine Offenheit als Beitrag zur anspruchsvollen Qualität der Beziehung.

Dieses Verständnis setzt freilich voraus, dass auch beide Partner an der Offenheit interessiert sind. Es ist keineswegs so, dass das Geheimnis nur den Untreuen schont. Mancher Partner lebt sogar besser mit dem Bewusstsein, nicht alles zu wissen. Wie Nora.

In der 25-jährigen Ehe erleben Nora und Nik treue und weniger treue Phasen. Beide blicken auf ein Eheleben zurück, das reich an Affären, Gelegenheitssex und auch außerehelichen Liebesbeziehungen war. Trotz einer schweren Krise, die sie an den Rand einer Trennung brachte, entscheiden sie sich doch, zusammenzubleiben. In einem mühsamen, aber konfrontationsbereiten Prozess langer Auseinandersetzungen kommen sie zu der Erkenntnis, dass sie beide kein großes Talent zur sexuellen Treue haben, dass sie verführbar sind, dass ihr Begehren immer wieder aus der Gefangenschaft der Ehe ausbrach und ausbrechen würde. Was diese Erkenntnis erleichtert und sogar ein Gefühl von Gemeinsamkeit ermöglicht, ist das Eingeständnis, dass sie »gleich schlimm« waren und sich ihre außerehelichen Erfahrungen sowohl in der Menge als auch in der Intensität durchaus die Waage halten. Die beiden kommen allerdings zu ganz unterschiedlichen Konsequenzen im Umgang mit der Geheimhaltung. Während Nik besser damit lebt, wenn er von Noras Affären weiß, kann sie mit dem Wissen schwer umgehen. »Mich verfolgt meine eigene Vorstellungskraft. Ich werde die Bilder nicht los. Es reicht mir, wenn ich weiß, dass er immer wieder rumvögelt. Aber ich will weder Namen noch Details wissen.«

Beide einigen sich auf eine asymmetrische Lösung: Sie informiert ihn, wenn sie »etwas laufen« hat. Er sorgt dafür, dass er seine Geschichten einigermaßen diskret und nicht zu offensichtlich lebt. Die ungleiche Behandlung ist für die beiden die richtige Lösung.

Der richtige Zeitpunkt

Es ist die dritte Stunde der Paartherapie mit Rainer und Sophia. Rainer will seiner Frau Sophia jetzt alles mitteilen.

161

Offen, aufrichtig, die ganze Wahrheit, nicht nur die fak-tische, auch die emotionale Wahrheit. Will ihr verständlich machen, was er an Susan so faszinierend findet, an der Frau, mit der er sich vor vier Monaten auf eine innige Liebes-geschichte eingelassen hat. Was ihn mit ihr verbindet, wie sie sich gefunden haben. Keine reine Bettgeschichte, wie er betont.

Sophia atmet schwer, sucht mit ihrem Blick einen Halt irgendwo in meinem Büro, hält sich an der Armlehne ihres Stuhles fest. Sie ist sichtbar in Not.

Ich unterbreche Rainer und wende mich an Sophia. »Wollen Sie das denn alles hören?«

»Nein. Ich kann mir das nicht anhören. Ich halte das nicht aus.«

Rainer blickt erstaunt auf. »Aber wir müssen doch dar-über offen sprechen. Ich sehe das als Voraussetzung dafür, dass wir zu einer Lösung kommen.«

»Ich verstehe, dass Sie es sagen wollen. Aber offenbar kann Ihre Frau es gar nicht aufnehmen. Zumindest im Mo-ment nicht.«

Das Paar hatte sich an mich gewandt, nachdem Rainer vor zwei Monaten Sophia eröffnet hatte, dass er sich in Su-san verliebt hat. Mit ihr lebt er auf, führt innige Gespräche, versteht sich gut. In einer langen E-Mail hat er mir vor der Therapie seine Situation beschrieben. Er kann sich nicht entscheiden. Er ist in Susan verliebt, spürt eine Leidenschaft für Gespräche, für emotionalen, kulturellen, sexuellen Aus-tausch, den er mit Sophia lange vermisst hat. Einerseits. Andererseits ist er mit Sophia jetzt 34 Jahre zusammen. Sie haben eine lange Verbundenheit, aber in den letzten Jahren haben sie sich auseinandergelebt. Er weiß, was er zu ver-lieren hat.

Sophia auch. Sie hat unter der sprachlosen Situation der letzten Jahre gelitten, hat sich daran gewöhnt, ihren Kum-mer mit Hilfe von zwei, drei Glas Rotwein besser zu er-

tragen. Sie will sich nicht trennen. Aber sie erträgt es nicht, von Rainer zu hören, dass er jetzt mit Susan etwas erlebt, das sie so lange vermisst hat.

Rainer drängt. Er ist voll, möchte jetzt sprechen. Es muss raus. Wie sonst soll die Lage geklärt werden? Für ihn ist das Sprechen über die Außenbeziehung Befreiung.

Sophia bremst. Sie ist verletzt, kann kaum aufnehmen, es ist ihr alles zu viel. Für sie ist das Sprechen über die Außenbeziehung eine große Belastung.

Keine einfache Lage. Rainer will sich entlasten. Aber Offenheit braucht beide Partner. Den einen, der sie anbietet und den zweiten, der sie haben will. Oder eben nicht.

Geständnis oder Bekenntnis?

Die Offenlegung einer Affäre ist für beide Beteiligten eine schwierige Situation. Umso wichtiger ist es, dass beide ihr Gesicht wahren können und diese hoch emotionalisierte und kränkungsanfällige Lage einigermaßen würdig gestalten können.

Ein häufiger, nahe liegender Fehler ist die Inszenierung der Mitteilung als Geständnis: Der untreue Partner gesteht seine Tat, beugt sich als Sünder unter das Gesetz der sexuellen Treue, das er gebrochen hat. Damit akzeptiert er das Gesetz, versucht aber im nächsten Schritt, irgendwie glimpflich davonzukommen, indem er zerknirschte Reue zeigt und betont, wie sehr es ihm leid tut. Mit der bedauernden Entschuldigung erwartet er vom Partner, dass der sich nicht nur mit der verletzenden Neuigkeit auseinandersetzt, sondern außerdem noch gleich Verzeihung gewähren soll. Das ist ein schiefes Angebot.

Mit einem so gestalteten Geständnis begibt sich der Geständige in eine unreife Position, mit der er sich klein macht. Er nimmt die Position des Kindes ein, das dem Gesetz der Eltern

Recht gibt und um Gnade oder milde Strafe bittet. Wer gesteht, anerkennt die Hoheit des Treue-Gesetzes. Gescheitert daran, sie zu befolgen. Und daher begründungspflichtig.

Das bringt den Partner zunächst in die Position des moralisch Überlegenen. »Warum hast du mir das angetan?« ist die empörte Frage des Betrogenen, die mehr als nur eine Antwort erwartet, sie fordert eine Legitimation. Wer so fragt, weiß sich im Recht. Und wer so gefragt wird, weiß sich im Unrecht. Mehr als das: Er weiß, dass, egal was er sagt, gleich welche Begründung er liefert, sie an der Empörung und Verletzung des Partners nichts ändern wird. Es wird das entschuldigende Gestammel des bei dem Vergehen Ertappten bleiben. Und das Gestammel liefert der Empörung nur noch mehr Futter, weil der Sünder damit seine Schuld eingesteht, aus der Defensive des Sünders.

Ein unwürdiger Dialog! Der Sünder versteckt seine Motive hinter der Moral und macht sich klein. Der Betrogene soll die Entschuldigung des Partners annehmen, ehe er überhaupt verstanden hat, was los ist. Das ist die Logik des Geständnisses: Das moralische Gefälle bestimmt und erschwert die Auseinandersetzung.

Tapferkeit vor dem Freund

Statt gesenkten Hauptes zu gestehen, kann der untreue Partner erhobenen Hauptes bekennen, was er getan hat und warum er es getan hat. Er hat sich entschieden. Er steht gerade für seine Handlung und spielt seine Gefühle nicht herunter. Er zeigt sich dem Partner nicht als jemand, der an einer externen Moral gescheitert ist, sondern der verantwortet, seine Freiheit zu realisieren – im Wissen darum, dem Partner damit weh zu tun. Er stellt sich dem Partner. Das erfordert Mut, weil in einem solchen Moment beide Partner den Preis der Freiheit zahlen. Der

Freiheit, sich nicht zu kontrollieren, gegenseitig Autonomie zu respektieren, die Entscheidungen des andern auch dann gelten zu lassen, wenn sie einen selbst schmerzen.

Ein solches Bekenntnis ist eine Begegnung auf der erwachsenen Ebene. Keiner unterwirft sich einer externen Moral und keiner hält sie dem andern vor.

Gefühlskalt? Rücksichtslos? Im Gegenteil. Diese Haltung des Bekenntnisses nimmt einen andern Blick zu dem Schmerz ein, die das Wissen um sexuelle Untreue dem Betrogenen immer zufügt. Das Geständnis macht aus dem Schmerz einen Vorwurf, will ihn weghaben, weil er durch Verrat, durch Treuebuch, weil er auf unsaubere Weise zugefügt wurde. Und das Geständnis bringt den Untreuen in die böse Position. Das Bekenntnis dagegen nimmt den Schmerz als unvermeidbar in Kauf, sieht ihn als Preis der Autonomie und der Freiheit. Dadurch tut er nicht weniger oder mehr weh, er bekommt aber eine ganz andere Bedeutung. Während der Schmerz bei der Inszenierung des Geständnisses nach dem Verursacherprinzip dem Schuldigen angelastet wird, stellt das Bekenntnis keine Schuldfrage.

Mit dem Bekenntnis mute ich mich dem andern zu. Und mute mir selbst zu, dass der andere in seiner Reaktion auf mein Bekenntnis frei ist. Das braucht Mut und die »Tapferkeit vor dem Freund«, wie Ingeborg Bachmann das genannt hat.

Im Zweifelsfall entscheide man sich
für das Richtige.   *Karl Kraus*

Phasen der Affäre

Wie jedes Drama durchläuft auch eine Affäre verschiedene
Phasen. Jede bringt die drei Akteure nicht nur in eine andere
Gefühlslage, sondern auch in eine spezielle Position der Macht
oder Ohnmacht den anderen gegenüber. Nachdem wir uns in
dem Kapitel »Was tut weh, wenn es weh tut?« mit den Gefühlen der Beteiligten befasst haben, geht es jetzt um kluges
Verhalten, um den Schaden zu begrenzen und um das Gewitter
mit Anstand und Würde zu durchstehen.

Das ist in jeder Phase einer Affäre neu zu bewerten: in der
Phase der Heimlichkeit und des Verdachts anders, als wenn die
Affäre eben aufgeflogen ist. Und noch einmal anders, wenn sie
bekannt ist – und Entscheidungen getroffen werden müssen.

Phase 1: Die heimliche Affäre
und der Verdacht

*Überlegungen und Verhaltensregeln
für den untreuen Partner*

Die Entscheidung, eine Affäre geheim zu halten, hat Konsequenzen. Die eine Sünde zieht die andere nach sich. Eine der
wichtigsten und zugleich heikelsten Probleme ist die Notwendigkeit zu lügen. Ohne Lügen lässt sich eine Affäre nur kurzfristig geheim halten. Wer das Geheimnis wahren will, muss

167

im Prinzip bereit sein zu lügen. Das ist eine Notwendigkeit, die sachlich, nicht moralisch begründet ist. Gleichwohl hat sie natürlich moralische Konsequenzen. Affären durchbrechen Gewohnheiten. Wer verliebt ist, geht mit einer anderen Ausstrahlung durch die Welt, verhält sich anders. Nur ein sehr desinteressierter Partner bemerkt das nicht. Ein halbwegs interessierter Partner fragt nach. Die Antwort ist entweder das Ende der Heimlichkeit – oder der Beginn der Lüge.

Zu ihr muss der untreue Partner eine Haltung einnehmen. Er muss den Schutz der Affäre höher bewerten als das Gut der Wahrheit. Dann kann er das Mittel der Lüge bejahen. Die Entscheidung zu lügen, muss er treffen, ehe er konkret zu lügen anfängt. Sonst missraten die improvisierten Lügen. Warum? Wer fremdgeht, hat – sofern er noch keine Routine entwickelt hat – meist mit einem schlechten Gewissen zu tun. Zumindest einem Anflug davon. Dieses Gewissen, das schon durch das Fremdgehen entzündet ist, möchte man nicht durch Lügen zusätzlich strapazieren.

Bei diesem Versuch, das Lügen zu vermeiden, stören naturgemäß die Nachfragen des Partners. Erst recht tun sie das, wenn sie sich zu konkreten Verdächtigungen ausgewachsen haben. Der Untreue nimmt dem Partner übel, dass dieser ihn in die Lüge zwingt, statt ahnungslos zu bleiben. »Was soll die Frage?« – »So etwas lasse ich mich nicht fragen.« – »Meine E-Mails gehen dich nichts an.« Das sind defensive Reaktionen, die im genervten Tonfall bereits verraten, dass hier etwas unausgesprochen und geschützt werden soll. Statt den Verdacht zu beschwichtigen, nähren sie ihn.

Man muss nicht lügen. Aber wenn schon, dann richtig. Wer seine Affäre durch Lügen schützen möchte, hat dafür Verantwortung zu übernehmen, statt genervt zu sein, weil er lügen muss. Dazu eine ethische Überlegung. Wer lügt, um seine Affäre zu schützen, muss deshalb nicht seinen Partner demütigen. Dazu gehört es, die Fragen des Partners nicht abzuwerten, erst recht nicht, wenn sie berechtigt sind. Schutzlügen lassen sich entspannt aufrechterhalten. Sie müssen nicht die Nachfragen des Partners gereizt in Frage stellen. Man kann das Misstrauen des Partners respektieren, ohne es ihm vorzuwerfen. Man kann mit Anstand lügen. Das ist allerdings anspruchsvoll.

Auf der Basis dieser Haltung empfiehlt es sich, ein paar Regeln für Geheimhaltung und den anständigen Umgang mit Schutzlügen zu beachten:

- Entscheide dich zum Lügen, ehe du damit anfängst! Improvisiere die Wahrheit nur dann, wenn du es gut kannst!
- Leg dir glaubhafte und kluge Lügen zurecht! Beleidige nicht die Intelligenz deines Partners durch dumme Lügen!
- Merke dir deine Lügen, damit du dich nicht in Widersprüche verwickelst!
- Halte deine Lügen übersichtlich! Nur wenn du kreativ bist, kannst du dir eine raffinierte Story ausdenken. Falls nicht: Keep it simple! Eine gute einfache Story ist besser als fünf mittelmäßige.
- Empöre dich nicht über den Verdacht deines Partners, sondern respektiere die Klugheit seines Verdachtes! Das lohnt sich später, wenn die Affäre herausgekommen ist. Wenn du dich über den Verdacht empörst, wird das später gegen dich verwendet werden.
- Platziere deine Lügen nicht Auge in Auge, nicht als Schwur! Gerade das wird dir später als Verrat ausgelegt werden. Beiläufig lügen reicht.
- Lüge im Bewusstsein, dass die Affäre später auffliegt! Du musst später mit den Lügen leben, die du heute auftischst.
- Wenn dein Partner dir deine Lügen ohne weiteres glaubt, dann ziehe die Möglichkeit in Betracht, dass auch dein betrogener Partner gerade selber fremdgehen könnte und einfach deshalb nicht nachfragt, weil er selber nicht rückgefragt werden möchte!
- Gehe nicht davon aus, dass dein Geliebter seinerseits diskret ist! Es kann sein, dass er sich mit einem Freund oder einer

Freundin ausspricht, und der wiederum es unter dem Siegel der Verschwiegenheit weitersagt.

- Hinterlasse keine Spuren (Restaurant- oder Hotelrechnungen, Tankbelege an unplausiblen Orten)!
- Achte besonders auf die Sicherung von digitalen Nachrichten! SMS und E-Mails von Geliebten löscht man ungern, weil sie so entzückend sind. Genau das aber macht sie anfällig für nachforschende Partner.
- Verändere deine Gewohnheiten nicht! Verhalte dich vor allem sexuell so wie bisher auch! Werde also weder aktiver noch ziehe dich ganz zurück! Beides legt Nachfragen nahe.

Überlegungen und Verhaltensregeln für den Partner, der den Verdacht hat, betrogen zu werden

Was ist zu tun, wenn ich den Verdacht habe, dass mein Partner fremdgeht? Das zentrale Dilemma ist: Ich will einerseits die Wahrheit erfahren, anderseits will ich wissen, dass mein Partner mir treu ist. Das kann sich ausschließen, auf quälende Weise. Und es kann dazu kommen, dass irgendwann der Verdacht so stark wird, dass er mich obsessiv im Griff hat: Dann habe nicht mehr ich den Verdacht, sondern der Verdacht hat mich. Hier empfiehlt sich, rechtzeitig gegenzusteuern, indem man sich gnadenlos der Frage stellt: Will ich die Wahrheit wissen und wofür? Bin ich dem gewachsen, was ich erfahre? Oder lebe ich besser mit Nichtwissen und der Chance, dass ich mich irre?

Wenn ich mich für das Nichtwissen entscheide und mir sage, »was ich nicht weiß, macht mich nicht heiß«, gibt es nur eine wichtige Regel: kluges Nichtwissen praktizieren, nicht dummes Nichtwissen. Verwechsle nicht schonendes Darüberhinwegsehen mit wirklichem Nichtsehen. Und sei bereit, gegebenenfalls umzuschalten!

Wenn ich mich aber dafür entscheide, mit der belastenden

Wahrheit besser zu leben als mit der Ungewissheit, empfiehlt es sich, die folgenden Regeln zu beachten:

- Frage nach! Höre genau hin, ob dir die Antwort plausibel erscheint! Und achte auf den Tonfall, in dem dein Partner antwortet!
- Geh davon aus, dass du nicht gleich die Wahrheit erfährst! Es kann sein, dass dein Partner Zeit braucht.
- Nimm deinem Partner die Lüge nicht gleich krumm! Sie ist nicht unbedingt gegen dich gerichtet. Sicher will er sich schützen. Vielleicht aber auch dich.
- Überlege dir genau, ob du den Partner kontrollierst! Es kann dich wahnsinnig machen: Wenn du nichts findest, bedeutet das noch lange nicht, dass es nichts zu finden gibt. Also musst du weitersuchen. Und wenn du etwas findest, überlege, ob du es verwenden kannst, falls du es auf unsauberem Weg gefunden hast.
- Wenn du kontrollierst, überlege dir vorher genau, ob du ein positives Ergebnis verträgst!

Phase 2: Die Affäre wird offengelegt

In dem Moment, wo eine Affäre nicht mehr geheim gehalten wird, weil sie auffliegt oder gestanden wird, in diesem Moment ist die Beziehungswelt nicht mehr dieselbe wie zuvor. Und es geht keinen Schritt mehr in die unschuldige Treue zurück. Egal, wie bagatellisiert, durchgearbeitet oder verziehen wird: Die Unschuld ist vorbei.

Überlegungen und Verhaltensregeln
für den untreuen Partner
Sobald die Geschichte herausgekommen ist, egal, auf welchem Weg, ist der Partner, der sich auf die Außenbeziehung eingelas-

sen hat, »dran«. Das heißt, er hat Farbe zu bekennen für das, worauf er sich eingelassen hat. Gerade in einer emotional aufgewühlten und hochempfindlichen Situation kommt es darauf an, sie mit Würde und Respekt zu bewältigen. Der überführte oder geständige untreue Partner hat dabei eine besondere Verantwortung. Sie besteht nicht darin, haarklein über alle Details zu berichten, sondern darin, für seine Handlungen und seine Motive geradezustehen.

- Bagatellisiere nicht! Spiele nicht herunter, was du getan hast! Das beleidigt gleich drei Personen: deinen Partner, deine/n Geliebte/n und dich selbst.
- Mache keine Gegenrechnungen auf! Selbst wenn du das Gefühl hast, dass dein Partner irgendwie Mitschuld an der Affäre trägt: Jetzt ist ein schlechter Zeitpunkt, das zu erörtern. Es erhöht nur den Grimm des Betrogenen, nicht nur verletzt, sondern auch noch beschuldigt zu werden.
- Übernimm Verantwortung für das, was du getan hast! Zeige dich nicht als zerknirschten Sünder! Nicht »Es tut mir leid« ist das adäquate Bekenntnis – was soll dir denn leid tun! –, sondern das lutherische »Hier stehe ich – ich kann nicht anders«. Zeige im Bekenntnis Größe und degradiere dich nicht zum kleinen Sünder, dem etwas Dummes passiert ist! Das entwürdigt nicht nur dich selbst, sondern auch deinen Partner. Ein Entschuldigungen stammelnder Fremdgeher ist kein Gegenüber. Er nimmt dem Betrogenen die Möglichkeit, sich mit einem ernstzunehmenden Partner auseinanderzusetzen.
- Sei bereit, die emotionale Reaktion deines Partners zu ertragen und zu akzeptieren! Auch wenn du im Moment nichts ändern kannst, hör wenigstens zu. Du kannst nicht davon ausgehen, dass dein Partner in dieser Situation gelassen argumentiert. Er wird unlogisch reden, wird zigmal dasselbe sagen oder fragen.
- Zahle den Preis! Nach einem Untreue-Geständnis sind

durchschlafene Nächte selten. Dein Partner ist schwer verletzt und ist in der moralischen Vorwurfs-Offensive. Ein
explosives Gemisch! Erwarte nicht, dass du jetzt mit Samt-
handschuhen angefasst wirst!

• Zahle aber nicht jeden Preis! Unterwirf dich nicht jeder
Willkür deines Partners! Dein schlechtes Gewissen mag dich
zu eilfertiger Bußbereitschaft ermuntern, so dass du glaubst,
jede Gemeinheit deines gekränkten Partners hinnehmen zu
müssen. Du darfst dich abwerten lassen, wenn es deinen
Masochismus befriedigt, aber du musst es nicht.

• Entschuldige dich nur für das, was du glaubst, falsch gemacht zu haben! Entschuldige dich nicht für das, was dir
wichtig war, auch wenn es deinen Partner gekränkt hat!

Überlegungen und Verhaltensregeln
für den betrogenen Partner

Du weißt es jetzt. Dein Partner hat das mit jemand anderem
geteilt, was du mit ihm alleine haben wolltest. Du weißt es –
im Prinzip. Was du nicht weißt, sind alle Details. Das musst du
auch nicht wissen, und es macht die Sache auch nicht besser
oder erträglicher. Deine Kränkungswut will alles wissen, will
wenigstens jetzt, nachdem es passiert ist, die Übersicht über das
Unglaubliche gewinnen. Das kann ganz gegensätzliche Motive
haben: Verstehen, um damit besser umgehen zu können. Das ist
das vornehmste Motiv. Oder wissen, um es durch Abwertung
zu vernichten und dadurch unschädlich zu machen. Wer tief
getroffen ist, für den relativiert sich Rücksicht. Es geht, wenn
die Wunde blutet, für dich darum, dass du die Blutung über-
stehst und nicht um abgewogene Diskussionen und Analysen.
Damit du dich aber nicht nur von deinen verletzten Gefühlen
bestimmen lässt, hier ein paar Hinweise:

• Auch wenn es dich lockt, frage nicht nach allen Details!
Wo es war, wie genau sie es miteinander getrieben haben.

Details quälen nur deine Vorstellung und haben keine Konsequenz.

- Bremse deinen Partner, falls er dir mehr gestehen will, als dir lieb ist! Überlege dir genau, was du von ihm wissen willst!
- Sei dir der Gefahr des masochistischen Triumphes bewusst! Du willst quälende Details wissen, um (ja!) daran zu leiden. Der Rausch der Empörung übt eine verrückte paradoxe Faszination aus.
- Bleib bei dir! Mache nicht deinen Partner zum Maßstab, sondern bleib bei deinen eigenen Werten.
- Gestehe dir Racheimpulse zu! Aber überlege, ob es klug ist, ihnen nachzugeben! Rache kann süß sein, aber sie führt meist zu Eskalationen.

Überlegungen und Verhaltensregeln
für den/die Geliebte/n

Jetzt wird's ernst. Auch für dich. Du bist enttarnt und ab jetzt von deinem Rivalen angreifbar. Vor allem aber hat dein geliebter Partner nicht mehr die Kontrolle über das Geschehen. Ihm wird zu Hause nicht mehr alles geglaubt. Dort spielt jetzt die Musik. Und du bist plötzlich an der Peripherie des Geschehens. Auch damit ist klug umzugehen. Dafür ein paar Hinweise:

- Mische dich nicht ein! Die beiden haben zurzeit mehr zu besprechen als sonst.
- Der Primärpartner hat ältere Rechte als du. Gestehe sie ihm zu! Er hat jetzt Anspruch darauf, aufgeklärt zu werden. Das braucht Zeit. Du verhältst dich nicht nur nobler, sondern auch klüger, wenn du jetzt einen Schritt zurücktrittst und keine Ansprüche anmeldest.
- Rechne mit Anrufen und unangekündigten Besuchen des betrogenen Partners! Wenn es gemeinsame Bekannte gibt: Geh davon aus, dass der betrogene Partner die Bekannten

informiert und massiv versuchen wird, sie auf seine Seite zu ziehen!

- Lass ihm Zeit! Die gegenwärtige unberechenbare und emotional aufgewühlte Situation ist nicht der richtige Zeitpunkt für Entscheidungen.
- Nimm nicht alles für bare Münze, was dein geliebter Partner gerade sagt! Es hat wahrscheinlich nur kurze Gültigkeitsdauer. Er weiß möglicherweise selber nicht, was er im Moment will oder tun soll.
- Rechne mit allem! Nachdem bei ihm zu Hause alles in Frage gestellt ist, was bisher gegolten hat, ist nichts mehr berechenbar. Dort bei ihm zu Hause befindet sich im Moment der Center Court. Nicht bei euch beiden.

Phase 3 (Entweder-oder): Entscheidung

In dieser Phase spitzt sich der Kampf zwischen Klarheit und Unklarheit zu, zwischen Hoffnung und Resignation, zwischen Ohnmacht und Entscheidungsdruck. Das Ganze ist aber nicht einfach eine Entscheidung zwischen Trennung oder Fortsetzung und zwischen zwei rivalisierenden Partnern. In Wirklichkeit geht es um die Eröffnung eines neuen Lebensabschnitts. Unabhängig davon, wer von den drei Beteiligten welche Entscheidung trifft – es gibt kein Zurück mehr. Auch wenn die Affäre beendet wird, die Primärbeziehung geht nicht einfach so weiter wie bisher. Auch dann nicht, wenn beide Partner sich das einreden und die Affäre »vergessen« wollen. Vergessen heißt, die Außenbeziehung zu verleugnen und als Irrtum oder als »dumm gelaufen« hinzustellen. Aber auch der forcierte Versuch, die Bedeutung der Affäre zu verleugnen, macht einen Unterschied zu vorher. Er errichtet ein Tabu, nicht mehr darüber zu sprechen, verhärtet Vorwürfe und Verbitterung, und er betreibt partnerschaftliche Geschichtsfälschung.

Diese Phase ist auch die Phase der Bedeutungen. Für wen bedeutet die Affäre was und mit welcher Konsequenz? Das ist nicht sofort klar, und das hat vor allem zwei Gründe: Es sind widersprüchliche Gefühle im Spiel, und es kommt die Frage auf den Tisch, welche Preise für welche Entscheidungen zu bezahlen sind, emotional, praktisch, finanziell.

Ambivalenzen treten jetzt in den Vordergrund. In der heimlichen Phase verschwinden sie leicht hinter taktischen Manövern, die Affären-Nische zu organisieren, vom Alltag abzugrenzen und durch ein tragfähiges Lügengebäude unsichtbar zu machen. Wenn die Affäre aber frisch offengelegt ist, bestimmen radikalere Gefühle das Geschehen. Und die können auf atemberaubende Weise frei von Ambivalenzen sein. Rachegelüste, gar Mord- oder Selbstmordphantasien sind Versuche, durch Vernichtung Eindeutigkeit herzustellen. Der Rivale wird abgewertet oder bloßgestellt, die Untreue wird pathologisiert oder moralisch in Grund und Boden verurteilt. Alles ist schrecklich, aber vernichtend klar.

Wenn sich die erste Wut gelegt hat, herrscht Unklarheit. Die klassische aller Ambivalenzen hat Hochkonjunktur, die Hassliebe. Ich hasse den bisher geliebten Partner für das, was er mir gerade antut. Ich möchte ihn allein haben, und ich möchte ihn zum Teufel jagen. Beides gleichzeitig.

Und Konsequenzen stehen an. Was folgt aus all dem, was da eben passiert ist? Wer macht welchen Zug? Auf den ersten Blick geht es um die Entscheidung, wer das Paar ist und welche Zwei welchen Dritten ausschließen. Verbündet sich das »alte« Paar gegen die Affäre, die dann als Störenfried behandelt wird? Oder verbündet sich das »neue« Paar, gründet sich neu, und der bisherige Partner wird verlassen? Gerade weil hier aber die Ambivalenzen so stark und so schwer auszuhalten sind, wird die Eindeutigkeit umso dringlicher von dem Partner gefordert, der in der Mitte zwischen zwei Rivalen steht. Entweder-oder.

Ja-Entscheidungen und Nein-Entscheidungen

Wenn wir von Entscheidungen sprechen, müssen wir genau unterscheiden. Die Entscheidung für etwas, die Ja-Entscheidung, folgt einer anderen Logik als die Entscheidung gegen etwas, die Nein-Entscheidung.

Entscheidet sich nur einer der beiden Partner gegen die Beziehung, setzt dessen Nein sich durch. Nein ist stärker als Ja. Wer Nein sagt, ist mächtiger. Wer Ja sagt, ist auf den anderen angewiesen. Das gilt für alle drei Beteiligten: Sie können nur ihre Entscheidungen gegen eine Beziehung allein treffen. Das alleinbleibende Ja zu einer Beziehung läuft ins Leere. Das musste Peter erfahren.

Nach einer langen unschlüssigen Zeit, ob er bei seiner Frau Rita bleiben oder und zu seiner Geliebten Evelyn ziehen soll, kommt Peter schließlich zu der Entscheidung, sich zu trennen. Erleichtert teilt er Evelyn seinen Entschluss mit. Zu seiner Erschütterung reagiert sie mit gebremster Euphorie und sagt ihm, sie wolle vorläufig nicht mit ihm zusammenziehen. Beide sollten sich doch in der neuen Situation Bedenkzeit geben, in welcher Form und Intensität sie die Beziehung fortführen wollen. »Ich bin eine ganz gute Geliebte, aber ob ich eine gute Lebenspartnerin bin, weiß ich noch nicht.«

Peter fällt aus allen Wolken. Er hat sich entschieden. Eindeutig. Er hat die Brücke zu Rita abgebrochen. Und Evelyn empfängt ihn nicht so, wie er es erwartet hat. Ihr Ja zur Affäre war noch lange kein Ja zur Partnerschaft. Jetzt steht er allein mit seiner Entscheidung da. Dabei hat ihn Evelyn nicht bewusst aufs Glatteis geführt. Auch sie liebte es, in der Vorstellung zu schwelgen, wie es wäre, mit Peter zusammenzuleben. Als die Möglichkeit aber real wird, ist sie von der eigenen Zurückhaltung überrascht.

Zum Nein reicht ein Partner, zum Ja braucht es zwei. Peter konnte die Entscheidung, sich von Rita zu trennen, allein treffen. Den Neustart mit Evelyn kann er nicht allein entscheiden. Dazu braucht er ihr Ja. Das ist logisch offensichtlich, im emotionalen Druck eines Affärengeschehens kann das aber leicht untergehen.

Eine Entscheidung oder zwei Entscheidungen?

Die Geschichte von Peter und Evelyn zeigt noch etwas anderes: Das Entweder-oder vereinfacht die Lage zu sehr und spitzt sie auf *einen* Entscheidungsschritt zu. Tatsächlich haben wir es aber mit zwei Entscheidungen zu tun. Es kann sein, dass ein Beteiligter – wie hier Peter – glaubt, mit einer Entscheidung sei die ganze Lage entschieden und geklärt.

Die Trennung vom einen Partner und der Neubeginn mit dem andern Partner sind zwei Paar Stiefel. Das zu verwechseln kann einen leicht blind machen. So erging es Peter, der später sagt:

> *»Ich hätte es wissen müssen. Ich hatte die Signale nicht sehen wollen. Evelyn hat oft von ihren Abgrenzungsbedürfnissen gesprochen, aber immer mehr nebenbei. Ich war aber so mit meinem Trennungskonflikt mit Rita beschäftigt, dass ich es irgendwie nicht wahrhaben wollte.«*

Wenn man in der Dramaturgie der heißen Leidenschaft nicht nur den Bauch und den Unterleib entscheiden lassen will, spricht vieles dafür, den kühlen Kopf mit zu Rate zu ziehen. Und der legt nahe, die Entscheidungen über die beiden Beziehungen zu trennen und separat zu betrachten. Das wäre auch für Peter klüger gewesen statt von einer Beziehung in die nächste zu taumeln. Wenn man wie Peter die Geliebte ohne weiteres als Kandidatin für die nächste feste Partnerschaft sieht, ist die Falle offen, in die man nur zu schnell hineintreten kann.

Also: Zwei getrennte Entscheidungen, die unabhängig zu

bewerten und zu treffen sind, auch wenn sie sich abhängig »anfühlen«. Die beiden Entscheidungen getrennt zu überlegen und zu treffen, empfiehlt sich nicht nur der geordneten Abläufe wegen. Die Entscheidungen können dann »rein« getroffen werden, unbeeinflusst davon, dass die eine Entscheidung ständig auf ihre Konsequenz für die andere Entscheidung hin überlegt werden muss. Ich trenne mich von meinem bisherigen Partner, weil ich diese Beziehung beenden möchte. Nicht weil ich eine neue Beziehung beginnen will, der die alte Beziehung im Weg steht. Peters Trennung von Rita ist sauberer, wenn er sich nur darauf konzentriert, was er beenden möchte.

Sein Problem ist, aus Gefühlen, die er gleichzeitig empfindet, Entscheidungen abzuleiten, die er nacheinander treffen muss. Das ist umso schwerer, als die neue Beziehung zu Evelyn so aussieht, als sei sie die Lösung für die Probleme der alten Beziehung mit Rita. In diesem Schwung, der Trennung und Neubeginn vermengt, werden auch die beiden Personen nicht angemessen unterschieden. Die Enttäuschung über Rita kann Peter leicht mit der verliebten Idealisierung von Evelyn verwechseln. Die Überschätzung von Evelyn lässt die Enttäuschung über Rita noch größer erscheinen. Peters Verliebtheit erzeugt in seiner Wahrnehmung einen Kontrast, der beiden Frauen nicht gerecht wird. Evelyn wird überbewertet, Rita unterbewertet.

Das Affären-Tetralemma

Wie kann jemand in Peters Lage solche Fehlentscheidungen vermeiden? Gerade in der Hitze emotional verdichteter Lebenssituationen ist es hilfreich, die beiden Entscheidungen radikal voneinander zu trennen. Das heißt im Fall von Peter, dass er sich nicht *eine* Frage stellen muss (Will ich mit Rita oder Evelyn zusammen sein?), sondern zwei, die unabhängig voneinander sind:

1. Will ich mit Rita zusammenbleiben?
2. Will ich mit Evelyn eine neue Beziehung beginnen?

Für die erste Frage der Trennung von Rita ist die neue Beziehung zu Evelyn lediglich Hintergrund, ein Anstoß vielleicht, der aber mit der Trennungsfrage und mit Rita nichts zu tun hat. Und umgekehrt hat Rita mit Peters Wünschen, sich auf Evelyn einzulassen, nichts zu tun.

Eine künstliche Unterscheidung? Wird da nicht getrennt, was zusammengehört? Zusammen, weil es derselbe Peter ist, der die Entscheidung trifft? Weil Rita oder auch Evelyn ihm vor eine Entweder-oder-Entscheidung setzen? Muss Peter nicht *eine* Gesamtentscheidung treffen?

Eben nicht! Logiker, die an praktischen Lebensfragen interessiert sind, haben gezeigt, wie man sich aus Entscheidungsengpässen befreien kann: Indem man vom Dilemma zum Tetralemma kommt, von der Wahl zwischen zwei Alternativen zur Wahl zwischen vier Alternativen.[1]

Neben dem Entweder und dem Oder gibt es das Sowohl-als-auch und das Weder-noch. Für Peter heißt das:

Entweder: Peter bleibt bei Rita und beendet die Affäre mit Evelyn.

Oder: Peter trennt sich von seiner Frau Rita und setzt die Beziehung mit Evelyn fort.

Das sind die Alternativen, die sofort ins Auge springen. Nicht ganz so offensichtlich sind die dritte und vierte Möglichkeit:

Weder – noch: Peter entscheidet sich, beide Beziehungen zu beenden. Aktiv, indem er sich selbst von beiden Partnerinnen trennt. Oder passiv, indem er sich so lange unschlüssig zeigt, bis die Frauen die Konsequenz ziehen und selbst das Ende herbeiführen.

Sowohl – als auch: Peter setzt beide Beziehungen fort und lebt beide. Offen oder heimlich.

1 Varga von Kibéd & Sparrer 1999

Allein entscheiden kann er sich lediglich für die dritte, die Weder-noch-Alternative. Bei den drei anderen Möglichkeiten ist er auf die Entscheidungen der Partnerinnen angewiesen, die er natürlich mit bedenken muss. Aber wie? Das ist keine logische Frage allein. Sondern jetzt kommt sein Entscheidungsstil zur Geltung.

Partnervalidierte und selbstvalidierte Entscheidungen

David Schnarch[1] hat für den Umgang mit sexuellen und Partnerkonflikten ein hilfreiches Begriffspaar eingeführt, nämlich die Unterscheidung zwischen partnervalidierten und selbstvalidierten Aussagen.

Wer sein Sexual- und Beziehungsleben partnervalidiert ausrichtet, denkt bei jeder Entscheidung und Äußerung mit daran, was dem Partner recht wäre und wie wohl der Partner entscheiden würde. Partnervalidierte Entscheidungen antizipieren also zuerst die Wünsche, die Absichten und das Begehren des Partners, ehe der Entscheider sich selber positioniert. Bei partnervalidierten Entscheidungen wissen die Beteiligten nie so recht, ob der Entscheider es nur dem andern recht machen will oder ob er selbst eine eigene Position bezieht.

Das ist der Fall bei der selbstvalidierten Entscheidung. Wer eine solche Entscheidung trifft, positioniert sich unabhängig von den andern Beteiligten und nimmt vor allem in Kauf, die andern Beteiligten zu kränken und in die Defensive zu bringen. Er riskiert also, sich unbeliebt zu machen, indem er sich mit seiner Meinung exponiert.

Wer in einem solchen Konflikt zwischen zwei Partnern partnervalidiert entscheidet, ist für beide Partner unzuverlässig. Wer es beiden recht machen will, wer keinen verletzen will, macht es keinem recht und verletzt beide. Auf eine selbstvalidierte Entscheidung kann man sich einstellen. Es macht einen Riesenunterschied, ob Peter sagt: »Ich bin hin- und hergerissen

1 Schnarch 2006

zwischen Rita und Evelyn und kann mich nicht entscheiden.« Oder ob er sagt: »Ich möchte beide Beziehungen leben.« Im ersten Fall überlässt er die Entscheidung anderen, laviert sich so lange über die Zeit, bis jemand anderes die Entscheidung trifft. Im zweiten Fall hat er entschieden, und es liegt bei den Frauen, sich dazu zu verhalten.

Der Preis der Entscheidung

Wer sich entscheidet, eine Affäre zu beenden, weil die Konfliktspannung zu groß ist, weil er die Ehe retten will, zahlt einen Preis. Er gibt eine Beziehung auf, die ihm etwas bedeutet. Manches ist ungelebt geblieben, manches hätte sich ausbauen und erleben lassen und ist nun abgebrochen. Wer sich zu einer Trennung entscheidet, um einen Konflikt zu lösen, aber nach wie vor an dem oder der Geliebten hängt, muss mit den unerfüllten Wünschen irgendwie umgehen. Er mag sich eindeutig verhalten und zu seiner Entscheidung stehen, aber seine Gefühlslage bleibt zwiespältig. Die Trauer dessen, der eine Affäre aufgibt, wird von beiden Partnern gern tabuisiert. Der betrogene Partner will nichts davon wissen, und der untreue Partner spricht nicht darüber, weil es so aussehen könnte, als wolle er seine Entscheidung revidieren. Und vielleicht auch, weil er sich die Trauer über das Verlorene nicht eingesteht.

Eine Kollegin berichtet mir folgenden Fall:

Beide sind Mitte vierzig und seit fast zwanzig Jahren zusammen. Ihr war wichtig, dass ihr Mann Geborgenheit, Sicherheit, Stabilität und Vertrauen gab. Die Schmetterlinge im Bauch verhielten sich relativ ruhig. Sie hatte dann eine heiße Affäre. Nachdem ihr Mann davon erfuhr, beendete sie diese, um die Beziehung zu ihrem Mann nicht zu gefährden. Seitdem kann sie kaum Berührungen von ihm ertragen, spürt Ekelgefühle, wenn sie intim werden. Sie wünscht sich eine normale Sexualität mit ihm. Die Beziehung zu dem andern Mann hat sie beendet, bewusst hat sie sich für ihren Mann entschieden, den sie auch sehr liebt. Gegenüber ihrem ehemaligen Liebhaber, der sich von seiner Frau getrennt hat und für sie frei wäre, hat sie Schuldgefühle.

In diesem Fall hat die Entscheidung nichts entschieden. Die Frau kann die äußerlich getroffene Entscheidung emotional nicht mittragen. Auf der bewussten Ebene hat sie sich entschieden und will sich ihrem Mann wieder annähern. Ihre körperliche Reaktion sagt etwas anderes. Es führt kein Weg daran vorbei, sich der Trauer über die Konsequenz der eigenen Entscheidung zu stellen, nämlich den Verlust der Lebendigkeit, die sie in ihrer Affäre erlebt.

Die Hängepartie: Nicht entscheiden

Nicht alle Ambivalenzen sind so unbewusst wie in diesem Fall. Was, wenn sich der untreue Partner zwischen Ehe und Affäre, zwischen langer Geschichte und vielversprechender Zukunft nicht entscheiden kann und hin und her pendelt? Sein Herz an beiden Seiten hängt und er nicht weiß, was er tun soll?

Dann kommt es zu Hängepartien, die sich nicht nur über Wochen, sondern über Monate und Jahre hinziehen können. Wie bei Mona:

Drei Jahre dauert ihre Beziehung mit Jacques bereits. Sie ist längst aus dem Stadium einer Affäre herausgewachsen und zu einer stabilen Parallelbeziehung zu ihrer Ehe geworden.

Monas Ehemann Gerald, der von der Beziehung weiß, hat mittlerweile selbst eine Freundin. Er zeigt sich tolerant und übt keinen Entscheidungsdruck auf sie aus. Er kann ganz gut mit dieser Beziehung leben. Den Liebhaber seiner Frau hat er nie gesehen und spürt auch kein Verlangen danach. Anders Jacques, der sich – je länger er mit Mona zusammen ist – immer intensiver eine Zukunft mit ihr wünscht. Dem steht Gerald im Weg. Trotz seiner Toleranz ist er noch der Ehemann, und es sieht auch nicht so aus, als würde sich daran etwas ändern.

Mona zeigt sich widersprüchlich. Was sie emotional äußert und was er ihr glaubt, dass sie ihn liebt und dass ihr nichts lieber ist als Zeit mit ihm zu verbringen – das ist die eine Seite. Aber die andere Seite: Was sie tun könnte, um ihre reale materielle Situation zu ändern, nämlich mit ihrem Sohn zu ihm ziehen und mit ihm ein neues Leben beginnen – das findet nicht statt. Und es sieht so aus, als würde alles so bleiben.

Mona will ihre Familie nicht aufgeben, nicht die Freunde, nicht ihren Alltag in ihrer Heimatstadt. Und will die Liebe zu Jacques weiter haben. Die steht nicht zur Diskussion. Warum etwas aufgeben, wenn beides geht? Jacques aber drängt. Er hat den Status quo jetzt lange genug ausgehalten. Er will, dass sie einen Schritt macht und zu ihm zieht. Mit dem Sohn oder ohne. Er will sie ganz.

Ganz ist sie aber nicht zu haben. Und so wird die Lage zwischen Mona und Jacques angespannter. Es wird dadurch auch nicht einfacher, dass Gerald und Mona sich wieder besser verstehen und freundlicher miteinander umgehen als lange zuvor. Anlass ist ein gelungenes Familienfest beim Geburtstag des Sohnes, auf dem Gerald und Mona sich vor der (ahnungslosen) Verwandtschaft als liebevolles und unbeschwertes Elternpaar präsentieren. Beiden kommt verstärkt zu Bewusstsein, was ihnen der Zusammenhalt der Großfamilie wert ist und was sie mit einer Trennung verlieren würden.

Sie wollen beide alles: ihre Familie erhalten, zusammen wohnen, aber auch ihre Freundschaften und ihr außerehe-

*liches Liebesleben pflegen. Mona erklärt sich Jacques ge-
genüber zunächst nicht, aber er spürt, dass sie sich auf ab-
sehbare Zeit nicht für ihn entscheiden wird. Er zieht sich
sexuell zurück, ruft weniger an, konzentriert sich wieder
mehr auf seine Firma. Mona hält das schwer aus. Sie spürt,
dass sie ihn verliert. Und in der Tat, Jacques gibt die Hoffnung auf eine Lebenspartnerschaft mit Mona auf und trennt
sich von ihr.*

*Vorläufig. Nach einer dreimonatigen Sendepause treffen
sie sich wieder, sind angetan von der Intimität, die nach wie
vor präsent ist. Und spüren beide: Die Trennung war nicht
wirklich eine Trennung. Aber wirklich zusammen sind sie
auch nicht. Mona fühlt sich wieder stark zu ihm hingezogen, aber sie bleibt verheiratet. Nicht nur, um den äußeren
Schein zu wahren, irgendwie bleibt sie auch Gerald verbunden. Und als dieser sie fragt: »Und wer ist nun das Paar?«,
kontert sie spaßend: »Dienstags oder mittwochs?« und fügt
hinzu:*

*»Ganz so launig ist es auch wieder nicht. Aber im Ernst:
Die Software hat Jacques. Die Hardware hast du.« – »Dann
hoffen wir mal, dass die bei dir kompatibel bleiben«, scherzt
Gerald und ist mit der Antwort zufrieden*

*So bleiben alle drei in einer entschieden unentschiedenen
Situation. Und alle drei leben nicht schlecht damit. Mona
und Gerald haben ihre familiäre Heimat. Mona hat die Intimität mit Jacques. Gerald, der keine feste Freundin mehr
hat, pflegt gelegentliche erotische Freundschaften. Jacques
nimmt in Kauf, dass er Mona nicht ganz haben kann, gibt
die Hoffnung zwar nicht ganz auf, kann aber mit der offenen Situation leben.*

Alles offenlassen kann auch eine Entscheidung sein. Und im
Fall von Mona, Gerald und Jacques ist sie besser als alle Alternativen.

Der springende Punkt beim Vertrauen ist, dass es sich unmöglich herstellen lässt. Es ist ein als Versprechen getarntes Risiko. *Adam Phillips*

Nach der Affäre: Aufräumarbeiten

Wie macht man aus einer Krise eine Chance?

Dafür braucht es zunächst einen guten Zeitpunkt. Im Sturm der verletzten Affekte sind keine Chancen erkennbar. Wie soll jemand in dem Moment, in dem es ihm den Boden unter den Füßen wegzieht, an Chancen denken? Solange es ums psychische Überleben geht, solange Schlafstörungen und Albträume, Entwertungsgefühle und Wutausbrüche das Geschehen bestimmen, solange der betrogene Partner von dem Gefühl überwältigt ist, seine Welt breche zusammen, kann er die Idee, darin solle eine Chance liegen, nur als sarkastisch erleben. Erst recht, wenn der untreue Partner diesen Gedanken ins Spiel bringt. Ausgerechnet von ihm wird der betrogene Partner eine solche Idee nur als Hohn gegenüber seinem Leid, als verleugnende Ausflucht und bagatellisierende Ignoranz empfinden.

Aber auch qualvolle Gefuhle haben ihre Zeit. Die Krankung fühlt sich in den ersten fünf Minuten ganz anders an als nach drei Stunden, anders nach drei Tagen und drei Wochen. Ähnlich wie körperliche haben auch seelische Wunden Selbstheilungspotential. Man muss diesem Potential aber Zeit lassen, seine Wirkung zu entfalten. Zeit heilt nicht alle Wunden. Sie tut es aber eher, wenn sie sinnvoll genutzt wird und die Beteiligten mit den Wunden gut umgehen.

Eine wichtige Voraussetzung ist dafür, dass die beiden Partner den Affektsturm als Unwetter verstehen, dem beide gleichermaßen ausgesetzt sind, auch wenn es so scheint, dass der betrogene Partner mehr leidet. Dem untreuen Partner kann dieses Leiden nicht gleichgültig sein. Dafür muss er nicht unbedingt Schuldgefühle haben, aber zumindest genug Einfühlung, dass er dem andern Schmerzen zugefügt hat. Klärungen, Verständnis, Nachdenken brauchen ein Minimum des Innehaltens, das es erlaubt, das Geschehen aus einer Außenperspektive zu sehen und überhaupt einen ersten nachdenklichen Blick auf das zu werfen, was da zerbrochen, verloren oder vielleicht neu entstanden ist.

Widerstände gegen die Chance

Der Weg von der Krise zur Chance ist freilich nicht einfach mit einem optimistischen Blick getan. Er geht nur dann, wenn beiden Partnern klar ist, dass der Weg zurück keine Option darstellt. Der unschuldige Zustand vor der Tat kann nicht wiederhergestellt werden. Aber der Schritt in die Zukunft braucht Mut. Die Chance allein ist lediglich eine bereitliegende Option, die erst genutzt werden muss. Und hier kommt die Angst in die Quere. Die Angst, nicht mehr zu wissen, was gilt, nicht mehr sicher zu sein, nicht mehr auf festem Boden zu stehen. Angst macht defensiv. Und sie kann der Chance viele Widerstände in den Weg stellen. Zum Beispiel:

Vorwürfe
Vorwürfe liegen vor allem für den betrogenen Partner nahe. Er hat das Gefühl, alle Berechtigung dazu zu haben. Schließlich ist er das Opfer, dem Unrecht angetan wurde. Vorwürfe sind aber immer vergangenheitsorientiert, beißen sich also an einem Verhalten fest, das bereits geschehen und nicht mehr zu verändern ist. Das ist unabhängig davon, wie berechtigt

die Vorwürfe sein mögen. Wenn sich ein Partner auf Vorwürfe festlegt und nichts anderes zulässt, verwehrt er den Blick auf die Zukunft.

Aber auch der untreue Partner kann beim Versuch, sein Fremdgehen zu legitimieren, dem anderen Vorwürfe machen, ihn in andere Arme getrieben zu haben, weil er ihn abgelehnt, vernachlässigt, gekränkt hat. Vorwurf und Gegenvorwurf können sich so in einen gereizten Kreislauf verhärten, der nirgendwohin führt.

Idealisierung der Vergangenheit

Gerade auf dem Hintergrund einer Krise stellen sich frühere Phasen der Beziehung, und ganz besonders der Anfang, in besonders schönem Licht dar. Die rückwärtsgerichtete Sehnsucht nach den besseren Zeiten ist nur zu verständlich. Auch sie hat ihr Recht, aber wenn sie das emotionale Geschehen dominiert, bleibt das Paar in der Melancholie stecken.

Rache

Die Schuld, die der betrogene Partner beim andern sieht, kann in seinem elementaren Rechtsempfinden zu der Überzeugung führen, dass der andere Rache verdient. Der Racheimpuls taucht spontan und unreflektiert auf. In wütenden Auseinandersetzungen wird nicht selten körperliche Gewalt angedroht oder auch ausgeübt: Der Betrogene schlägt zurück[1] und gleicht damit – in seinem Verständnis – erlittenes Unrecht aus. Auch wenn Rache in manchen Fällen für den Rächer kathartische Effekte haben mag, führt sie zwischen den Partnern in aller Regel zur erneuten Eskalation.

---

1 Das kann sehr ernste Ausmaße haben: Der Betrogene schlägt möglicherweise nicht nur zurück, sondern kann den Partner massiv verletzen, im Extremfall auch töten. (Felson 1997)

189

Mauern

Statt sich mit der Krise auseinanderzusetzen, verweigern manche Partner die Kommunikation. Sie zeigen keine, nicht einmal negative Reaktionen, sondern ziehen sich zurück, schweigen, lassen Gesprächsangebote ins Leere laufen. Der Paarforscher John Gottman[1] hat diese Strategie als eine der vier destruktivsten Verhaltensweisen (»apokalyptischen Reiter«) in Paarbeziehungen identifiziert. Sie wird bevorzugt von Männern angewendet.

Dekompensieren

Dass die Verletzung durch eine Affäre des Partners auch zu krankheitswertigen psychischen Symptomen führen kann, haben verschiedene Studien gezeigt.[2] Eine solche Reaktion kann dazu führen, dass sich der psychisch angeschlagene und erkrankte Partner in die Position des Verhandlungsunfähigen begibt, dem in seiner belasteten Lage nichts zugemutet werden kann. Das muss nicht beabsichtigt sein, auch nicht unbewusst, aber es kann dazu führen, dass die Lage stagniert.

Dass diese oder andere Widerstände auftauchen, gehört zur Krisendramaturgie. Veränderungen vollziehen sich nicht immer so schnell. Schon gar nicht, wenn es etwas zu verlieren gibt. Und wenn Angst im Spiel ist. In vielen Paartherapien ist zu beobachten, dass Partner lieber im vertrauten Streit bleiben, auf ihrer Enttäuschung, ihrem Hass, ihrer Bitterkeit beharren, als das quälende Szenario zu verlassen. Warum? Weil der Streit zwar belastend und unendlich Energie zehrend ist, aber auf eine paradoxe Weise übersichtlich ist und damit Angst abbauen kann: Man kennt sich aus, weiß, wer schuld ist, bewegt sich auf unerfreulichem, aber bekanntem Gelände.

1 Gottman 2000
2 Cano & O'Leary 2000

Der neue Blick

Die Chance ist also nicht frei von Ambivalenzen. Sie zu nutzen braucht Mut. Und sie braucht die Bereitschaft, einen andern, neuen Blick auf das Geschehen einzunehmen. Einen Blick, der der Chance überhaupt die Chance gibt, eine Chance zu sein.

Erika hatte von Rainer erfahren, dass er sich – zum ersten Mal nach 25 Jahren Ehe – in eine andere Frau, Jenny, verliebt hat, eine jüngere Kollegin. Da sie ihre Situation nicht aus eigener Kraft lösen können, kommen sie zu mir in die Paartherapie. Bereits in der ersten Sitzung sagt Erika: »Das Problem ist nicht diese Jenny. Das Problem sind wir. Unsere in den letzten Jahren völlig eingeschlafene Beziehung. Emotional, sexuell, unsere Gespräche. Eingeschlafen. Die hat uns aufgeweckt. Im Grunde genommen müsste ich ihr dankbar sein.«

Erika bewertet die für sie anfangs sehr schmerzliche Erfahrung nach dem ersten Entsetzen auch positiv: als Wecker. Als Ende der eingeschlafenen Phase der Beziehung. Das ist kein Schönreden. Kein Bagatellisieren. Sondern es gibt dem Schrecken einen andern Namen und eine Bedeutung, die nach vorne weist, die die Tür öffnen kann für eine lange vermiedene Zwischenbilanz der stagnierenden Ehe, die im aufgeweckten Zustand neuen Tritt fassen könnte.

Die Affäre als Übergang

Mit der Affäre ist die bisherige Ehe von Erika und Rainer zu Ende gegangen. Sie hat sichtbar gemacht, was die beiden Partner sich nicht eingestehen wollten: Die Ehe war friedlich eingeschlafen. Das ist auf der einen Seite eine traurige Angelegenheit, auf der andern Seite können beide erst dann Abschied von dieser Phase nehmen, nachdem sie sich ihr Ende eingestanden

191

haben. Die alte Ehe ist nicht mehr zu retten. Statt mit Rettungs-
versuchen die überlebte Phase künstlich zu aktivieren, besteht
eine Chance in der Neugründung der Ehe. Neugründung – das
war das Wort, mit dem Erika ihr Therapieziel beschrieb:

> *»Ich will nicht zurück in diesen blöden alten Zustand, in*
> *dem wir aneinander vorbei gelebt haben. Nie mehr. Ich will*
> *wissen, ob wir uns neu gründen können. Ob wir eine neue*
> *Altersehe beginnen können.«*

Mit dieser Perspektive stellt sich von selbst ein neuer Blick ein:
Was finde ich an meinem Partner heute attraktiv? Würde ich
ihn noch einmal heiraten? Von welchen überholten schlechten
Gewohnheiten sollten wir uns trennen? Welche Art Beziehung
möchte ich mit ihm? Welchen Alltag will ich? Welche neuen
Verabredungen wollen wir treffen?

Um zu sehen, ob sich aus der Krise eine Chance machen lässt,
braucht es ein Verständnis des Übergangs vom quälenden alten
Zustand zum neuen erfreulicheren und zukunftsfähigen Zustand. Der Übergang besteht nicht einfach aus einem Sprung
vom Alten zum Neuen. Der Ethnologe van Gennep[1] hat schon
vor hundert Jahren gezeigt, wie unterschiedliche Ethnien Ri-
tuale etabliert haben, die Übergangsprozesse verlangsamen
und damit gestaltbar machen. Er unterscheidet Trennungspha-
se, Schwellenphase (liminale Phase) und die Angliederungs-
phase. Die Familientherapeuten Arnold Retzer[2] und Hans
Rudi Fischer[3] haben das Modell für Veränderungsprozesse in
Beratung und Therapie aufgegriffen und unterscheiden fünf
Schritte, die sich in allen Übergangskrisen zeigen. Ihnen lassen
sich bestimmte Fragen zuordnen:

1 van Gennep 1909, weiterentwickelt von Turner 1969
2 Retzer 2002
3 Fischer 2008

1. Das Alte: Was ist so schlimm? Was ist das Problem?
2. Die Ablösungsphase: Wovon muss ich mich/will ich mich verabschieden?
3. Die Schwellenphase: Wo bin ich? In welche Richtung will ich mich verändern?
4. Wiederangliederungsphase: Welche neuen Schritte muss ich gehen?
5. Das Neue: Ich verwirkliche die Lösung.

Das Problem mit dem Vertrauen

In dem Zusammenhang kommt ein Problem bei fast allen affärengebeutelten Paaren vor. Es läuft auf die Frage hinaus: »Wie soll ich dir jetzt noch trauen, wo du mich betrogen und belogen hast?« Eine berechtigte Frage. Immerhin hat der untreue Partner eben noch den tätigen Beweis geliefert, dass weder auf seine sexuelle Treue noch auf seine Wahrheitsliebe Verlass ist. Beteuerungen schüren daher den Verdacht erst recht. Und selbst wenn dem untreuen Partner ganz ernst damit ist, dem Lug und Trug abzuschwören – wer kann sich schon sicher sein?

Wie also lässt sich verlorenes Vertrauen wiedergewinnen? Um aus dieser Klemme herauszukommen, haben viele Paartherapeuten vertrauensbildende Maßnahmen vorgeschlagen. Vertrauen, so ist die Überlegung, bekommt man nicht geschenkt, sondern muss es sich verdienen. So beschreibt die US-amerikanische Autorin Janis Abrams Spring[1] in ihrem Untreue-Bestseller sehr detailliert, wie Partner eine Trust-Enhancing-Chart ausarbeiten sollen, auf der jeden Tag eingetragen wird, welche vertrauensverbessernden Verhaltensweisen jeder Partner gezeigt hat. Sie unterscheidet dabei Verhaltensweisen

1 Abrams Spring 1996, 147 ff.

mit geringem (low cost behaviors) und hohem Aufwand (high cost behaviors).

Low cost behaviors sind etwa: »Gib mir einen genauen Ablauf deiner Dienstreise!«, »Sag mir, wenn dein Geliebter dich anruft.«, »Komm früher von der Arbeit nach Hause, um mit der Familie zu Abend zu essen«, aber auch »Sag mir, wenn ich dir gefalle«. High cost behaviors sind größere, zum Teil auch finanziell spürbare Veränderungen wie »Lass uns in eine andere Stadt umziehen«, »Überschreibe das Haus auf meinen Namen«, »Zahle Geld auf unser gemeinsames Konto«.

Ich stehe solchen Maßnahmen skeptisch gegenüber. Es stimmt, sie haben einen wahren Kern: Wer etwas ändert, muss es bedeutsam und sichtbar machen. Solche Verhaltensweisen müssen symbolischen Charakter haben, müssen als Zeichen der neuen Zeit gemeint sein und auch so verstanden werden. Wenn sie so sehr im Detail aufgelistet werden, können sie aber leicht einen anderen Charakter bekommen: das Abbüßen von Schuld. Und sie erreichen genau das nicht, was sie sollen, weil sie Vertrauen auf dem Weg über Kontrolle erlangen wollen. Kontrolle aber widerspricht dem Wesen des Vertrauens.

Vertrauen kann nur teilweise erworben werden. Wenn ich völlige Transparenz erwarte, wenn ich meinem Partner erst dann traue, wenn ich alles von ihm weiß, ist Vertrauen überflüssig. Wissen, das ich womöglich über »Beweise« gewonnen habe, macht Vertrauen überflüssig. Wissen und Vertrauen sind zwei unterschiedliche Prinzipien. In dem zum Bonmot gewordenen Satz von Lenin, »Vertrauen ist gut. Kontrolle ist besser«, ist das ausgedrückt. Gebe ich dem Partner die Bringschuld, sich durch Beweise als vertrauenswürdig zu erweisen, biete ich meinerseits Misstrauen an.

Vertrauen setzt einen guten Teil Nichtwissen voraus. Damit ist es irrtumsanfällig. Wenn ich einer Person vertraue, muss ich damit leben, dass ich einiges, womöglich sogar relevantes Wissen nicht habe. Aber ich setze voraus, dass diese Person nichts tut, was mir schaden wird. Vertrauen unterstellt dem anderen Gutartigkeit. Vertrauen wird also nur teilweise erworben, in erster Linie wird es gegeben.

Verzeihen

Neben dem Vertrauen ist das Verzeihen das zweite große Thema bei der Verarbeitung einer Affäre und beim Übergang in eine neue Beziehungsphase. Während Vertrauen seinen Fokus in der Zukunft hat, ist das Verzeihen vergangenheitsorientiert. Vertrauen öffnet den Zukunftsraum, Verzeihen schließt einen Teil der Vergangenheit.

Was heißt Verzeihen? Die Frage stellt sich zwischen zwei Ungleichen. Wer um Verzeihung bittet, gesteht ein, dass er dem anderen Unrecht oder Schmerzen zugefügt hat, gibt also Schuld zu. Wer verzeiht, verzichtet auf einen Ausgleich, obwohl ihm Unrecht geschehen ist. Er begeht also keine Rache, verlangt keine Strafe und reklamiert keine Buße oder Ausgleichszahlungen konkreter oder symbolischer Art. Das ist die ethische Seite des Verzeihens. Aber das fällt oft schwer. Verzeihen wollen heißt noch nicht verzeihen können.

Silke hatte einige Monate zuvor herausgefunden, dass sich Roland mit einer früheren Geliebten getroffen hatte. Die etwa ein Jahr dauernde Beziehung mit dieser Frau hatte er vor drei Jahren beendet. Das spätere, einmalige Treffen sei »freundschaftlich« verlaufen. Silke traut ihm nicht. Dieses Treffen hatte in ihr lange zurückliegende Kränkungen wachgerufen, die sich auch auf andere, länger zurückliegende Affären ihres Partners bezogen hatten.

Sie verbringen die Zeit mit nächtelangen kraftraubenden Gesprächen, in denen er versichert, er habe seit drei Jahren keine andere Frau mehr angerührt. Sie quält ihn und sich selbst damit, dass sie ihm nicht vertrauen könne.

195

Beide sind ratlos. Denn »eigentlich« wollen sie Sex mit-einander, wie beide versichern. Wenn nicht das Vertrauens-Problem zwischen ihnen stünde. Roland sagt: »Ich habe damals Fehler gemacht, die ich auch bedaure. Aber was soll ich denn heute noch machen?« Und Silke: »Wie soll ich ihm vertrauen können, wo er mich doch damals belogen hat?«

Wie ist der Ausstieg möglich? Dafür muss man sich vor Augen halten, dass der betrogene Partner trotz seiner Verletzung in der stärkeren Position ist. Denn er hat die Moral auf seiner Seite. Deshalb ist es auch seine Entscheidung, ob er den ande-ren aus der »Schuld« entlässt oder nicht. Und unter welchen Bedingungen.

Ich frage Silke, ob aus ihrer Sicht Roland sein Leben lang schuldig bleibt oder ob er etwas tun kann, das es ihr er-laubt, ihm zu verzeihen. Nach langem Überlegen sagt sie etwas scheinbar Einfaches: »Er soll mir einmal zuhören, was mir das ausgemacht hat, ohne mich zu unterbrechen. Aber richtig zuhören! Und er soll mir sagen, warum er es gemacht hat.«

Er lässt sich darauf ein. In der Tat ist das ein großer Schritt, den sie dann auch in einer Therapiesitzung voll-ziehen. Er hört zu. Richtig. Und er nennt als Grund sein Bedürfnis nach männlicher Bestätigung. Sie fragt nachdenk-lich »Und brauchst du die jetzt nicht mehr?« – »Nicht mehr in dem Maße wie früher«, antwortet er, »und ich hätte sie am liebsten von dir.«

Es braucht Zeit, bis Silke dieser Aussage traut. Kurz nach dieser Sitzung verbringen die beiden einen Kurzurlaub, in dem es zum ersten Mal seit langem wieder zu Zärtlichkeiten kommt. Nicht der große sensationelle Sex wie zu Beginn der Beziehung kehrt ein. Aber wenn sie miteinander schlafen, beginnt sich bei beiden das Gefühl auszubreiten, wieder zu-einander gefunden zu haben.

Affären, die einen Unterschied machen

Solche Lösungen sind nicht einfach. Sie sind aber möglich. Und sie lohnen den Aufwand langer Auseinandersetzungen. Dafür ist es auch notwendig, dass der betrogene Partner nicht völlig in seiner Kränkung hängen bleibt, sondern aus dem neuen Blick etwas macht. Dann kann sich für beide Partner ein neuer Horizont öffnen.

Das kann dauern und seine Zeit brauchen wie bei Silke und Roland. Aber manchmal geht es schnell, wie bei Marion und Ben.

Die Zeichen der Zeit verstehen

Marion hat mit ihrem Mann Ben eine brillant funktionierende Doppel-Karriere-Ehe. Er ist bei einem großen Unternehmen in einer leitenden Management-Position. Sie arbeitet freiberuflich als Designerin mit viel beweglicher Zeit, die es ihr auch erlaubt, für das gemeinsame Kind zu sorgen. Der Erfolg der beiden funktioniert auf hohem organisatorischem Niveau. Die Zeitabsprachen sind optimiert, freilich so, dass sie sich beide nur wenig sehen.

Ohne sich eigentlich ausgesprochen unzufrieden zu fühlen, sucht Marion irgendwann beiläufig im Internet nach Flirtpartnern und lernt dabei schnell einen Mann kennen. Sie ist keine Freundin langwieriger Entscheidungen, und so trifft sie ihn auch wenige Tage später, hat Sex mit ihm und – schneller als geahnt – verliebt sich in ihn.

Kurz darauf passiert eines dieser kleinen dummen Ereignisse, die große Folgen haben. Durch einen Zufall erfährt Marion von einem One-Night-Stand ihres Mannes, der ein paar Monate zurückliegt. Sie will gar nicht mehr wissen, weil sie angesichts ihrer eigenen Situation Gespräche mit Ben eher meidet. Er kommt aber auf sie zu, sucht ein langes Gespräch, in dessen Verlauf sie ihm ihre Affäre gesteht, die mittlerweile ein paar Wochen dauert und an Intensität zugenommen hat. Sie überlegt sogar, ob sie sich von Ben trennen soll.

Ben versteht die Zeichen der Zeit und reagiert sofort. Statt wie jahrelang zuvor davon auszugehen, dass in der Beziehung alles gut organisiert und stimmig laufe, nimmt er sich Zeit. Er verschiebt Geschäftstermine, um öfter zu Hause zu sein, sucht aktiv das Gespräch mit seiner Frau Marion, macht Vorschläge für familiäre Unternehmungen und ist plötzlich mit Nachdruck im Familienleben engagiert. »So hätte ich es mir jahrelang gewünscht«, meint sie. Die Affäre beendet sie nicht sofort. Sie verliert aber das Interesse, nachdem sie spürt, wie eindeutig und nachhaltig Ben sich auf sie zu bewegt.

Neues Spiel – neues Glück? Die Affäre als Beginn der neuen Beziehung

Manche Ehen enden mit einer Affäre. Und manche Affären enden mit einer Ehe. Ob das ein Happy End ist oder der Beginn des nächsten Dramas, lässt sich vorher kaum absehen.

»Irgendwas ist immer.« Mit dieser schlichten tiefen Weisheit fasste Uschi zusammen, was sie mit ihren jeweils neuen Partnern erfahren hatte. »Du bist unzufrieden, dir fehlt etwas mit einem Typ. Du machst es eine Weile mit, willst es ändern, merkst, dass es nicht geht. Und trennst dich schließlich. Am leichtesten trennst du dich natürlich, wenn du neu verliebt bist. Du denkst, jetzt endlich, jetzt wird alles anders! Und das stimmt ja auch. Erstmal ist alles anders. Aber wenn die

Verliebtheit nachlässt, manchmal auch schon vorher, merkst du, was an dem Typ nun wieder schwierig wird oder was du von dem nicht kriegst. Irgendwas ist immer.«

Uschi bringt eine Erfahrung auf den Punkt, die viele Neugebundene machen: Der Wechsel des Partners bedeutet oft nicht den Wechsel vom Problem zur Lösung, sondern vom Problem A zum Problem B.

Unter konservativen Paartherapeuten, die Trennungen skeptisch gegenüberstehen, wird häufig die These vertreten, mit einem Partnerwechsel nehme man »das Problem« mit und gerate mit dem neuen Partner in dieselbe Konfliktlage wie in der alten Beziehung. Alter Konflikt in neuer Besetzung also.

Das sieht dann beispielsweise so aus:

Rosa hat mit René dauernde Konflikte über Ordnung und Verlässlichkeit. René lässt alles Mögliche herumliegen, an ihr bleibt es hängen, die Wohnung einigermaßen in Schuss zu halten. Und nicht nur das: Im Lauf der Zeit spielt sich eine Rollenverteilung ein, bei der er sich in seiner bohèmehaften Gelassenheit von ihr kontrolliert fühlt. Rosa hingegen hat den Eindruck, sie müsse sich um alles kümmern und sie gerate zudem noch in die undankbare Rolle der kontrollierenden Frau. Ein nörgelnder liebloser Umgang beherrscht das Klima. Und irgendwann verliebt Rosa sich in Hans. Sie trennt sich von René. Rosa und Hans sind das neue Paar.

Wie ist die Prognose für die beiden? Es gibt drei Alternativen.

Mit dem Neuen wird alles anders

Rosa glaubt zu wissen, dass mit Hans alles anders und besser wird. Das Problem war René, die Lösung ist Hans. Sie ist der lästigen Rolle entkommen, in die sie René hineinmanövriert hat. Na ja, sie hat sich auch hineinmanövrieren lassen, gesteht sie ein, aber sie hat eben den Weg nicht herausgefunden. Hans

199

ist ein geordneter verantwortlicher Typ. Ihm ist derselbe Stil, dieselbe Ordnung ein Anliegen wie Rosa. Neuer Partner – Problem gelöst.

Alter Konflikt in neuer Besetzung

Rosa nimmt ihr Ordnungsthema in die neue Beziehung mit und inszeniert es dort wieder. Hans ist geordnet, aber diese Ordnung ist Rosa nun auch wieder zu spießig, zu militärisch, zu kleinkariert. Wie geordnet Hans auch sein mag, Rosa wiederholt ihr Konfliktmuster. Aufgrund ihres eigenen ungelösten Ordnungskonflikts schafft sie sich in jeder Beziehung einen Konfliktpartner, an dem sie sich strukturieren und gegen den sie ihre Ordnung herstellen kann. Ihr Wiederholungszwang, so die psychologische Erklärung, ist so stark, dass er jede Beziehung dominiert.

Irgendwas ist immer: Neuer Konflikt in neuer Besetzung

Endlich ist Ordnung. So wie Rosa sich das vorgestellt hat. Ohne viele Worte. So sollte es sein. Aber es stellt sich nach ein paar Monaten etwas ganz anderes heraus, das Rosa von René nicht kannte: dass Hans bei Diskussionen manchmal rechthaberisch ist und leicht gekränkt, wenn ihm jemand widerspricht. Rosa sieht sich einem neuen Problem gegenüber.

»Irgendwas ist immer.« Mit jedem neuen Partner hat man eine gewisse Zahl von Problemen am Hals, die mit dem Charakter, mit der Vergangenheit oder mit Beeinträchtigungen zusammenhängen, die der neue Partner mitbringt. Und deshalb wird beim Happy End im Film gewöhnlich ausgeblendet.

Aber es könnte auch gutgehen – und so geht das Liebesleben weiter. Man kann nicht wissen, ob man gerade die letzte Strophe des alten Liedes singt. Oder die erste des neuen.

Dem Vertrauten, dem ich die Treue
gehalten habe und nicht gehalten
habe – und beides in Liebe.

Widmung von Hannah Arendt
an Martin Heidegger

Vom richtigen Umgang mit Affären

Der richtige Umgang mit einer Affäre ist zunächst eine Frage
des richtigen Blicks. Wenn eine Affäre ungefragt ins Partner-
leben hineinregnet, kann man sie verfluchen, sie beenden oder
sie wütend in Kauf nehmen. Man kann sie aber auch – mit
etwas Abstand – begrüßen, statt sie zu beklagen. Der Schreck
kann heilsam sein. Und manche Affären können die Beziehung
sogar vitalisieren. Ein Beispiel für Fortgeschrittene:

Den Schrecken begrüßen

Eine beeindruckende Geschichte berichten mir Iris und Ben.
Nach über zwanzig Ehejahren hatte Iris eine Affäre begon-
nen, in der sie aufgewacht sei, ihre Lebendigkeit wiederent-
deckt habe. Die Sexualität mit Ben war über lange Jahre
einseitig gewesen. Er war in der begehrenden, initiativen
Position, sie wollte weniger, zog sich zurück, lehnte seine
Avancen häufig ab. Ben bemühte sich um sie. Aber sein Be-
mühen erlebte sie eben als Bemühen – nicht als forderndes
Begehren.

Nach drei Jahren erzählte sie Ben von ihrer Affäre, wie sie
sagte, ohne Not, also ohne dass er einen Verdacht geschöpft
habe. Nach einer großen Krise beendete sie die Affäre, die

schon lange keine Affäre mehr, sondern eine dauerhafte Parallelbeziehung geworden war. Iris und Ben versuchten nach dem Ende der Außenbeziehung einen Neubeginn ihrer Sexualität.

In dieser Situation überraschte Ben Iris mit einem Brief, in dem er sich bei ihr bedankte: Ohne sie und ohne die Affäre wären sie eingeschlafen. Dieser Brief hat bei Iris viel geändert. In einer Zeit, da er allen Grund der Welt gehabt habe, ihr Vorwürfe zu machen, bedankte er sich bei ihr! Wofür der Dank?

Ja, meint er, ihn habe das Gefühl auch verwundert. Natürlich sei er zunächst nur verletzt gewesen und habe sich lange nur gedemütigt gefühlt. So gedemütigt, dass er nicht einmal die Kraft für Vorwürfe gehabt habe. Die seien dann später gekommen. Aber mit der Zeit habe er sich eingestanden, dass ohne die Affäre tatsächlich nichts passiert wäre. Ihre Sexualität wäre sonst in dem alten Muster geblieben, und er hätte weiter das Gefühl gehabt, bei ihr nicht anzukommen. Auch wenn sie jetzt noch keinen Ausweg gefunden hätten – er sei aufgewacht. Und dafür, ihn mit der Affäre aufgeweckt zu haben, sei er ihr in der Tat dankbar.

Die Größe, die Ben mit seinem Brief zeigt, ist ungewöhnlich. Er hat sich damit in eine selbstbewusste Position gebracht. Indem er sich bei ihr bedankt, verlässt er dauerhaft die Position des gequälten Opfers und gewinnt wieder an Souveränität, die ihn für Iris auch wieder attraktiv macht. Er hat dafür Zeit gebraucht, aber er hat sie genutzt.

Freiheit und Bindung: Selbstprüfung für Fortgeschrittene

Wenn wir einen »richtigen« Umgang mit Affären definieren wollen, der der persönlichen Entwicklung auf eine schadensbegrenzende Weise dient, dann müssen wir uns mit ein paar Fragen genauer auseinandersetzen. Sie betreffen den Umgang mit widersprüchlichen Wünschen, mit den Grenzen der Partnerschaft, mit Loyalität, Privatheit und Offenheit.

»Drum prüfe, wer sich ewig bindet …«, heißt es. Auch wer sich auf Untreue einlässt und vermeiden möchte, im Trubel von Verletzung und Schuldgefühlen unterzugehen – der prüfe sich! Vorher, danach und mittendrin. Es gibt keine einfachen Antworten. Schon gar keine, die für jeden Fall passen würden. Aber sobald die sexuelle Untreue ins Spiel kommt, stellen sich diese Fragen sowieso.

Die widersprüchlichen Wünsche bejahen

Kann ich mit dem Widerspruch leben, dass ich in derselben Beziehung sowohl Sicherheit und Geborgenheit als auch Aufregung und Abenteuer suche? Und kann ich damit leben, dass mein Lebenspartner denselben Widerspruch erlebt?

Wenn ich es nicht kann, liegt als Lösungsangebot die Monogamie parat. Sie versucht, den Widerspruch dadurch zu lösen, dass Prioritäten gesetzt werden und das Uneindeutige eindeutig gemacht wird: Sicherheit geht vor Abenteuer. Eine solche Entscheidung stabilisiert das Leben. Die Konsequenzen des Sicherheitsbedürfnisses werden sozial, kulturell und juristisch belohnt. Und auch emotional: Die Monogamie verspricht, das existentielle Gefühl von Heimat, von Zugehörigkeit, von Krisenfestigkeit zu gewährleisten. Und für viele Paare hält die Monogamie, was sie verspricht.

Was aber, wenn dieser Preis zu hoch ist? Wenn der Preis der Sicherheit gleichzeitig Stagnation bedeutet. Was, wenn ich den Widerspruch nicht aushalten kann? Die bevorzugte Konsequenz für Menschen, die spüren, dass sie beide Wünsche nicht in einer Beziehung vereinen können, ist es, den Partner dafür verantwortlich zu machen. Oder – wer es sich nicht ganz so einfach machen möchte – die schlechte partnerschaftliche Passung und Kommunikation. Diese Erklärung stellt das monogame Modell nicht in Frage, wohl aber die personelle Besetzung. Sie legt nahe, entweder den Partner zu wechseln und damit auf neues Glück zu setzen. Oder zu bleiben und die Beziehung über Gespräche, eventuell mit therapeutischer Hilfe, wieder funktionsfähig und alltagstauglich zu machen. Das geht selten ohne Kompromisse. Aber es geht. Irgendwie. Meist mit der begleitenden schmerzmildernden Philosophie, dass Leidenschaft mit der Dauer der Ehe ohnehin nachlässt, dass der erotische Kitzel das Privileg der Jugend sei. Altersweisheit als mögliche Lösung.

Ein ganz anderer Zugang erschließt sich, wenn die widersprüchlichen Wünsche weder dem Partner noch der partnerschaftlichen Passung angelastet werden, sondern dem Modell. Dem Modell, das verspricht, in einem monogamen Rahmen leidenschaftliche Gefühle zu ermöglichen. Diese Sicht führt zu einer ganz anderen Konsequenz: Ich bejahe den Widerspruch und akzeptiere ihn ebenso, wie ich ein Naturgesetz nicht in Frage stelle. Gegen die Schwerkraft oder die Thermodynamik setze ich mich auch nicht zur Wehr, sondern stelle mich darauf ein.

Dann brauche ich mich auch von meinem Partner nicht zu trennen. Die Trennung würde nichts am Widerspruch ändern. Und die beiden Partner haben die Chance, sich darüber zu verständigen, dass nicht der andere das Problem ist, sondern dass sie es beide mit einer Tatsache zu tun haben, mit der sie sich auch gemeinsam auseinandersetzen können. Das ist natürlich leichter gesagt als getan. Eindeutigkeit wirkt immer attraktiver als ein Widerspruch und die Suche nach unkonventionellen Lösungen, die ihm gerecht werden.

Die Grenzen des Partners akzeptieren

Kann ich ohne Bitterkeit zu der Einsicht gelangen, dass mein Partner nur einen Teil meiner Bedürfnisse befriedigt, ohne ihm das übelzunehmen? Und kann ich gelten lassen, dass auch ich nur einen Teil der Bedürfnisse meines Partners befriedige, ohne mich deswegen abzuwerten?

An der Erkenntnis, dass der Partner nicht der ist, den ich mir in der ersten Verliebtheit vorgestellt habe, kommt keine Paarbeziehung vorbei. Der Partner ist nur der, der er ist. Das wird zum Problem, wenn ich diese Erkenntnis nicht akzeptiere, sondern mir die Verbesserung meines Partners zur Lebensaufgabe mache. John Gottman[1] hat die wichtige Unterscheidung von lösbaren und ewigen, also unlösbaren Paar-Problemen eingeführt. Zu den ewigen Problemen zählt er unter anderem den Charakter des Partners. Gottman hat darauf aufmerksam gemacht, dass ein großer Teil der Konflikte daraus resultiert, dass Paare die beiden Problemtypen verwechseln und vor allem unlösbare Probleme lösen wollen.

Zu erkennen, dass der eigene Partner Defizite hat, und zwar nicht zu knapp, ist keine neutrale Erkenntnis. Sie ist verbunden mit Enttäuschungen, der frustrierenden Erfahrung, dass der Mensch, mit dem man sich auf ein Lebensbündnis eingelassen hat, die eigenen Wünsche und Bedürfnisse nur zum Teil befriedigt und vielleicht auch nur zum Teil wahrnimmt.

Aber was mache ich mit den Bedürfnissen, die mein Partner nicht befriedigt, die ich aber gleichwohl habe? Intimität, die er nicht so zeigt, wie ich es möchte. Abenteuerreisen, die ihr zu anstrengend sind. Durchgetanzte Nächte, die ihn nicht so reizen. Diskussionen, die sie zu akademisch findet. Die ich aber auch nicht allein führen möchte, sondern mit einem Partner, der meine Begeisterung teilt. Wenn ich den leidenschaftsbegrenzenden Kompromiss, den ich der Beziehung zuliebe eingegangen bin, nicht mehr aushalte? Wenn ich das

1 Gottman 2000

Gefühl habe, dem Kompromiss meine Lebendigkeit zu opfern?

Und selbst, wenn ich nicht nur an mich, sondern auch an meinen Partner denke? Was hat er davon, wenn ich primär ihm zuliebe dies und jenes mitmache, aber meine Vitalität verkümmert, weil ich auf etwas verzichte, mit dem er nichts anfangen kann?

Hier stellt sich angesichts der Grenzen meines Partners die Frage: Trenne ich mich und suche mir einen Partner, der meinen Bedürfnissen mehr entspricht, versuche ich den Partner zu ändern – oder nehme ich ohne Bitterkeit zur Kenntnis, dass er ein gemischtes Kunstwerk ist, eine Person mit Stärken und Schwächen, der ich nicht immer die Schwächen vorhalten muss, auch wenn sie mich stören.

So weit lässt sich die Einsicht auch monogam verstehen: Ich nehme mit Achselzucken oder mit einer Haltung reifer Resignation zur Kenntnis, dass der andere so ist, wie er ist. Mit der Einsicht füge ich mich in mein monogames Schicksal: Mehr liegt nicht drin. Die Möglichkeiten, den Preis der Treue auf angenehme Weise zu bezahlen, sind zahlreich: Neben Weinkennerschaft, Theaterabonnements und Vereinsmitgliedschaften gibt es viele nicht uninteressante Ersatzbefriedigungen, die eine wichtige stabilisierende Funktion haben und die in erfolgreich gelebten treuen Beziehungen ihren guten Platz haben können.

Auf Loyalität setzen

Kann ich mir vorstellen, dass meine Loyalität zu meinem Partner so stark ist, dass ich sie durch seine Affären nicht in Frage stellen lasse?

Vielleicht bin ich mit meinem Partner so weit, dass wir uns beide zugestehen, widersprüchliche und unerfüllte Wünsche zu haben, ohne das einander vorwerfen zu müssen. So viel Weisheit stellt sich meist nicht von selbst ein, sondern weil es Anlässe gab, darüber zu reden und sich zu verständigen.

Anlässe, die nicht ohne weiteres erfreulich sind. Vielleicht hat einer von beiden bereits den Schritt gemacht und die sexuelle Ausschließlichkeit verlassen. Erst dann wird die bis dahin abstrakte Frage richtig heiß. Trägt unser Bündnis das? Gibt es eine Loyalität, die über die sexuelle Exklusivität hinausgeht und die durch eine Krise und Verletzungen hindurch trägt? Loyalität kann man sich vornehmen. Aber sie wird erst prüfbar, wenn es ernst wird. Wenn die Beziehung standhält, auch wenn einer sich verliebt. Wenn nichts gekündigt wird, auch wenn einem in der ersten Kränkung und Wut danach sein mag, hinzuschmeißen.

»Pack schlägt sich – Pack verträgt sich« ist zwar keine besonders noble Formel, um die Krisenresistenz eines Bündnisses auszudrücken. Sie bringt aber den Kern der Loyalität auf den Punkt: Auch wenn du mal schlecht mit mir umgehst, auch wenn du mir dich zumutest – eine Verletzung ist kein Kündigungsgrund. Die ultimative Formulierung beim Heiratsversprechen »bis dass der Tod euch scheidet« bringt es in der radikalsten Form zum Ausdruck. Sie konkretisiert sich im Bekenntnis, in guten wie in schlechten Zeiten zusammenzuhalten. So unentrinnbar, bis zum Tod, muss Loyalität nicht ausgereizt werden. Aber ihre Qualität besteht darin, sich nicht von kurz- und mittelfristigen Zuneigungsschwankungen so beeindrucken zu lassen und gleich die Ausgangstür zu suchen. Das ist alles andere als einfach, gerade wenn der Partner sich (oder man sich selbst) auswärts heiterer fühlt als zu Hause. Gerade dann beweist sich der lange Atem der Loyalität.

Und wenn ich meinem Partner nicht traue? Wenn ich befürchte, Loyalität zu geben, sie aber nicht zurückzubekommen? Dann falle ich ins Kontrollmuster zurück, das eine hemmende Logik nach sich zieht: Ich muss erst sicher sein, Loyalität zu bekommen, ehe ich sie gebe. Nein. Loyalität, die Bindung und Freiheit ermöglichen soll, wird zuerst gegeben. Auf Verdacht sozusagen. Es ist die unsichere, aber einzig wahre Variante:

Erst geben und dann sehen, was passiert. Dann dauert das Warten nicht so lange.

Privatheit respektieren

Kann ich meinem Partner das Recht auf Privatheit zugestehen, also dass er wichtige Lebensbereiche ohne mich lebt, ohne dass ich Näheres darüber weiß?

Widersprüchliche Gefühle akzeptieren heißt, sie nicht gegeneinander auszuspielen. Freiheit und Bindung gleichwertig gelten zu lassen, das eine nicht zum Hindernis des anderen zu machen ist eine hohe Kunst. Für den richtigen Umgang mit Affären ist Privatheit unverzichtbar. Wer auf den Anspruch verzichtet, alle Lebensbereiche des Partners zu kennen, wer zugesteht, dass die Partnerschaft für den anderen nur ein Teil seines Lebens ist, der kann dieser Alternative entkommen, die die Bindung zu einem Gefängnis macht.

Das Recht auf Privatsphäre heißt, der Partner ist nicht ausschließlich Partner, sondern er lebt Teile seines Lebens für sich oder mit anderen. Sie müssen nicht durch betonte Geheimhaltung geschützt sein, aber sie gehen den anderen auch nur begrenzt etwas an. Privatheit kann ich dem Partner leichter zugestehen, wenn ich sie für mich selbst auch in Anspruch nehme. Und ich entlaste den Partner, die Beziehung und damit mich selbst, wenn ich Befriedigung aus anderen Beziehungen schöpfe, die mit meinem Partner nichts zu tun haben müssen.

Aber das macht auch Angst: Richtet sich die Privatheit meines Partners gegen mich? Fühlt er sich in seinem privaten Leben so wohl, dass er mich nicht mehr braucht? Oder ist es mit jemand anderem so befriedigend, dass ich ausgebootet werde? Je mehr Angst die Beziehung bestimmt, desto mehr muss die Privatheit des anderen kontrolliert werden. Aber wer Freiheit beansprucht, muss sie dem Partner auch zugestehen.

Die widersprüchlichen Wünsche zu akzeptieren, mit meinen

eigenen Defiziten und denen meines Partners umzugehen, auf Loyalität zu setzen und sie dem anderen zu bieten sowie ihm auch ein Recht auf Privatheit zuzugestehen – das ist viel verlangt. Es erfordert, dass man Unsicherheiten tolerieren kann, Bescheidenheit, Großzügigkeit und Mut. Nicht gerade wenig. Darunter geht es aber nicht. Billiger ist Freiheit nicht zu haben.

So hohe Ansprüche. Will ich das? Kann ich das? Vielleicht noch nicht. Aber schwimmen lernt man auch erst, indem man ins Wasser geht und nicht gleich aufgibt, auch wenn man mal mehr Wasser schluckt, als einem lieb ist. Partnerschaften können aus verschiedenen Quellen Kraft schöpfen. Der Höhenflug der Verliebtheit ist nur eine davon.

In einer für das Verständnis partnerschaftlicher Entwicklungen bedeutsamen Studie haben der Zürcher Paartherapeut Jürg Willi und seine Mitarbeiter den Erfolg von Paartherapien untersucht.[1] Sie kamen zu dem Ergebnis, dass bei den gut verlaufenen Therapien die Paare den Erfolg für die Paarbeziehung als passabel einschätzten, den Gewinn für die individuelle Entwicklung aber sehr viel höher. Im Fegefeuer der Paarkonflikte – so lässt sich das Ergebnis verstehen – sind also in erster Linie individuelle Entwicklungschancen verborgen. Dieses Ergebnis entspricht dem Motto, mit dem US-Sexualtherapeut David Schnarch die Paarbeziehung überschrieben hat: »Marriage is a people-growing machine.« – Die Ehe ist eine Maschine für persönliches Wachstum.

1 Meier et al. 2002

Auswege aus dem Dilemma – zwei Beispiele

Ernstgemeinte Beziehungsarbeit kann zu kreativen Lösungen führen, mit denen Paare aus der Zwickmühle herauskommen, zwischen dem Gefängnis der Treue und erschlichener Freiheit wählen zu müssen.

Johanna ist mit Alex seit zwölf Jahren verheiratet, sie haben zwei Kinder. Sie waren sich beide früh darüber klar, dass sie keine konventionell-treue Beziehung führen würden, obwohl, wie beide mit einer gelassenen Sicherheit sagen, sie »sowieso immer zusammenbleiben werden«. Alex ist bisexuell. Er hatte bereits zu Beginn der Beziehung gelegentliche Kontakte zu einem entfernt lebenden Lover. Seit sechs Jahren hat er einen festen Freund. Johanna, die sich kichernd als »nicht so treuebegabt« bezeichnet, hatte zu Beginn der Beziehung immer wieder kleinere Affären mit Männern, in die sie sich auch schon mal verliebte, die aber die Beziehung zu Alex nicht gefährdeten. Allerdings fehlte ihr bei Alex, dessen Charme, Intelligenz und Kultiviertheit sie uneingeschränkt liebt, »das kerlige Element«.

Das fand sie vor sechs Jahren bei Marc, den sie – mit Wissen von Alex – über das Internet kennenlernte. Marc ist mittlerweile fester Teil der erweiterten Familie. Mit ihm geht die sportliche und bewegungsfreudige Johanna zum Tanzen, auf Bergtouren und Ausflüge, was den intellektuell und kulturell interessierten Alex noch nie angezogen hat. Alle vier Beteiligten kennen sich. Auch wenn Alex' Freund Sven sich eher aus dem familiären Kontakt heraushält. Johanna kennt und mag ihn, obwohl ihr Draht zu Sven weniger eng ist als Alex' Draht zu Marc.

Vor zwei Jahren gibt es eine kleine Krise zwischen Johanna und Marc, als sie sich beklagt, es gehe mit ihnen langsam so zu wie in einer alten Ehe. Der Anlass war, dass Marc, statt mit ihr auszugehen, den Abend vor dem Fernseher verbringen wollte. In derselben Zeit war Marc mit der Tatsache beschäftigt, dass er keine eigenen Kinder hat. Während der folgenden etwas distanzierteren Zeit begann Johanna mit einem entfernt lebenden verheirateten Kollegen, Boris, mit dem sie bereits vorher freundschaftlich verbunden war, eine Affäre. Offen, wie auch früher, hält sie sowohl Alex als auch Marc auf dem Laufenden über den Fortgang der Geschichte.

Heute lebt Johanna in »geordneten Verhältnissen« mit ihrem Ehemann Alexander und den Kindern. Marc ist als langjähriger Freund und Geliebter weiterhin Teil der Familie. Boris, der die Affäre zu Johanna geheim halten wollte, taucht nicht auf. Alex und Marc, auch Alex' Freund Sven, kennen ihn nur aus Erzählungen. Johanna trifft ihn bei entsprechenden Gelegenheiten nach der Arbeit. Boris, der in seiner Ehe unzufrieden ist, möchte mit ihr zusammenleben. Sie lehnt ab. »Ich bin für gute Unterhaltung zu haben, aber meine Ehe steht nicht zur Diskussion. Ich trenne mich doch nicht, bloß weil ich verliebt bin.« Boris akzeptiert und bleibt ihr Geliebter.

»Transparenz ist alles«, sagt Johanna. »Ich betrüge keinen meiner Männer.« Als ich anspreche, ob die Bisexualität von Alex nicht eigentlich eine verkappte Homosexualität sei, widerspricht Johanna empört. »Er hat nicht nur unsere Kinder mit Freude gezeugt, ich bin auch nicht die einzige Frau, auf die er steht.«

So sind die Verhältnisse geordnet, ohne erstarrt zu sein. Alex hat seine unangefochtene Position als der Alpha-Mann in Johannas gegenwärtigem und zukünftigem Leben. Marc entspricht ihrem Bedürfnis nach Bewegung und Abenteuer. Und mit Boris pflegt sie die romantischen Treffen.

211

Wie kann so etwas gehen? Machen sich alle etwas vor? Wo bleibt die Eifersucht? *Johanna erklärt mir das so: »Es war immer klar, dass ich mit Alex alt werde. Daran habe ich auch nicht gezweifelt, als ich in Marc verliebt war. Und auch jetzt nicht, wo ich mit Boris schon sehr schöne Stunden verbringe. Aber warum von Alex alles verlangen? Ich kann mit Marc und mit Boris bestimmte Seiten leben, die mit Alex eben nicht gehen. Da hat jeder seinen Platz in meinem Leben. Der eine tut dem anderen nichts. Ich glaube, das geht auch deshalb gut, weil Alex und ich ein ähnliches Freiheitsbedürfnis haben und einander gleichzeitig sehr sicher sind.«*

Johanna lebt ihre Bedürfnisse mit drei Männern. Keiner ist für alles zuständig. Man könnte einwenden, sie instrumentalisiere die Männer. Als ich Alex danach frage, verneint er das: *»Es wissen doch alle über alles Bescheid. Johanna und ich ermöglichen uns so viel, und das ist es, was uns verbindet.«*

Das komplementäre Prinzip

Jeder hat seinen Platz und nimmt damit dem anderen nichts Wesentliches weg. Johanna beschreibt damit das komplementäre Prinzip, das es ihr und Alex ermöglicht, ihr Mehrpersonen-Arrangement ziemlich reibungsfrei zu leben. Ohne Sexualfriedensbruch.

Den gab es allerdings bei Jean und Lisa. Auch sie haben zwei Kinder und sind bereits sechzehn Jahre verheiratet. Beide sind berufsbedingt häufig unterwegs. Dabei hatten sie gelegentliche heimliche Abenteuer und konnten ganz gut mit dem unausgesprochenen Konsens leben, sich diese nicht mitzuteilen. Mit der stillschweigenden Akzeptanz war es vorbei, als Jean ein Liebesbrief ihres gemeinsamen

Bekannten Thomas in die Hände fiel, aus dem hervorging, dass dieser mit Lisa schon seit Monaten eine innige Liebesgeschichte lebt. Als er Lisa damit konfrontiert, gesteht sie nicht nur alles. Mehr als das. Sie sagt, dass sie mit ihm eine sexuelle Intensität kennengelernt hat, die sie noch mit niemandem zuvor erlebt habe. Jean trifft das ins Mark. Obwohl die Sexualität zwischen ihm und Lisa in den letzten Jahren auf einem halbbefriedigenden Niveau stagniert war, war er doch der Ansicht, dass es bei ihnen beiden sexuell großartige Zeiten gegeben habe. Lisa bestätigt das, sagt ihm aber, dass Thomas ihren sexuellen Bedürfnissen besser entspricht als Jean.

Im ersten Affektsturm will sich Jean trennen und drängt Lisa zu gehen. Als sich nach ein paar Wochen aber die Wogen glätten, einigen sich beide darauf, weiter mit den Kindern zu leben. Lisa intensiviert die Beziehung mit Thomas sogar. Alles kommt in ein neues Fahrwasser, als Jean sich seinerseits in Rosa, eine verheiratete Frau, verliebt. Jean und Lisa einigen sich auf eine Trennung

Drei Jahre später: Jean und Rosa haben ihre Liebesbeziehung nach einem halben Jahr beendet, nachdem sich beide nicht entscheiden mochten, ihre Familie zu verlassen. Lisa hat sich von Thomas getrennt. Er war ihr so wenig treu wie sie ihm. Und zwischen Jean und Lisa hat sich in dieser Zeit die Paarbeziehung zu einer ungewöhnlichen Freundschaft entwickelt. Für beide überraschend leben sie ohne Vorwürfe, auch ohne Eifersucht nebeneinander, koordinieren ihre familiären und beruflichen Angelegenheiten ziemlich gut. Eigentlich wäre der Weg frei, wieder so zu leben wie in den ersten Ehejahren. Aber ihre Entwicklung ist weitergegangen. Beide haben sich eingestanden, dass dauerhafte sexuelle Treue ihnen schwerfällt und dass sie ihren sexuellen Interessen sehr gerne auch mit anderen Menschen nachkommen. Aus dem, was vor drei Jahren eine große Krise hervorgerufen hat, ist jetzt ein Bündnis unter Gleichgesinnten geworden. »Offen-

bar sind wir im gleichen Club«, meint Jean. Beide kennen die Affären des anderen und haben miteinander eine familiäre Wohngemeinschaft eingerichtet, in der sie gut leben.

»Ein polygames Modell?«, frage ich die beiden. »Nein. Das ist einfach so gekommen«, antwortet Jean. »Hätte man mir das vor drei Jahren als Modell vorgestellt, hätte ich das für unmöglich gehalten. Aber es geht.«

Zwei Lösungen. Zwei Auswege aus der Monogamie-Falle. Und beides Lösungen, die eine dritte Lösung zwischen Treue und Trennung realisieren. Bei Lisa und Jean haben wir es mit einer dramatischeren und weniger eindeutig verlaufenen Lösung zu tun als bei Johanna und Alex. Die Affärenpartner sind nicht in die erweiterte Familie integriert. Sie sehen ihre Zukunftsperspektive offener als Lisa und Jean.

Differenzierung

Beide Paare haben einen ähnlichen Prozess durchgemacht, den der Sexualtherapeut David Schnarch[1] »Differenzierung« nennt. Darunter versteht er, dass wir ein klar abgegrenztes Selbst entwickeln und dabei trotzdem in nahen Beziehungen zu den Geliebten bleiben. Differenzierung heißt, zwei zentrale Lebenskräfte auszubalancieren, das Bedürfnis nach Individualität und das nach Nähe. Individualität aufzugeben, um eine Beziehung zu retten oder Spannungen in einer Beziehung zu lösen, ist demnach ebenso undifferenziert wie der umgekehrte Fall, nämlich seine Individualität nur dadurch retten zu wollen, indem eine nahe und emotional bedeutsame Beziehung aufgegeben wird. »Differenzierung ist die Fähigkeit, sein Selbstbewusstsein aufrechtzuerhalten, während man anderen

1 Schnarch 2004

214

emotional und/oder körperlich nahe ist – insbesondere dann, wenn die anderen zunehmend wichtiger für einen werden.«[1]

Wer differenziert ist, kann sowohl seinem Partner zustimmen, ohne das Gefühl zu haben, sich selbst zu verlieren, und kann widersprechen, ohne das Gefühl von Verbitterung oder Entfremdung zu haben. Wer differenziert ist, muss nicht auf Distanz gehen, um bei sich bleiben zu können. Differenzierung ist also nicht das Gegenteil von Bezogenheit, sondern eine andere Art von Bezogenheit. Differenzierung meint auch nicht Strukturiertheit im Sinne eines Persönlichkeitsmerkmals, sondern eher eine Prozesskompetenz in der Beziehungsgestaltung mit nahen Personen. Die Kompetenz zeigt sich am Umgang mit der Angst, die sowohl Nähe als auch Distanz auslösen kann. So ist etwa die forcierte Deklaration von Unabhängigkeitsbestrebungen (»Ich lasse mich nicht einsperren!«, »Ich brauche meinen Freiraum!«) nicht etwa ein Hinweis für starke, sondern für schwache Differenzierung, weil durch die heftige Betonung eher der gegenteilige Impuls, nämlich die Angst, niedergehalten werden soll.

Differenziertheit setzt ein klares Selbstbewusstsein voraus, das sich nicht durch übermäßige Abgrenzung absichern muss, sondern das im nahen emotionalen Kontakt zum Partner bleiben kann. Das ist leicht gesagt. Aber es stellt eine besondere Herausforderung dar, wenn der Partner sich auf eine dritte Person als Geliebten einlässt. Das macht Angst. Angst, den Kürzeren zu ziehen, verglichen zu werden – und zu verlieren. Angst, verlassen zu werden. Deshalb ist die Fähigkeit zu eigener Angstregulation so zentral. Damit ist gemeint, dass man den Partner nicht manipuliert, um weniger Angst haben zu müssen, indem man ihm Vorwürfe macht, sich jammernd an ihn klammert oder das eigene Leid demonstrativ einsetzt. Umgekehrt heißt das auch, sich selbst durch die Angst des Partners nicht manipulieren zu lassen, ohne allerdings gegenüber

---

1 Schnarch 2006, S. 55

der Angst des Partners gleichgültig zu sein. Das erfordert die Bereitschaft, den unvermeidbar schmerzlichen Gefühlen ins Auge zu sehen und sie zu tolerieren.

Diese Kriterien treffen in beiden Beispielen zu. Sowohl bei Johanna und Alex als auch bei Jean und Lisa haben wir es mit selbstbewussten Personen zu tun, die sich weder übermäßig abgrenzen noch die Beziehung klammernd sichern müssen. Damit können sie, wenn es zu kritischen und beängstigenden Situationen kommt, sowohl die emotionale Nähe zum Partner ertragen als auch die Distanz aushalten, wenn der Partner nicht zur Verfügung steht.

Beide Paare leben jetzt mehrere Jahre in ihren unkonventionellen Arrangements, und sie leben gut damit. Beide Paare wollten es nicht mehr anders machen. Jean und Lisa denken mit etwas Wehmut an die romantischen und treuen Anfangsjahre zurück, aber auch sie bejahen ihre Gegenwart. In beiden Fällen ist die Verabredung keine Kopfgeburt, folgt keinem Konzept der »offenen Ehe«. Vielmehr haben sie Lösungen gesucht und gefunden, die den Bedürfnissen der Partner entsprechen. Gefühl geht vor Ideologie.

Auswege aus der Monogamie-Falle

Was haben die beiden Paare richtig gemacht? Wie haben sie den Ausweg aus der Monogamie-Falle gefunden? Wenn man die Geschichte der beiden Paare parallel analysiert, so lassen sich ein paar Regeln herauspräparieren, die es ihnen ermöglicht haben.

Loyalität ist ihnen wichtiger als sexuelle Treue
Alex und Johanna empfinden von Anfang an eine tiefe Verbundenheit füreinander, die auch geschwisterliche Züge hat. Ihr Bündnis stand nie zur Disposition. Dadurch, dass beide

von Anfang an ihre Affären konsequent offen kommuniziert haben, entstand nie ein Geheimnis, das dem Partner das Gefühl gegeben hätte, ihm würde etwas weggenommen. Der Versuch von Boris, Johanna ganz für sich zu gewinnen, war ohne Chance.

Anders bei Jean und Lisa. Ihre Loyalität stand durchaus in Frage und durchlief eine schwere Prüfung, nachdem die Außenbeziehungen eine Dauer und Intensität erreicht hatten, die ihre Ehe zeitweise auf den zweiten Platz setzte. In ihrem Fall führte der Weg zurück zur Loyalität. Zum einen über die familiäre Bindung und über die Kinder, die keiner der beiden hergeben wollte. Zum anderen entdeckten sie – nachdem die Kränkungsphase überstanden war – wieder ihre geistigen und weltanschaulichen Gemeinsamkeiten neu, auf die sie ihr neues Bündnis aufbauen konnten.

Jeder hat seinen Platz
Dadurch dass die Loyalität der Primärpartner stabil geblieben ist (oder nach einer Krise wieder stabil wurde), bleiben für die Geliebten und Liebhaber solche Plätze zu besetzen, die der Primärpartner nicht (ausschließlich) beansprucht. Das ist vor allem die sexuelle Position. Indem diese von dem Recht auf den zentralen Platz im Leben entkoppelt ist, bekommt sie auf der einen Seite eine positive Sonderposition, auf der anderen Seite beansprucht sie nicht den zentralen Platz der Primärbeziehung.

Auch diese Platzierung ist nicht von vornherein gegeben, sondern die Paare haben sie sich erarbeitet, im Fall von Jean und Lisa geradezu erlitten. Aber das mit einem Ergebnis, das sie nicht mühsam erdulden oder lediglich in Kauf nehmen, sondern das sie als erlösend erleben.

Sie stellen Respekt vor Rivalität
Sexuell rivalisierende Partner folgen einem Entweder-oder-Prinzip. Es kann nur einen Sexualpartner geben oder zumin-

217

dest nur einen, der die Position des besseren Liebhabers besetzt. Das ist das Interesse des bedrohten Primärpartners wie des umwerbenden Liebhabers. Beide Paare sind dieser Falle entgangen, weil keiner der Primärpartner in der Position des betrogenen und alleingelassenen Verlierers zurückblieb. Mehr noch: Jeder empfindet den Partner, der sich auf andere eingelassen hat, nach wie vor attraktiv. Es gibt eine unausgesprochene Loyalität der Partner, im gleichen Club der sexuell Aktiven und Interessierten zu sein. Obwohl es nie ganz verschwunden ist, stellt dieses Bündnis im Laufe der Zeit das Rivalitätsgefühl in den Hintergrund.

Sie akzeptieren den sexuellen Unterschied

Die Entscheidung für eine Lebenspartnerschaft kann man bewusst treffen. Sich für den einen und gegen andere Partner entscheiden. Ob aber die sexuellen Interessen langfristig deckungsgleich mit der Partnerwahl sind, ist eine andere Sache. Insbesondere ist es keine Entscheidung. Faszination, Begehren stellt sich ein, drängt sich auf. Dies ist nicht durch eine Willensentscheidung herstellbar.

Zur hohen Schule der sexuellen Differenzierung gehört die Kunst zu akzeptieren, dass die sexuellen Interessen des Lebenspartners sich nicht nur oder vielleicht nicht einmal in erster Linie auf einen selbst richten. Das kann im besten Fall so weit gehen, das nicht nur duldend zu tolerieren, sondern sogar noch interessant und belebend zu finden.

Das ist beiden Paaren gelungen. Alex und Johanna hatten das durch die von Anfang an offene Bisexualität von Alex etwas leichter, weil beide gleich wussten, worauf sie sich einlassen. Ganz anders mussten Jean und Lisa, die beide sehr eifersüchtig und rivalisierend waren, erst durch eine lange Krise gehen, ehe sie mit der Tatsache leben konnten – und sie gegenseitig sogar attraktiv fanden –, dass beide dem Reiz anderer Partner nur zu gerne nachgaben.

Sie fordern keine sexuelle Treue

Beide Paare hatten sich nicht auf sexuelle Treue festgelegt. Theoretisch. Das machte sie nicht unempfindlich gegen die Kränkungen, als die Außenbeziehungen dann konkret gelebt und für den jeweiligen Partner sichtbar wurden. Aber es entlastete die Auseinandersetzung von Vorwürfen. Was nicht verabredet war, konnte auch nicht eingeklagt werden. So waren die Auseinandersetzungen, vor allem zwischen Lisa und Jean, nicht gerade einfach, aber immerhin von moralischen Vorhaltungen relativ frei.

Sie respektieren die Geliebten

Nicht alle Beteiligten kannten sich. Aber sie wussten voneinander. Alex mag Marc und erlebt ihn mittlerweile auch als Teil der erweiterten Familie. Er schätzt auch Boris, selbst wenn er ihn nur aus Johannas Erzählungen kennt. Johanna behandelte Alex' Lover von Anfang an wie einen guten Freund. Jean kannte und mochte Thomas bereits vor Lisas Affäre. Und er konnte – nachdem sich die Wogen der Verletzung etwas geglättet hatten – ein gewisses Verständnis für Lisas Faszination für Thomas aufbringen. Lisa ihrerseits nahm die Beziehung zwischen Jean und seiner Geliebten Rosa sehr ernst und vermied genau deshalb, Näheres von ihr zu erfahren oder sie kennenzulernen.

So kann es gehen. Und das über Jahre. Die beiden Paare haben sehr spezielle Auswege aus dem Dilemma gefunden, ihre Bedürfnisse nach einer verlässlichen Partnerbeziehung zu leben, ohne auf die Verwirklichung ihrer individuellen Freiheit verzichten zu müssen. Trotzdem sind sie keine Modelle. Sie zeigen nur, was möglich ist. Modelle gibt es nicht und Standardlösungen schon gar nicht. Aber das ist keine schlechte Ausgangslage. So kann jedes Paar, jeder Partner seinen Weg individuell und neu erfinden.

Let it be!
*John Lennon/
Paul McCartney*

Im Dreieck navigieren –
Regeln für Untreue, für Betrogene
und für Geliebte

Wenn man von Paaren spricht, gerät leicht die Tatsache in den Hintergrund, dass die Partner zwar aufeinander bezogen leben, ihre Entscheidungen jedoch ganz allein treffen und auch allein handeln. Das müssen sie auch, nicht nur, weil sie immer Individuen bleiben, sondern auch, weil in den Turbulenzen einer Dreieckskonstellation koordiniertes Handeln schwerfällt. Jeder der drei Beteiligten folgt den Impulsen, die die eigene Not und die eigenen Bedürfnisse nahelegen. So kann sich nur jeder für sich klug verhalten, unabhängig davon, was den beiden andern Beteiligten vernünftig erscheint.

Zehn Regeln für untreue Partner

1. Wäge den Wert der Offenheit gegen den
Wert des Schutzes ab!

Es kann rücksichtsvoller und sogar liebevoller sein, dem Partner eine Affäre ganz zu verschweigen. Wenn er nicht alles aus meinem Leben wissen will, wenn die Offenheit zu keiner positiven Konsequenz führt, wenn sie zum Selbstzweck wird – dann übernimm die Verantwortung dafür, den Partner vor ei-

221

ner Information zu schützen, die zu nichts führt außer zu einer Kränkung.

2. Wenn du dich zur Geheimhaltung entscheidest – mach es konsequent!

Es ist verständlich, wenn du zögerst. Ob ein Geheimnis nicht vor allem schädlich für die Beziehung ist? Insbesondere dann, wenn du lügen musst, um das Geheimnis zu wahren. Aber wenn du dich trotzdem dafür entscheidest, mach es nicht halbherzig! Verwickle dich nicht in Widersprüche und bleibe bei der Version, auf die du dich einmal festgelegt hast.

3. Wenn du deinen Partner schon betrügst, bewahre Respekt!

Wenn dein Partner dir vertraut oder deine Privatheit respektiert, indem er dich nicht kontrolliert, ist das ein Ausdruck von Stärke, nicht von Schwäche und verdient Respekt. Ob absichtlich oder unabsichtlich – er ermöglicht dir damit, deine Affäre zu leben.

4. Es gibt ein Leben nach der Affäre. Tu nichts, was du nach der Affäre bereust! Vermeide Affären im sozialen Nahfeld!

Du weißt nie, ob deine Affäre geheim bleibt oder irgendwann auffliegt. Aber es ist klug, an die Zeit danach zu denken. Das ist schwer, gerade, wenn du verliebt bist und nichts weniger als das Ende im Sinn hast. Bedenke dabei nicht nur deine Lage, sondern auch die der anderen Beteiligten, die – wenn sie sich kennen, denselben Arbeitsplatz haben, aus demselben Freundeskreis kommen oder gar noch verwandt sind – in eine schwer erträgliche Situation geraten können, wenn sie sich unversehens als indirekt Beteiligte einer Dreiecksbeziehung wiederfinden müssen.

5. Geh mit dem Geliebten keine materiellen Verbindlichkeiten ein!

Besinne dich auf deinen Beziehungsvertrag, auch wenn du nicht verheiratet bist! Gerade jetzt. Ob es deinen Gefühlen entspricht oder nicht: dein Partner hat Rechte. Was ihr euch materiell aufgebaut habt, gehört euch und nicht dem Geliebten.

6. Wenn du ertappt bist, dann leugne nicht das Offensichtliche! Gehe Gesprächen nicht aus dem Weg! Das bist du deinem Partner schuldig.

Ob Offenheit oder Geheimhaltung besser ist, hängt maßgeblich davon ab, was der Partner ohnehin schon weiß. Was in der Zeit des Nichtwissens sinnvoll sein kann, nämlich das Geheimnis zu wahren, kann peinlich und quälend werden, sobald der Partner von der Affäre weiß und berechtigten Gesprächsbedarf hat: Meide nicht die Auseinandersetzung, sondern stehe zu dem, was du getan hast, fühlst und vorhast! Mach keine lächerliche Figur, indem du das abstreitest, was eh klar ist!

7. Spiele nicht den reuigen Sünder, sondern übernimm Verantwortung für das, was du getan hast oder weiter tun willst! Wälze die Verantwortung nicht auf deinen Partner ab!

Wenn ihr über die Affäre sprecht, zeige dich als erwachsenes, reifes Gegenüber, das dem betrogenen Partner auch das Recht zugesteht, zornig zu sein. Falls du ein schlechtes Gewissen hast, musst du damit selbst ins Reine kommen. Mute nicht deinem Partner zu, darauf noch Rücksicht zu nehmen.

8. Nimm deinem Partner nicht übel, wenn er ungerecht ist!

Dass dein Partner keine freundlichen Gefühle für dich empfindet, nachdem du ihn verletzt hast, solltest du verstehen und in Kauf nehmen. Es ist jetzt nicht die Zeit für abgewogene Gefühlsäußerungen. Nicht jede Äußerung wird fair sein, nicht alles, was er dir um die Ohren haut, wird besonders korrekt und rücksichtsvoll sein. Gestehe ihm zu, dass er seine Kränkungswut loswerden muss.

9. Behalte deine Eheprobleme für dich! Sie gehen deinen Geliebten nichts an. Dein Partner hat das Recht, gegenüber dem Geliebten geschützt zu werden.

Es kann sein, dass du aus einer unbefriedigenden Partnerschaft zu einem Geliebten fliehst, bei dem du dich besser verstanden fühlst, und von dem deine Bedürfnisse besser beantwortet werden. Ein verständnisvoller Geliebter wird wissen wollen, was in deiner Ehe schiefläuft. Sag es ihm aus deiner Sicht, aber sprich über dich und stimme nicht das Klagelied auf deinen Partner an. Erstens macht dich das nicht attraktiv. Und zweitens gehen die persönlichen Schwächen deines Partners den Geliebten nichts an. Damit zeigst du auch Respekt vor deinem Partner, vor dir selbst und vor eurer Beziehung.

10. Behalte die Probleme deines Geliebten für dich! Sie gehen deinen Ehepartner nichts an. dein Geliebter hat das Recht, gegenüber dem Ehepartner geschützt zu werden.

Wenn du mit deinem Partner über die Affäre sprichst – wie sie war oder noch ist, was dich weggetrieben und was dich angezogen hat – ist es unvermeidlich, dass du auch über den Geliebten sprichst. Dein Partner wird keinen neutralen Blick für den Rivalen haben. Er wird ihn abwerten oder – aus dem Gefühl der Bedrohung – als Rivalen überbewerten. Du kannst dadurch verführt sein, viel über den Geliebten zu erzählen, richtigzustellen, zu relativieren. Beachte dabei, dass du deinen Geliebten nicht dem Partner auslieferst. Er verdient Respekt schon dafür, dass er sich auf dich eingelassen hat.

Zehn Regeln für betrogene Misstrauische

1. Überlege, was du alles wissen willst! Beschränke dich auf das Wesentliche und erspare dir quälende Details!
Wenn du von einer Affäre deines Partners erfährst, willst du womöglich alles erfahren: wer, wann, wo, wie. Das ist verständlich. Nachdem du eine ganze Weile nichts wusstest, vielleicht etwas geahnt hast, willst du Genaues wissen, um die Bedrohung einzuschätzen. Du willst es wissen, obwohl dir klar ist, dass das, was du erfährst, dir erst recht weh tun wird. Je mehr du es dir vorstellen kannst, desto mehr Illustrationsvorlagen hast du, die dich quälen. Es ist schwer, sich diesem selbstquälerischen Sog zu entziehen. Um so mehr: Erspare dir Details! Überlege dir vorher, ob es dir neue Erkenntnisse bringt, genau zu wissen, wie genau es dein Partner mit dem anderen getrieben hat. Und bremse deinen Partner, falls der unerwarteterweise einen Geständnisdrang hat – sich dadurch Absolution erhofft. Hole dir die Informationen, die du brauchst, und erspare dir den Rest!

2. Gehe davon aus, dass du nicht alles erfährst!
Auch dein Partner wird abwägen, ob er dir alles mitteilt. Wenn er dich nicht gerade quälen möchte, wird er dir nicht alles zumuten. Auch um sich selbst vor deiner Reaktion zu schützen.

3. Nimm es nicht persönlich, wenn dein Partner fremdgeht! Es muss mit dir nichts zu tun haben.
Warum ist mein Partner fremdgegangen? Was sucht er bei seiner Geliebten? Was vermisst er bei mir? Was habe ich falsch gemacht? Die Frage nach eigenen Versäumnissen oder Fehlern liegt nahe. Natürlich sucht der Partner etwas, dass ich ihm nicht gebe: Sonst müsste er ja nicht fremdgehen. Aber das heißt nicht, dass ich schuld an seinem Seitensprung bin. Seine Affäre beweist nicht meine Defizite und mein Versagen. Es kann gut

sein, dass er einer Sehnsucht nachhängt, dass er etwas sucht, das er mit mir gar nicht leben möchte oder kann. Für seine Sehnsucht bist du nicht verantwortlich.

4. Mach deine Selbstachtung unabhängig vom Verhalten deines Partners!

Das ist eine Kunst. Wenn ich betrogen werde, fühle ich mich immer auch schlecht und abgewertet. Selbst wenn ich empört bin, mich moralisch in der besseren Position sehe und mich über ihn setzen mag, bleibt die nagende Frage: Warum hat er mir das angetan, war ich ihm die Treue nicht wert? War ich ihm nicht genug? Was fehlt mir, was der andere hat? Mache in dieser Situation nicht sein Verhalten zum Maßstab deiner Selbstachtung! Über deinen Stolz bestimmst du selbst, nicht er.

5. Mach deine Kränkung nicht zum alleinigen Maßstab deines Handelns!

Du bist verletzt. Nimm die Kränkung ernst, aber überlasse ihr nicht das Monopol über dein Gefühlsleben. Der Schmerz lässt irgendwann nach. Und er sollte dich nicht am Denken hindern. Sprich mit Personen deines Vertrauens, die haben oft eine andere Sicht, die dir helfen kann.

6. Bleib nicht bei Vorwürfen und in der Opferposition hängen!

Du magst recht haben mit deiner Empörung. Du fühlst dich wirklich unschuldig und siehst die Verantwortung in erster Linie bei deinem Partner, der dich betrogen hat. Das hilft dir in gewisser Weise: Du brauchst nicht zu zweifeln, du ersparst dir langes Grübeln. Es herrschen aus deiner Sicht zwar schmerzliche, aber klare Verhältnisse. Dieses Denken bringt dich auf Dauer aber nicht weiter. Verbarrikadiere dich nicht selbstgerecht hinter deinen Vorwürfen. So bekommst du keinen Atem und keinen Abstand zum Geschehen. Und den brauchst du, wenn du irgendetwas aus der Geschichte lernen willst.

7. Überlege, was für dich auch gut an der Affäre deines Partners sein könnte!

Das ist eine Übung für Fortgeschrittene. Keine Übung, wenn die Kränkung noch frisch ist. Zu überlegen, was gut sein könnte, heißt nicht, das Ganze im Nachhinein schönzureden oder die üblen Seiten zu verleugnen. Aber Erkenntnisse kommen nicht nur aus der Freude, oft genug steht am Anfang der Erkenntnis der Ärger, die Enttäuschung, die Niederlage. Frage dich: Was wäre nicht in Gang gekommen ohne die Affäre? Was ist mir klargeworden? Woran bin ich gewachsen? Welche Stärken konnte ich entwickeln, die mir geholfen haben, aus der Geschichte herauszukommen? Welche eingeschlafenen Seiten unserer Beziehung wurden neu zum Leben erweckt?

8. Wenn dein Partner die Affäre beendet: Gestehe ihm zu, dass er auch traurig darüber ist, etwas verloren zu haben!

Es kann sein, dass dein Partner seine Affäre beendet hat. Äußerlich beendet hat und seinen Geliebten wirklich nicht mehr trifft. Aber wenn ihm die Affäre unter die Haut gegangen ist, wenn er verliebt war, wenn er etwas Wichtiges erlebt hat, wird er auch traurig sein. Er hat etwas verloren oder womöglich aufgegeben, um eure Beziehung fortsetzen zu können. Das ist vielleicht für dich eine Erleichterung, für ihn kann es auch ein schweres Opfer sein. Dafür brauchst du dich sicher nicht zu bedanken. Aber du solltest damit rechnen, dass er etwas verloren hat. Gestehe es ihm zu, dann muss er dir seinen Verlust nicht übel nehmen.

9. Lass dir von seinen Beweggründen erzählen! Dann lernst du deinen Partner besser kennen.

Dass dein Partner fremdgegangen ist, kann für dich schlimm genug sein. Ihn auch noch verstehen zu wollen, klingt vielleicht wie eine Zumutung, als Aufforderung, ihm über das Verständnis auch gleich noch eine Entschuldigung anzubieten. Verstehen heißt aber noch lange nicht entschuldigen oder verzeihen. Du könntest weniger ihm als dir selbst einen Gefallen tun. Wenn du mit deinem Partner zusammenbleiben willst, kann es unendlich viel wert sein, seine Sehnsüchte und Wünsche neu kennenzulernen, die bisher zwischen euch tabu waren, vermieden wurden und für die die Affäre ein Katalysator war.

10. Überlege, ob du deinem Partner Affären gestatten kannst, ohne dich zurückzuziehen! Er könnte dir das Geschenk der Freiheit danken.

Ein naheliegender Gedanke nach einer Affäre lautet: Wie können wir so etwas in Zukunft vermeiden? Ein nicht ganz so naheliegender, aber lohnender anderer Gedanke ist: Wie kann ich mit der möglichen nächsten Affäre meines Partners so umgehen, dass sie mein Leben bereichert statt es zu belasten? Könnte ich mir vorstellen, dass der Geliebte mir auch emotionale Aufgaben abnimmt? Dass mein Partner etwas woanders lebt, für das ich nicht sein ideales Gegenüber bin. Kann ich Freude daran empfinden, ihm das zuzugestehen, statt es zähneknirschend zu ertragen?

Acht Regeln für die/den Geliebte/n

1. Misch dich nicht in die Ehe deines Geliebten ein! Sie geht dich nichts an.

Es kann gut sein, dass er dir erzählt, wie unglücklich er in seiner Ehe ist. Das könnte dich in deiner Verliebtheit dazu bringen, ihm helfen zu wollen. Mit guten Ratschlägen oder fürsorglichen Taten. Und es passiert leicht, dass du diese Ehe wirklich unerträglich findest. Für dich keine schlechte Nachricht, denn du weißt wahrscheinlich eine Alternative: Da wird bald was frei. Beachte zweierlei: Er mag erzählen, was er will, aber das ist nur die eine Hälfte der Wahrheit. Die andere ist die, dass er immer noch die Ehe aufrechterhält. Und außerdem: So verkehrt kann seine Frau nicht sein, wenn sie ausgerechnet denselben Mann hat wie du: Auch wenn du dich über sie wunderst: Respektiere sie und sprich nicht schlecht über sie.

2. Geh davon aus, dass du über die Ehe deiner Geliebten nicht alles weißt!

Wenn sie ihrem Mann gegenüber fair ist, schützt sie ihn vor dir. Verschweigt dir seine Schwächen und wunden Punkte. Das verdient Respekt. Aber es gibt auch andere Gründe: Wenn sie dich halten möchte, wird sie nicht alles sagen, was sie noch an ihrem Mann hält. Das muss nicht Liebe sein. Es kann die nackte Existenzangst sein – oder materielles Kalkül, wenn der Mann finanziell potenter ist als du es bist. Ein liebendes Herz schließt einen kühlen Kopf nicht aus. Wenn du nicht alles verstehst, kann das daran liegen, dass du nicht alles weißt.

3. Stelle keine Ansprüche, egal, was dein Geliebter dir versprochen hat!

Im verliebten Zustand sagt er dir alles Mögliche. Und er meint das auch so. Aber es ist nur begrenzt gültig. Er kann dir versprechen, immer für dich da zu sein. Und wenn du krank im Bett liegst und ihn brauchst, kommt er dann doch nicht, weil seine Frau Geburtstag hat und er da nicht wegbleiben kann. Solange er noch mit seiner Frau unglücklich zusammen ist, verspricht er dir vieles, weil er sich selbst eine bessere Beziehung wünscht. Aber er ist erst frei, wenn er frei ist. Merke: Ein verheirateter Mann ist verheiratet.

4. Stelle dich nicht über ihren Ehemann!

Natürlich habt ihr es schöner, prickelnder, aufregender miteinander, als sie es nach langen Ehejahren mit ihrem Mann hat. Genieße es, aber bilde dir nichts darauf ein! Das liegt in der

Natur der Sache. Es ist neu, es ist unverbraucht, es ist geheim, es ist nicht verdorben durch den Alltag. Ihr Mann mag den stärkeren Part haben, weil er die älteren Rechte hat, aber zugleich hat er auch den undankbareren Part. Mit ihm sind Frustration, Ärger, ungelebte Träume verbunden. Was sich eben so an unschönen Gefühlen ansammelt in einer Ehe. Aber es liegt meistens an der Ehe, nicht an dem Mann. Du hast den fröhlicheren Part im Spiel, aber er ist kein schlechterer Mensch als du.

5. Wenn eure Affäre herauskommt, gelten plötzlich andere Regeln als in der Phase des Geheimnisses. Rechne mit allem!

Ihr Mann hat es herausbekommen. Du weißt nicht, wie er reagiert. Sucht er dich auf und droht dir? Kontrolliert er ab jetzt jeden ihrer Schritte? Oder wird er krank und in seiner Verzweiflung arbeitsunfähig? Deiner Geliebten geht es jetzt weniger um das Vergnügen mit dir. Jetzt bist du nicht als erotischer Spielpartner, sondern als Freund gefragt. Sie braucht jetzt deine Unterstützung. Und das kann auch heißen: Ihr seht euch eine Zeitlang nicht. Sie muss auf das Kontaktverbot ihres Mannes eingehen, wenn sie seine Wut nicht riskieren will. Sie kann ihr nicht entgehen. Du schon. Deshalb: Nimm dich einen Schritt zurück. Es geht jetzt nicht um dich. Aber verdrücke dich nicht gleich, sobald die ersten Schwierigkeiten auftauchen. Bleibe verfügbar, aber dränge dich nicht auf.

6. Überlege, ob für dich die Position der Geliebten nicht besser ist als die Position des neuen festen Partners!

Wenn es schon eine Weile gut läuft mit euch, wenn ihr euch versteht, geistig, sexuell, weltanschaulich, lebenspraktisch, wenn es Freude macht, den anderen da zu haben, wenn einfach alles stimmt, dann ist der Gedanke nicht fern, dass ihr beide das Paar der Zukunft seid. Und wenn nicht die Ehefrau im Weg wäre und mit ihr das ganze etablierte Leben, dann wäre es das doch mit euch! Kann sein. Aber bedenke ernsthaft

Folgendes: Zum großen Teil habt ihr es so gut miteinander, gerade weil ihr nicht das offizielle Paar seid, gerade weil ihr euch eure geheime Nische eingerichtet habt. Gerade weil ihr vom Alltag verschont seid. Ein gutes Liebes- oder Affärenpaar ist noch lange kein gutes Ehepaar. Sobald ihr fest und offiziell zusammen seid, verliert ihr auch etwas. Überlege es dir gut, ob du es nicht lieber behalten willst!

7. Mache deine Selbstachtung unabhängig von der Entscheidung deiner Geliebten!

Vielleicht entscheidet sie sich gegen dich. Für ihre Ehe, die für sie mehr umfasst als nur die Anziehung zu ihrem Ehemann. Diese Entscheidung trifft sie, nachdem sie lange gezögert hat, daran gedacht hat, für dich ihren Mann zu verlassen. Das muss nicht bedeuten, dass du etwas falsch gemacht hast. Es muss auch nicht heißen, dass du der schlechtere Mann bist. Aber es heißt: Du hast verloren. Nimm die Niederlage mit Würde. Was ihr miteinander hattet, bleibt wertvoll, auch wenn es zu einem Ende gekommen ist.

8. Mache es zu einer schönen Erinnerung!

Dass es vorbei ist, heißt nicht, dass jetzt alles zum Tratsch und Verriss freigegeben ist: Gehe auch danach respektvoll mit der Affäre um! Es kann sein, dass du das Gefühl hast, vor deinen mitwissenden Freundinnen begründen zu müssen, warum du Schluss gemacht hast, oder warum er dich trotz allem hat sitzenlassen. Bewahre auch und gerade dann Stil, wenn du verletzt und traurig bist. Du hast mehr davon, wenn du es nicht als gescheiterte Beziehung, sondern als schöne Episode in deine Lebensgeschichte eingehen lässt. Gehe gut mit dem um, was zukünftig deine Erinnerung sein wird!

231

Literatur

Abrams Spring, J. (1996): After the affair. Healing the pain and rebuilding trust when a partner has been unfaithful. New York: Harper Perennial

Allen, E.S., Atkins, D.C., Baucom, D.H., Snyder, D.K., Gordon, K.C. & Glass, S.P. (2005): Intrapersonal, interpersonal, and contextual factors in engaging in and responding to extramarital involvement. Clinical Psychology: Science and Practice 12, 101–130

Atkins, D.C., Baucom, D.H. & Jacobsen, N.S. (2001): Understanding infidelity: Correlates in a national random sample. Journal of Family Psychology 15, 735–749

Betzig, L. (1989): Causes of conjugal dissolution: A cross-cultural study. Current Anthropology 30, 654–676

Billy, J.O.G., Tanfer, K., Grady, W.R. & Klepinger, D.H. (1993): The sexual behavior of men in the United States. Family Planning Perspectives 25, 52–60

Blumstein, P. & Schwartz, P. (1983): American couples. Money, work, sex. New York: Morrow

Bringle, R.G. & Buunk, B. (1991): Extradyadic relationships and sexual jealousy. In K. McKinney & S. Sprecher (eds.): Sexuality in close relationships (pp. 135–153). Hillsdale, NJ: Lawrence Erlbaum Associates

Buss D.M. (1988): From vigilance to violence: Tactics of mate retention. Ethology and Sociobiology 9, 291–317

Buss, D.M. (1994): The evolution of desire: Strategies of human mating. New York: Basic Books

Buss, D.M. (1995): Evolutionary psychology: a new paradigm for psychological science. Psychological Inquiry 6, 1–30

Buss, D.M. (1996): Mate retention in married couples. Paper presented to the annual meeting of the human behavior and evolution Society. Evanston IL

Buss, D. M. (2000): Wo warst du?Vom richtigen und vom falschen Umgang mit der Eifersucht: Kreuzlingen/München: Hugendubel (Diederichs)

Buss, D. M. (2004): Evolutionäre Psychologie. Pearson: München

Buss, D. M., R. J. Larsen, D. Westen & J. Semmelroth (1992): Sex differences in jealousy: Evolution, physiology, and psychology. Psychological Science 3: 251–255

Buss, D. M. & Shackelford, T. K. (1997): From vigilance to violence: Mate retention tactics in married couples. Journal of Personality and Social Psychology 72, 346–361

Buss, D. M., T. K. Shackelford, J. Choe, B. P. Buunk, & P. Dijkstra (2000): Distress about Mating Rivals. Personal Relationships. 7: 235–243.

Buunk, D. M. (1980): Extramarital sex in the Netherlands. Alternative Lifestyles 3, 11–39

Buunk, B. P., A. Angleitner, V. Oubaid & D. M. Buss (1996): Sex differences in jealousy in evolutionary and cultural perspective: Tests from the Netherlands, Germany, and the United States. Psychological Science 7, 359–363

Cano, A. & O'Leary, K. D. (2000): Infidelity and separations precipitate major depressive episodes and symptoms of nonspecific depression and anxiety. Journal of Consulting and Clinical Psychology 68, 774–781

Choi, K.-H., Catania, J. A. & Dolcini, M. M. (1994): Extramarital sex and HIV risk behavior among US adults: Results from the National AIDS Behavioral Survey. American Journal of Public Health 84, 2003–2007

Christopher, F. S., Sprecher, S. (2000): Sexuality in marriage, dating, and other relationships: A decade review. Journal of Marriage and the Family 62, 999–1017

Clement, U. (1990): Surveys of heterosexual behavior. Annual Review of Sex Research 1, pp. 45–74

Clement, U. (2006): Guter Sex trotz Liebe. Wege aus der verkehrberuhigten Zone. Berlin: Ullstein

Delis, D. C. & Phillips (2003): Ich lieb' dich nicht, wenn du mich liebst. Nähe und Distanz in Liebesbeziehungen. Berlin: Ullstein

De Steno, D. A. & Salovney, P. (1995): Jealousy and envy. In A. S. R.

Manstead & M. Hewstine (eds.): The Blackwell encyclopedia of social psychology. Oxford: Basic Blackwell

De Visser, R. & McDonald, D. (2007): Swings and roundabouts: Management of jealousy in heterosexual ›swinging‹ coupless. British Journal of Social Psychology 46, 459–476

Dijkstra, P. & Buunk, B. P. (1998): Jealousy as a function of rival characteristics: An evolutionary perspective. Personality and Social Psychology Bulletin 24, 1158–1166

Felson, R. B.. (1997): Anger, aggression, and violence in love triangles. Violence and Victims 12, 345–362

Fischer, H. R. (2008): Kreativität: Lohn der Angst? Von der Zauberkraft des Verweilens. Familiendynamik 33, 34–68

Forste, R. & Tanfer, K. (1996): Sexual exclusivity among dating, cohabiting, and married women. Journal of Marriage and the Family 58, 33–47

Gagnon, J. H. & Simon, W. (1973): Sexual conduct. Cambridge: polity

Gennep, A. van (1909): Übergangsriten. Deutsch 1999: Frankfurt/M.: Campus

Glass, S. P. (2003): Not »just friends«: Protect your relationship from infidelity and heal the trauma of betrayal. New York: Free Press

Glass, S. P. & Wright, T. L. (1992): Justifications for extramarital relationships: The association between attitudes, behaviors, and gender. Journal of Sex research 29, 361–387

Gordon, K. C., Baucom, D. H. & Snyder, D. K. (2004): An integrative intervention for promoting recovery from extramarital affairs. Journal of Marital and Family Therapy 30, 1–12

Gottmann, J. (2000): Die 7 Geheimnisse der glücklichen Ehe. München: Ullstein

Greeley, A. (1994): Marital infidelity. Society 31, 9–13

Greiling, H. & Buss, D. M. (2000): Women's sexual strategies: The hidden dimension of extra-pair mating. Personality and Individual Differences, 28, 929–963

Grice, J. W. & E. Seely (2000): The evolution of sex differences in jealousy: Failure to replicate previous results. Journal of Research in Personality 34, 348–356

Harris, C. R. (2003): A review of sex differences in sexual jealousy, including self-report data, psychophysiological responses, inter-personal violence, and morbid iealousy. Personality and Social Psychology Review 7, 102–128

Harris, C, R. (2004) : The evolution of Jealousy. American Scientist 92, 62–71

Holzhey-Kurz, A. (2006): Kann und soll die Liebe in den Fokus zweckrational konzipierter Paartherapie rücken? in J. Willi u. B. Limbacher (Hrsg.): Wenn die Liebe schwindet. Stuttgart: Klett Cotta, S. 99–115

Kinsey, A. C., Pomeroy, W. B., Martin, C. E. & Martin, C. E. (1948): Sexual behavior in the human male. Philadelphia: W.B. Saunders

Kipnis, L. (2004): Liebe. Eine Abrechnung. Frankfurt New York. Campus

Lauman, E. O., Gagnon, J. H., Michael, R. T., Michaels, S. (1994): The social organization of sexuality: Sexual practices in the United States. Chicago: The University of Chicago press

Lawson, A. (1988): Adultery: An analysis of love and betrayal. New York: Basic Books

Leigh, B. C., Temple, M. T. & Trocki, K. F. (1993): The sexual behavior of US adults: Results from a national survey. American Journal of Public Health 83, 1400–1408

Liu, C. (2000): A theory of marital sexual life. Journal of Marriage and the Family 62, 363–374

Lusterman, D. D.: Infidelity. A survival guide. Oakland: New Harbiger Publications

Luyens, M. & Vansteenwegen, A. (2006): Trotz aller Liebe. Wie überstehen wir den Seitensprung? Heidelberg: Carl Auer

Matt, P. von (2004): Liebesverrat. Die Treulosen in der Literatur. (6. Auflage.) München: dtv

Meadows, M. (1997): Exploring the invisible: Listening to mid-life women about heterosexual sex. Women's Studies International Forum. 20, 145–152.

Meier, Barbara, Anke Röskamp, Astrid Riehl-Emde & Jürg Willi (2002): Trennung nach Paartherapie im Urteil der PatientInnen. Familiendynamik 27 (2), 160–185

Millet, C. (2003): Das sexuelle Leben der Catherine M. München: Goldmann

Millet, C. (2008): Jour de souffrance. Paris: Flammarion

Pedersen, W. & Blekesaune, M. (2003): Sexual satisfaction in young adulthood: Cohabitation, committed dating or unattached life? Acta Sociologica, 46, 179–193

Perel, E. (2006): Wild Life. Die Rückkehr der Erotik in die Liebe. München: Pendo

Retzer, A. (2002): Passagen. Stuttgart: Klett Cotta

Sabini, J. & Green, M. C. (2004): Emotional responses to sexual and emotional infidelity: Constants and differences across genders, samples, and methods. Personality and Social Psychology Bulletin 30 (11), 1375–1388

Saunders, J. M. & Edwards, J. N. (1984): Extramarital sexuality: A predictive model of permissive attitudes. Journal of Marriage and the Family 46, 825–835

Scheinkman, M. (2007): Über das Trauma der Liebe hinaus: Ein neuer Blick auf Affären in der Paartherapie. Familiendynamik 32, 301–329

Schiavi, R. C. (1996): Sexuality and male aging: From performance to satisfaction. Sexual and Marital Therapy, 11, 9–13

Schmidt, G., S. Matthiesen, A. Dekker & K. Starke (2006): Spätmoderne Beziehungswelten. VS Verlag für Sozialwissenschaften, Wiesbaden

Schmitt, D. P. (2004): Patterns and universals of mate poaching across 53 nations: The effects of sex, culture, and personality on romantically attracting another person's partner. Journal of Personality and Social Psychology 86, 560–584

Schnarch, D. (2006): Die Psychologie sexueller Leidenschaft. Stuttgart. Klett Cotta

Shackelford, T. K., Buss, D. M. & Bennett, K. (2002): Forgiveness of breakup: Sex differences in responses to a partner's infidelity. Cognition and Emotion, 16, 299–307

Sheets, V. L., Fredendall, L. L. & Claypol, M. H. (1997): Jealousy evocation, partner reassurance, and relationship stability: An exploration of potential benefits of jealousy. Evolution and Human Behavior 18, 387–402

Smith, T. W. (1998): American sexual behavior: Trends, socio-demographic differences, and risk behavior. GSS Topical report No. 2

Chicago: National Opinion Research Center, University of Chicago

Spanier, G.B. & Margolis, R.L. (1983): Marital separation and extramarital sexual behavior. Journal of Sex Research 19, 23–48

Thompson, A.P. (1983): Extramarital Sex: A review of the research literature. Journal of Sex Research 19, 1–22

Thompson, A.P. (1984): Emotional and sexual components of extramarital relations. Journal of Marriage and the Family 51, 873–893

Traen, B. & Stigum, H. (1998): Parallel sexual relationships in the Norwegian context. Journal of Community and Applied Social Psychology 8, 41–56

Treas, J. & Giesen, D. (2000): Sexual infidelity among married and cohabiting Americans. Journal of Marriage and the Family 62, 48–60

Trompenaars, F. & Hampden-Turner, C. (1997): Riding the waves of culture. Understanding diversity. New York: McGraw

Turner, V.W. (1969): Das Ritual. Frankfurt: Campus

Varga von Kibed, M. & Sparrer, I. (1999): Ganz im Gegenteil. Heidelberg: Carl Auer

Waite, L.J. & Gallagher, M. (2000): The case for marriage: Why married people are happier, healthier, and better off financially. New York: Doubleday.

Waite, L.J. & Joyner, K. (2001a): Emotional satisfaction and physical pleasure in sexual unions: Time horizon, sexual behavior, & sexual exclusivity. Journal of Marriage and the Family, 63, 247–264.

Waite, L.J. & Joyner, K. (2001b): Emotional and physical satisfaction with sex in married, cohabiting, and dating sexual unions: Do men and women differ? In E.O. Laumann & R.T. Michael (Eds.), Sex, love, and health in America: Private choices and public policies (pp. 239–269). Chicago: University of Chicago Press

Ward, J. & Voracker, M. (2004): Evolutionary and social cognitive explanations of sex differences in romantic jealousy. Australian Journal of Psychology 56, 165–171

Weeks, J. (2003): Sexuality (2nd ed.). London: Routledge

Wegner, D. M., Lane, J. D. & Dimitri, S. (1994): The allure of secret relationships. Journal of Personality and Social Psychology 66, 287–300

Whisman, M. A., Gordon, C. G. & Chatav, Y. (2007): Predicting sexual infidelity in a population-based sample of married individuals. Journal of Family Psychology 2007, Vol. 21, No. 2, 320–324

Whisman, M. A. & Snyder, D. K. (2007): Sexual infidelity in a national survey of American women: Differences in prevalence and correlates as a function of method of assessment. Journal of Family Psychology 21, 147–154

Widmer, E. D., Treas, J. & Newcomb R. (1998): Attitudes toward nonmarital sex in 24 countries. Journal of Sex Research 35, 349–358

Wiederman, M. (1997): Extramarital sex: Prevalence and correlates in a national survey. Journal of Sex Research. 34, 167–174.

Willets, M. C., Sprecher, F. S. & D. Beck (2004): Overview of sexual practices and attitudes within relational contexts. In J. H. Harvey, A. Wenzel & S. Sprecher (eds.): The handbook of sexuality in close relationships. London: Erlbaum, 57–85

Willi, J. (1977): Die Zweierbeziehung. Rowohlt: Reinbek

Willi J. (1996): Ökologische Psychotherapie. Göttingen: Hogrefe

Yablonsky, L. (1979): The extra-sex factor: Why over a half of America's married men play around. New York: Times Books

Ulrich Clement

Guter Sex trotz Liebe

Wege aus der verkehrsberuhigten Zone

ISBN 978-3-548-37221-1
www.ullstein-buchverlage.de

Das große Dilemma vieler Paare: Wir lieben uns, wir verstehen uns gut – aber wo ist die Erotik geblieben? Sexuelle Langeweile bestimmt die Zweisamkeit. Aber auch in einer langjährigen Partnerschaft können Begehren und Lust aktiv gestaltet werden. Aus seiner langjährigen Erfahrung als Paartherapeut gibt Ulrich Clement konkrete Anregungen, wie Sie den Teufelskreis der Unlust überlisten und eine neue aufregende Phase der Partnerschaft beginnen können.

»Clement hat einen anregenden Ratgeber verfasst, der differenziert und praxisnah Paaren zu einer erfüllten Sexualität verhelfen kann.« *dpa*

US296

ullstein